Günther · Sprache hören – Sprache verstehen

Herbert Günther

Sprache hören –
Sprache verstehen

Sprachentwicklung und auditive Wahrnehmung

Beltz Verlag · Weinheim und Basel

Prof. Dr. *Herbert Günther,* Grund-, Haupt- und Sonderschullehrer,
Integrationslehrer und Sprachtherapeut, lehrt am Institut
für Bildung im Kindes- und Jugendalter an der
Universität Koblenz-Landau, Abteilung Landau.

Lektorat: Jürgen Hahnemann

© 2008 Beltz Verlag · Weinheim und Basel
www.beltz.de
Herstellung: Uta Euler
Satz: Druckhaus »Thomas Müntzer«, Bad Langensalza
Druck: Druck Partner Rübelmann, Hemsbach
Umschlaggestaltung: glas AG, Seeheim-Jugenheim
Umschlagabbildung: Getty-images, München
Printed in Germany

ISBN 978-3-407-25463-4

Inhalt

Einleitung

Lernprobleme bei Kindern sind heute weitverbreitet. Bei der Frage nach den möglichen Ursachen stößt man nicht selten auf Probleme beim Hören, bei der Verarbeitung und Wahrnehmung des Gehörten sowie beim Verstehen von Sprache. Das Hören und das Verstehen muss ein Kind lernen, beides sind Lern- und Reifungsprozesse.

Im vorliegenden Buch geht es um das Hören und Verstehen von Sprache und darum, Probleme in beiden Bereichen früh zu erkennen. Sprache als Schlüsselkompetenz für den Schulerfolg darf nicht nur hinsichtlich der Produktion, sondern muss in verstärktem Umfang auch hinsichtlich der Rezeption, also der Aufnahme und Verarbeitung, betrachtet werden. Die rezeptiven und kognitiv geprägten Anteile der menschlichen Sprache werden in der Literatur, in der Forschung und im pädagogischen Alltag vernachlässigt. Dazu gehören die menschlichen Grundfunktionen Wahrnehmung, Denken, Sprache, Aufmerksamkeit und Gedächtnis.

Nicht alle Kinder erwerben die Muttersprache ohne Probleme. Deutschstämmige und zugewanderte Kinder haben teilweise erhebliche Schwierigkeiten, die Sprache im Elternhaus und im Kindergarten zu erwerben. Hiervon ist im Kindergartenalter jedes dritte Kind und in der Grundschule jedes vierte Kind betroffen. Die Entwicklung der kindlichen Sprache hängt dabei von vielen anderen Entwicklungsbereichen ab, wie z.B. der Motorik, der Wahrnehmung und hier speziell der auditiven Wahrnehmung, die eine führende Rolle einnimmt. Experten wie Fachärzte (HNO-Ärzte und Phoniater), Logopäden und Sprachheillehrer, aber auch die Erzieher/innen in den Kindergärten und die Pädagog/innen in den Schulen müssen sich mit speziellen Problemen des Hörens und Sprachverstehens auseinandersetzen.

Die Veränderungen in der Kindheit und der Lebenssituation einzelner Kinder erfordern eine neue Phase der Reflexion und konzeptionellen Ausrichtung hinsichtlich der Schlüsselkompetenzen Kommunikation, Sprache und Wahrnehmung. Dabei werden drei Zugangsweisen zu dieser Thematik berücksichtigt:

- Erstens die *phänomenale Ebene*, d.h. hier werden Probleme aus dem Alltag beschrieben. Das Interesse wird mit der Frage geklärt: »Was können wir beobachten, und was wissen wir über den Gegenstand ›Hören und Sprachverstehen‹?«
- Zweitens bewegen wir uns auf der *kausalen Ebene*, d.h. hier konzentrieren wir uns auf mögliche Ursachenfelder für Lernstörungen und Probleme. Die Frage lautet hier: »Warum haben viele Kinder Probleme mit dem Hören und Sprachverstehen?«
- Drittens beschäftigen wir uns jetzt mit der *aktionalen Ebene*, d.h. hier wird nach Möglichkeiten des Handelns im pädagogischen Alltag gefragt: »Was kann ich konkret im Einzelfall in der Beratung mit den Eltern ansprechen oder im Rahmen des Unterrichts tun?«

Zur Struktur dieses Buches

Das vorliegende Buch untergliedert sich in drei große Bereiche, die aufeinander aufbauen und eng miteinander zusammenhängen:

- *Theorie:* In den Kapiteln 2 bis 6 geht es um das theoretische Wissen über den Gegenstand »Hören und Sprachverstehen« und über den Zusammenhang von Sprachentwicklung und auditiver Wahrnehmung. Die Theorie soll wie ein Netz bzw. eine Folie über die reale Wirklichkeit der Kinder und deren Lebenswelt gelegt werden. Die Theorie setzt sich aus Thesen (= Behauptungen) und Hypothesen (= Vermutungen) zusammen. Thesen und Hypothesen sind Aussagen über die genannten Erkenntnisgegenstände in Form von Sätzen. Diese Sätze sollen zum einen verständlich sein und zum anderen mit definierten, präzisen Begriffen operieren. Sie können jedoch nicht die Wahrheit garantieren, aber sie ermöglichen eine annähernd objektive Kommunikation. In den genannten Kapiteln werden grundlegende theoretische Positionen in Form von Erkenntnissen dargestellt, die für die Thematik relevant sind.

- *Diagnostik:* In Kapitel 7 und 8 wird die pädagogische Diagnostik als eine Möglichkeit dargestellt, Informationen über das Kind und sein Umfeld einzuholen, die als Grundlage für die notwendigen Fördermaßnahmen dienen. Hierbei wird Diagnostik als Förderdiagnostik verstanden, die nicht nur den Ist-Zustand beschreibt, sondern auch Prognosen hinsichtlich der weiteren kindlichen Entwicklung abgibt. Dabei werden einfache Instrumente für die Hand der Eltern und der Pädagogen vorgestellt, um das Hören und Sprachverstehen besser beschreiben und analysieren zu können. Alle eingeholten Daten über das Kind und sein Umfeld sollten übersichtlich dargestellt und dokumentiert werden. Förderdiagnostik und Förderung bilden eine untrennbare Einheit.

- *Förderung:* Zum Dritten wird die Förderung als auditive Grundbildung dargestellt (Kapitel 9), die im Sinne eines abgestuften Programms erfolgen sollte. Es geht darum, die Kinder mit ihren speziellen Wahrnehmungs- und Sprachproblemen zu erkennen und eine interne tägliche Förderung anzubieten, wie z.B. ein gezieltes Zuhörtraining oder eine natürlich ausgerichtete Hörerziehung mit dem Schwerpunkt der phonologischen Bewusstheit. In der Grundschule steht die auditive Wahrnehmung nicht nur in einem engen Zusammenhang mit der gesprochenen Sprache, sondern ebenso mit dem Lesen, Schreiben und Rechtschreiben sowie dem frühen Erwerb von Fremdsprachen wie Englisch und Französisch. Hier sind metalinguistische Fähigkeiten der Kinder gefragt, wie z.B. die Sprachverarbeitung, die Segmentierung und die Codierungsfähigkeit, das Training der phonologischen Bewusstheit, das Hör- und Sprachverstehen sowie das Sprechdenken.

Für die kritische Durchsicht des Manuskripts danke ich Frau Anne Müller und Herrn Michael Bauer.

Holz, im Oktober 2007   *Herbert Günther*

1. Probleme im Alltag

Die Probleme im Bereich Hören und Sprachverstehen sind vielfältig und erstrecken sich auf alle pädagogischen Handlungsfelder. Bei einer Befragung von 86 Grundschullehrerinnen und -lehrern aus dem Saarland und Rheinland-Pfalz (mündliche Befragung im November 2006 an der Universität Landau) wurden folgende Problembereiche genannt:

- Die diagnostische Kompetenz der Pädagogen hinsichtlich der diagnostischen Methoden und Instrumente ist nicht ausreichend. Viele Lehrerinnen und Lehrer fühlen sich unzureichend ausgebildet, unsicher und wenig kompetent, Fachgespräche mit Therapeuten wie Logopäden, Psychologen und Medizinern zu führen.
- Die Risikokinder mit Sprachstörungen, Wahrnehmungsauffälligkeiten und Lese-Rechtschreib-Schwierigkeiten werden meist nicht am Schulanfang oder im Anfangsunterricht, sondern erst in der dritten oder vierten Klasse erkannt.
- Die unterschiedlich gebrauchten Begriffe hinsichtlich Sprache und Wahrnehmung bzw. Sprachstörungen und Wahrnehmungsschwierigkeiten führen nicht zur Klärung und Präzisierung der Probleme und Phänomene im Schulalltag. Die fachliche Verwirrung ist groß.
- Insgesamt wird eine fachliche Auseinandersetzung und Diskussion durch die teilweise fehlende sachliche und fachliche Kompetenz erschwert. Insbesondere die Folgewirkungen von Sprachstörungen und Wahrnehmungsschwierigkeiten wie Lese- und Rechtschreib-Schwierigkeiten werden nicht immer gesehen.
- Deutschstämmige und zugewanderte Schülerinnen und Schüler bringen ein sehr heterogenes Sprachprofil und auditives Wahrnehmungsgefühl mit in die Grundschule. Sie zeigen in der mündlichen Kommunikation nach Auskunft der Befragten folgende Probleme:
  - Sprechen im Telegrammstil;
  - reduzierter Wortschatz;
  - Schwierigkeiten beim Benennen von Gegenständen oder Sachverhalten;
  - stark mediatisierte Sprache;
  - erschreckend große Erzählarmut;
  - Gesprächsregeln sind nicht bekannt;
  - das aktive und aufmerksame Zuhören fehlt;
  - verwaschene Aussprache mit Verschlucken der Endsilben;
  - stark dialektgefärbte Umgangssprache;
  - Sprachverstehen ist erheblich eingeschränkt;
  - oft noch eine kleinkindhafte Sprache;
  - mangelnde Deutschkenntnisse;
  - Probleme mit der Satzbildung;

- geräuschgeprägte Comicsprache;
- Ein- bis Zweiwortsätze gepaart mit Anglizismen;
- manche Kinder sind bereits in logopädischer Therapie.

● Das Kind mit seinen Problemen und Defiziten steht meist im Blickpunkt der Diagnostik; selten wird das Umfeld mit in die Überlegungen einbezogen.

● Die Zusammenarbeit mit Medizinern (Hausarzt, HNO-Arzt, Phoniater), Psychologen (Schulpsychologe, Kinderpsychologe) und Therapeuten (Ergotherapeuten, Logopäden) ist nicht immer vorhanden. Eine mehrperspektivische Betrachtung der Probleme im Bereich Sprache und Wahrnehmung ist daher nicht möglich.

Trotz vieler Bestrebungen und Fortschritte bei der Identifikation und Bewertung der Probleme beim Hören und Sprechen gibt es keine verlässlichen Angaben über die wirkliche Häufigkeit. Je nach beruflicher Qualifikation und wissenschaftlicher Herkunft der Untersuchenden (Logopäde, HNO-Arzt, Phoniater, Sprachheilpädagoge, Sprachwissenschaftler) und den unterschiedlich eingesetzten Messverfahren schwanken die empirischen Befunde teilweise erheblich. Hier einige Beispiele aus empirischen Studien:

● 25 Prozent der eingeschulten Kinder im Saarland haben nach Auskunft des Schulärztlichen Dienstes der Gesundheitsämter Probleme mit der Sprache und dem Sprechen; dabei sind Probleme mit der Aussprache (Stammeln) bei über 90 Prozent der Kinder vorhanden (Stadtverband Saarbrücken 2002).

● Nach einer Studie im Saarland zeigten 47 Prozent der Kinder mit ausländischer Herkunft, die 2001/2002 eingeschult wurden, unzureichende Deutschkenntnisse und wurden umgehend für einen Sprachkurs vorgeschlagen (Stadtverband Saarbrücken 2002, S. 7).

● 96 Prozent der Kinder mit Sprach- und Sprechstörungen haben Probleme mit dem Verstehen von Sprache (Beitchman 1996).

● 20 bis 25 Prozent der eingeschulten Kinder in Baden-Württemberg haben visuelle oder auditive Wahrnehmungsstörungen und damit Probleme mit der Informationsverarbeitung (vgl. Thewalt 1998).

● Breuer/Weuffen (1993) gehen von 15 bis 25 Prozent der Kinder aus, die ein Risiko tragen, eine Lese-Rechtschreib-Schwäche zu entwickeln. Viele Kinder haben Probleme mit der Sprache, mit der auditiven Wahrnehmung und dem Sprachverständnis.

● 4 bis 25 Prozent aller Kinder im Vorschulalter werden als sprachauffällig bezeichnet (Straßburg 2000, S. 101).

● 0,7 bis 20 Prozent aller Kinder im Grundschulalter weisen Sprachstörungen auf (Straßburg 2000, S. 101).

In mehreren Studien wurde nachgewiesen, dass Risikogruppen für Sprachentwicklungsstörungen sich vor allem rekrutieren aus (vgl. Straßburg 2000, S. 101)

● Jungen,
● Mehrlingen,
● zugewanderten Kindern,
● Linkshändern,

- Zweitgeborenen und
- Kindern mit familiärer Belastung.

Die vorgestellten Beobachtungen aus dem Alltag der Grundschule und die genannten empirischen Befunde machen deutlich, dass es erheblichen Nachholbedarf im Bereich der Fachkenntnisse und Zusammenhänge zwischen den einzelnen Entwicklungsbereichen wie Sprache und Wahrnehmung gibt. Fachkenntnisse sind insbesondere erforderlich im Bereich der Diagnostik, hier insbesondere hinsichtlich der frühen Identifikation, in der Prävention und Elternberatung und in der Förderung von Sprache und auditiver Wahrnehmung in den Schulen.

Das Klagen von Grundschulpädagogen über die Fähigkeiten der Schülerinnen und Schüler hinsichtlich Sprache, Sprechen, Wahrnehmung, Zuhören und Verstehen hält seit Jahren unvermindert an. Äußerungen wie »Peter hört nicht zu, obwohl ich ihn ständig ermahne« oder »Klaus muss ich alles dreimal sagen, bevor er reagiert« sind nicht selten und zeigen, dass die Probleme im Bereich Hören, Sprachverstehen und auditive Wahrnehmung zu weiteren Schwierigkeiten führen:

- *allgemeine Lernschwierigkeiten*, die sich in Störungen der Aufmerksamkeit und in Gedächtnisproblemen niederschlagen;
- *Sprachschwierigkeiten*, die sich in Störungen des Sprachsystems zeigen, wie z.B. bei Problemen der Satzbildung oder des Verstehens von sprachlichen Signalen, oder die als Störungen beim Spracherwerb auftreten, wie z.B. bei der Aussprache von Wörtern;
- *Wahrnehmungsstörungen*, die sich in der Verarbeitung von Sprache zeigen, wie z.B. in der zügigen Informationsverarbeitung von Sprache, in metasprachlichen Fähigkeiten wie z.B. im Sprachbewusstsein (Nachdenken über Sprache) und speziell in der auditiven Wahrnehmung, wie z.B. im Rahmen der phonologischen Bewusstheit (Laute unterscheiden und erkennen);
- *soziale Verhaltensauffälligkeiten* mit den weitverbreiteten Symptomen der Hyperkinetischen Störung (HKS), dem Aufmerksamkeitsdefizit-Syndrom (ADS) und dem Aufmerksamkeitsdefizit-Hyperaktivitäts-Syndrom (ADHS), die die Arbeit in der Gruppe und im Unterricht teilweise massiv erschweren;
- *Lese-Rechtschreib-Schwierigkeiten* (LRS) sind als Folge von Sprachstörungen und Wahrnehmungsauffälligkeiten zu nennen und in der Grundschule ein seit vielen Jahren nicht behebbares Problem. Jährlich »produzieren« wir in den Grundschulen zwischen 10 und 20 Prozent lese-rechtschreib-schwacher Kinder, die die Grundschule nach der vierten Klasse mit ungünstiger Prognose verlassen.
- Probleme beim *Erlernen der Fremdsprachen* in der Grundschule.

Diese Schwierigkeiten bleiben in vielen Fällen unerkannt, weil sie nicht als hörbare Probleme auftreten. Da wir uns in der Praxis des Alltags zu sehr auf die hörbaren Probleme einlassen, wie z.B. Probleme der Aussprache und der Satzbildung, werden die nicht hörbaren Schwierigkeiten im rezeptiven Bereich wie auditive Wahrnehmung, phonologische Bewusstheit und Sprachverstehen nur selten diagnostiziert und entsprechend gefördert.

2. Theoretische Grundlagen

Die Darstellung der komplexen Thematik »Hören und Sprachverstehen« erfordert die Einbettung in theoretische Ansätze, weil hier verschiedene Wissenschaftsdisziplinen an der Aufklärung der Problemlage beteiligt sind. In der Psychologie haben vor allem die Erkenntnisse der Entwicklungspsychologie, der Kognitionspsychologie und der Neuropsychologie (vgl. Breitenbach 2003) an Bedeutung gewonnen. Die Betrachtung von Hören, Sprechen, Lesen und Schreiben aus dem psychologischen Blickwinkel heraus wird gegenwärtig insbesondere von der Sicht der Neuropsychologie geprägt. Diese hat sich die Aufgabe gestellt, die Zusammenhänge zwischen Gehirn und Verhalten zu erforschen, um genauere Aussagen über Stärken und Schwächen eines Kindes hinsichtlich seiner kortikalen Funktionen machen zu können.

Alles Denken und Lernen vollzieht sich auf der physiologischen Grundlage des Zentralnervensystems. Diese Grundlage ist jedoch nicht von Natur aus vorhanden, sondern entwickelt sich in der ständigen Auseinandersetzung des Kindes mit seiner Umwelt (vgl. Holtz 1989). Die Neuropsychologie will eine Brücke schlagen zwischen Verhalten und Erleben auf der einen Seite und dem Gehirn bzw. dem Zentralnervensystem auf der anderen Seite (vgl. Dietel 1995, S. 106). Ein erster wichtiger Baustein für dieses Verstehen ist die theoretische Position von Luria.

2.1 Verarbeitungstheorie

Im Folgenden orientieren wir uns an der von Luria erarbeiteten Verarbeitungstheorie mit dem zentralen Begriff der funktionellen Systeme. Der Systembegriff spielt innerhalb der Diskussion um die menschliche Ganzheit eine Rolle. Bateson vertritt im Rahmen seines systemisch-ökologischen Denkens die Auffassung, dass der Mensch als selbstregulierendes System zu betrachten ist, das selbst nur als Teil größerer Systeme verstanden werden kann. Die Isolierung einzelner Faktoren wird aus dieser Sicht fragwürdig, weil hier die Beziehungen der Teile zueinander in das Blickfeld treten. Maturana/Varela (1987) betrachten den Menschen als System, und zwar als autopoietisches System, das sich als denkende Natur erkennt und verhält (nach Immanuel Kant). Menschliches Verhalten wird hier über vollständige Kreisläufe erklärt, die aufgrund von Rückkopplungen funktionieren. »Frische« geistige Prozesse sind dafür verantwortlich, dass die Differenzierung der Teile voranschreitet und die Subsysteme des Gehirns in Gang hält. Sobald sich die Teile verselbstständigen oder die Untersysteme eskalieren, kommt es zum Durchdrehen, zum Blackout oder zum pathologischen Zusammenbruch.

Luria (1973) verfolgt eine ganzheitliche Betrachtung der zerebralen Aktivitäten. Er bringt die Vielzahl der Teilfunktionen in eine Systematik und unterteilt das Gehirn in drei funktionale Einheiten:

- *Erste Hirneinheit:* Hierzu werden all jene Hirnareale gezählt, die den Tonus, die Aktivierung und den Grad der Bewusstheit steuern. Es geht hier um die Vigilanz bzw. die geistige Wachsamkeit.
- *Zweite Hirneinheit:* Hierunter werden alle Teile des Gehirns gefasst, die an der Aufnahme, der Analyse und der Speicherung von Informationen aktiv beteiligt sind.
- *Dritte Hirneinheit:* Hierunter werden all jene Bereiche des Gehirns subsumiert, die mit der Programmierung, der Steuerung, der Ausführung und der Kontrolle von Tätigkeiten und Handlungen beschäftigt sind.

Dieses Modell ist sowohl für die diagnostische Arbeit als auch für die konkrete Förderung im Unterricht hilfreich. Die einzelne Hirneinheit kann von sich aus nicht aktiv werden, sie ist auf die anderen Einheiten angewiesen. Bei jeder menschlichen Verhaltensweise sind immer alle drei genannten Funktionseinheiten gleichzeitig und nicht nacheinander beteiligt. Damit sind wir zu der theoretischen Kernaussage von Luria gelangt: den funktionellen Systemen. In Anlehnung an Luria (1970) werden die Leistungen einzelner Faktoren innerhalb eines funktionellen Systems definiert, die zur Bewältigung einer komplexen Aufgabe wie z.B. Denken, Sprechen Lesen und Schreiben erforderlich sind. Im Zusammenspiel dieser Teilleistungen bzw. Vorläuferfertigkeiten lernen die Kinder denken, sprechen, lesen, rechnen, schreiben und soziales Verhalten. Die Hauptaufgabe des zentralen Nervensystems besteht also darin, die Untersysteme und Teilfunktionen zu einem funktionierenden Gesamtsystem als funktionellem System zusammenzuschalten. Gelingt das Zusammenschalten und die Integration nicht, so kommt es zu Leistungseinbußen und Lernstörungen.

Die zentrale Funktion des Zentralnervensystems besteht demnach in der Verknüpfung vieler Subsysteme zu größeren Gesamtsystemen, um komplexe Anforderungen zu meistern. Beim Lernen werden Integrationsleistungen als Fundament angenommen. Die Entwicklung des Zentralnervensystems kennt zwei grundlegende Prozesse, die für die weitere praktische Arbeit wichtig sind: erstens das komplexe Zusammenarbeiten von genetischen Dispositionen, Faktoren und Programmen und Umwelteinflüssen (wie z.B. der sozialen Schichtzugehörigkeit) und zweitens die hohe Plastizität des Gehirns, die offenbar während des gesamten Lebens erhalten bleibt (vgl. Breitenbach 2003, S. 172).

2.2 Entwicklungstheorie

Die funktionellen Systeme sind weiterhin eingebettet in soziale Kontexte und gesellschaftlich-kulturelle Voraussetzungen. In diesem theoretischen Ansatz wird zunächst die ausschließliche Aktivität des Kindes infrage gestellt. Aus der Perspektive der Kontextualisten ist der Mensch in einen sozialen, kulturellen und gesellschaftlichen Kontext eingebunden. Der Begriff »Kontext« kann durch die begriffliche Darstellung Bronfenbrenners (1981) verdeutlicht werden, der die Umwelt und damit den Kontext als ineinander verschachtelte soziale Systeme beschreibt. Menschliche Handlungen und Tätigkeiten sind daher immer zielgerichtet auf dem Boden einer sozialen Matrix von Normen, Wertvorstellungen und Zielsetzungen. Zentrale Gedanken der Entwicklungstheorie sind:

- das aktive Kind in seiner Umwelt und seinem Kontext als Betrachtungseinheit;
- die Zone der proximalen Entwicklung im Sinne einer pädagogischen Prognose;
- die soziokulturellen Ursprünge und Einflüsse des Denkens;
- die Variation der Aufgabenstellung bei der Lösung komplexer Anforderungen (vgl. Miller 1993, S. 340).

In der Entwicklungstheorie von Wygotski geht es schwerpunktmäßig um das aktive Kind in seinen sozialen Bezügen und Kontexten: Kind und Umwelt müssen als eine untrennbare Einheit gesehen werden. Bei Wygotski ist der Begriff der »Zone der nächsten bzw. proximalen Entwicklung« ein zentraler Aspekt. Diese Zone wird bestimmt als die Distanz zwischen der aktuellen Leistungsfähigkeit und dem momentanen Entwicklungsniveau des Kindes und einer höher gelegenen Ebene oder Zone, die es zu erreichen gilt. Damit diese höhere Ebene auch erreicht wird, braucht das Kind kompetente Personen, die ihm Anleitungen und Hilfen anbieten. Kompetente Personen sind Eltern, ältere Geschwister, Großeltern, Tagesmütter und Pädagogen, die dem Kind eine Brücke (»Eselsbrücke«) zwischen den vorhandenen und den neuen, zu erstrebenden Fähigkeiten bauen. Gezielte Anleitungen und Hilfen sind wichtig und notwendig, sie können impliziter und expliziter Natur sein (z. B. die Stützräder beim Radfahren).

Wygotski ist der Auffassung, dass ein Kind, das entsprechend angeleitet wird, immer mehr leisten und komplexere Aufgaben lösen kann, als wenn es auf sich allein gestellt ist. Die Auswahl der Aufgaben, der Umgang mit diesen und die Variation der Aufgabenstellungen sind entscheidend für das erfolgreiche Lernen des Kindes. Die Förderdiagnostik muss daher die Zone der nächsten Entwicklung stets mit in ihre Überlegungen aufnehmen. Ihre Aufgabe besteht unter anderem auch darin, herauszufinden, welche Aufgaben ein Kind mit welchen Anleitungen und Hilfestellungen meistern kann. Bei vielen Aufgaben sind die folgenden Variationen denkbar (vgl. Breitenbach 2003):

- längere Bearbeitungszeit;
- mehrmaliges Wiederholen der Anweisungen;
- Sprache der Anweisungen an das Sprachniveau des Kindes anpassen;
- Pausen einlegen, kurze Arbeitsphasen;
- Vergrößerung der Vorlagen z.B. in Geografie oder in Geometrie;
- Experimentierphasen zulassen;
- Aufgaben in Teilschritten präsentieren;
- exemplarische Demonstration, Vormachen, exemplarisches Aufgabenlösen;
- Reduzieren der Reizvielfalt und Medienpalette;
- Sprache als Strukturierungshilfe bewusst einsetzen.

Diese Variationen in der Aufgabenstellung erschweren natürlich die Leistungsbewertung und verhindern eine rein quantitative Auswertung. Allerdings erhält man sehr schnell wichtige Hinweise über die individuellen Lernvoraussetzungen des Kindes. Die vorgenommenen Variationen können förderdiagnostisch interpretiert werden, und der Pädagoge kann so zu weiteren konkreten Hilfestellungen gelangen.

2.3 Lebensraumtheorie

In Anlehnung an das bereits dargestellte systemtheoretische Denken kann hier noch die Theorie des Lebensraumes von Lewin (1969) erwähnt werden. Um das Verhalten von Menschen zu einer bestimmten Zeit genauer zu beschreiben, zu analysieren und zu erklären, benutzt Lewin das Konstrukt des »Lebensraumes«; dieser besteht aus der psychologischen Person und der psychologischen Umwelt.

Die psychologische Umwelt eines Menschen enthält nur die sozialen, physikalischen und sprachlich-begrifflichen Fakten und Daten, die für das Individuum momentan wichtig sind. Darunter sind keine objektiven Fakten, sondern bewertete subjektive Daten zu verstehen. So ist der Lebensraum des Kindes weitgehend psychologisch zu betrachten; er ist die Basis für jegliches Verhalten und Lernen des Kindes. Von daher ist auch die von Lewin aufgestellte Formel zu verstehen:

$$L = f(P, U)$$

Der Lebensraum (L) des Kindes wird als Funktion (f) der Person (P) und der Umwelt (U) betrachtet.

Im Lebensraum des Kindes befinden sich Menschen, reale Gegenstände, Zusammenhänge, Medien, Tiere und Pflanzen, mit denen das Kind kommuniziert. Manches reizt zum Hören, anderes zum Sehen, wieder andere Gegenstände zum Anfassen oder zum Sprechen.

Die psychologische Person ist Bestandteil des Lebensraumes und von der psychologischen Umwelt umgeben und eingerahmt. Lewin unterscheidet weiter zwischen dem intrapersonalen und dem sensomotorischen Bereich. Der intrapersonale Bereich ist von dem sensomotorischen Bereich umgeben und eingeschlossen. Der intra- bzw. innerpersonale Bereich hat keinen direkten Zugriff auf die psychologische Umwelt. Informationen aus der psychologischen Umwelt können daher nur über den sensomotorischen Bereich aufgenommen werden.

Während der sensomotorische Bereich nicht weiter untergliedert ist, finden wir im innerpersonalen Bereich weitere zentrale und periphere Bereiche. Dabei liegen die peripheren Bereiche einer Person in unmittelbarer Nachbarschaft zum sensomotorischen Bereich, d.h. sie schließen sich dort nahtlos an und können somit leichter mit Informationen aus der psychologischen Umwelt versorgt werden. Weiterhin gibt es zwischen den einzelnen Bereichen innerhalb des innerpersonalen Bereichs dynamische Wechselwirkungen und Abhängigkeiten. So wirkt sich ein Bereich mehr oder weniger positiv bzw. negativ auf andere Bereiche aus: Angst und negatives Selbstwertgefühl wirken sich nachhaltig negativ auf das Sprechen aus. Diese wechselseitige Beeinflussung bezeichnet Lewin (1969) mit dem Begriff der »dynamischen Kommunikation«.

2.4 Aneignungstheorie

Die sowjetische kulturhistorische Psychologie (Pawlow, Wygotski, Leontjew, Luria, Galperin und Rubinstein) kennt »Tätigkeit« und »Aneignung« als zentrale Begriffe.

Diese psychologische Richtung betrachtet alle geistigen und kognitiven Prozesse als komplexe funktionelle Ausprägungen, die als Ergebnis ganz konkreter Formen der Interaktion zwischen dem Organismus und seiner Umgebung entstanden sind. Sie geht weiterhin davon aus, dass sich der Mensch gegenüber der Umwelt nicht passiv verhält, sondern aktiv seine unmittelbare Umgebung verändert: Der Mensch wird tätig. »Die Tätigkeit des Menschen ist stets eine gesellschaftlich vermittelte Tätigkeit« (Leontjew 1971, S. 10).

Innerhalb dieses Tätigkeitsverständnisses kommt dem Sprechen als einer typisch menschlichen Tätigkeit und Fähigkeit eine ganz besondere Bedeutung zu. »Der Sprechakt ist deshalb immer ein Akt der Herstellung einer Entsprechung zwischen zwei Tätigkeiten, genauer ein Akt der Einbeziehung der Sprachtätigkeit in ein breiteres System von Tätigkeiten als einer unumgänglichen und sich gegenseitig bedingenden Komponente dieser letzteren« (Leontjew 1971, S. 25). Dieser gesamte Vorgang findet in der menschlichen Kommunikation seinen Niederschlag.

Die geistige Entwicklung des Menschen vollzieht sich nach dieser theoretischen Vorstellung in der unmittelbaren Kommunikation zwischen dem Kind und den Erwachsenen. Der Aneignungsprozess menschlicher Tätigkeiten, zu denen das Sprechen als Tätigkeit gehört, findet in der zwischenmenschlichen Kommunikation statt. Diese Aneignung als Lernvorgang ist ein angeborener Grundmechanismus der psychischen Entwicklung des Menschen und erfolgt auf der Basis des Zentralnervensystems durch die vielseitige Kommunikation zwischen dem Kind und der realen Umwelt. Beginnt das Kind zu sprechen, nehmen die Lernprozesse immer komplexere und differenziertere Formen an und werden auf einem höheren Niveau codiert. »Der Kenntniserwerb wird zu einem Prozess, der beim Kind innere kognitive Handlungen hervorruft. Diese wiederum bilden die Voraussetzung, sich Begriffe in ihren Zusammenhängen und in ihrer Dynamik anzueignen« (Leontjew 1980, S. 299). Die Ausbildung geistiger Operationen beschreibt Galperin (1974, S. 31 ff.) in fünf Phasen:
- Orientierung: die Schaffung einer Orientierungsgrundlage;
- Handlung – der eigentliche Handlungsverlauf als Arbeitshandlung:
  - die materielle Handlung, d.h. der direkte und konkrete Umgang mit den Gegenständen,
  - die materialisierte Handlung, d.h. nur die momentan wichtigen Merkmale werden erfasst und dargestellt,
  - die Versprachlichung der Handlung, d.h. der Transfer vom rein kognitiven auf das sprachliche Niveau,
  - die äußere Sprache, d.h. Sprache wird benutzt als Instrument und Vehikel des Denkens,
  - die innere Sprache, d.h. die geistige Handlung mit verkürzter Sprache;
- Kontrolle: Die durchgeführte Arbeitshandlung wird in allen Phasen und auf allen Niveaus überwacht und gegebenenfalls wieder korrigiert.

Galperins Aneignungstheorie der etappenweisen Heranbildung geistiger Operationen erklärt somit das bereits erwähnte Prinzip der Interiorisation nur ansatzweise, denn die Einengung geistiger Operationen auf die Lautsprache führt zu einer Vernachlässigung der Schriftsprache. Wir wissen und können davon ausgehen, dass auch ohne die Lautsprache geistige Operationen durchgeführt werden können (vgl. Radigk 1986, S. 62).

2.5 Informationsstufentheorie

Menschliche Kommunikation beginnt bereits in der pränatalen Phase, setzt vehement mit dem Geburtsvorgang des Kindes ein und setzt intakte und arbeitsfähige Sinnesorgane zur Kontaktaufnahme mit der Umwelt voraus. »Wie die Sinnesentwicklung eine Grundvoraussetzung für den Aufbau der Kommunikationssysteme darstellt und die neuronalen Strukturen und Mechanismen des Gehirns sich an den Umweltreizen orientieren, so orientiert sich die Entwicklung der Funktionen an den durch die Kommunikation gegebenen Informationen« (Radigk 1986, S. 41). Hier wird eine auf neurophysiologischen und kommunikationstheoretischen Ergebnissen aufbauende Theorie des Lernens entwickelt, die nicht nur die sensorischen Inputs und die Informationsübermittlung untersucht. Radigk fasst die bisher vorliegenden Erkenntnisse wie folgt zusammen:

- Alles menschliche Lernen beruht auf der zwischenmenschlichen Kommunikation, d.h. auf einem Austausch von Informationen.
- Alles Lernen entwickelt sich von außen nach innen durch den Vorgang der Interiorisation.
- Alles Denken vollzieht sich auf der materiellen Basis des Zentralnervensystems, wobei die Lernprozesse selbst sich das materielle Substrat im Zentralnervensystem schaffen. Grundlage der Informationsverarbeitung bilden die psychischen Grundleistungen wie Zuwendung, Aufmerksamkeit, Wahrnehmung, Codierung, Netzwerkbildung, Vergleich, Systematisierung, Verknüpfung, Analyse, Synthese, Regelsysteme und funktionelle Systeme.

Die Fähigkeit des Menschen, Informationen codieren und decodieren zu können, ist die Grundlage aller Erkenntnisse und Kommunikationssysteme. Nur so sind wir unabhängig von Raum und Zeit und können Informationen verwerten und in geistige Prozesse umbauen. Die menschliche Entwicklung hat einen stufenartigen Aufbau der Informationssysteme hervorgebracht, sodass wir Informationen in verschiedene Systeme umwandeln können. Radigk (1986) nennt folgende drei Informationsstufen:

- die reale Sinneserfahrung (vornehmlich in den ersten zwei Lebensjahren),
- die Lautsprache (vornehmlich in den ersten vier bis fünf Lebensjahren),
- die Schriftsprache (vornehmlich zwischen dem fünften und zehnten Lebensjahr).

Der hier beschriebene Weg basiert auf dem kommunikationstheoretischen Ansatz, also auf der Prämisse, dass alles Lernen auf der Grundlage eines Informationsaustausches erfolgt. Kommunikation ist der Informationsaustausch des lernenden Kindes mit Menschen, Gegenständen, Tieren, Pflanzen, Medien oder Sachverhalten. Dabei sehen wir einen engen Zusammenhang zwischen der qualitativen Entwicklung der Kommunikationssysteme und dem Lernresultat. Im schulischen Bereich ist das Lernen stark von Wahrnehmungen, vom Denken, Sprechen, Lesen und Schreiben abhängig.

2.6 Entwicklungs- und neuropsychologische Ansätze

In den 80er-Jahren des vergangenen Jahrhunderts wurden zwei Konzepte entwickelt und publiziert, die im Umgang mit dem Thema Hören und Sprachverstehen sowohl in der Theorie als auch in der praktischen Arbeit wertvolle Hilfen liefern. Es handelt sich um die Konzeptionen von Affolter (1985) und Ayres (1979/1998). Beide Konzepte votieren für ein gegenständliches Handeln, wobei die sensomotorische Ebene als Basis und Ausgangspunkt der Diagnostik und Förderung betrachtet wird (vgl. Holtz 1994, S. 45).

2.6.1 *Stufenmodell*

Affolter hat in enger Anlehnung an das Stufenmodell zur Intelligenzentwicklung nach Piaget ein hierarchisch gestuftes Modell der Wahrnehmungsentwicklung erarbeitet. Damit wollte sie auf der phänomenalen Ebene die Wahrnehmungsprozesse und -störungen beschreiben, auf der ätiologischen Ebene mögliche Ursachen aufdecken und auf der aktionalen Ebene über Fördermöglichkeiten nachdenken. Die primären Wahrnehmungsprozesse konzentrieren sich dabei schwerpunktmäßig auf die ersten zwei Lebensjahre der sensomotorischen Entwicklung nach Piaget.

Die Modalstufe
Bei der modalen Stufe, die sich von der Geburt bis ins vierte Lebensjahr hinein erstreckt, geht man davon aus, dass sich die Wahrnehmung zunächst innerhalb der einzelnen Sinnesmodalitäten (Ebenen) entwickelt. Von Monat zu Monat verbessern sich all diese Fähigkeiten in raschem Tempo. Hier sind insbesondere der Hautsinn (taktile Wahrnehmung), Gleichgewichtssinn (vestibuläre Wahrnehmung) und der Muskel- und Stellungssinn (taktil-kinästhetische Wahrnehmung) zu nennen (vgl. Pfluger-Jakob 2005, S. 11 f.). Probleme auf diesen Ebenen können sich bis ins Grundschulalter hinein erstrecken, z. B. zeigt sich der nicht altersadäquate Muskelsinn in einer schlaffen oder zu starken Muskelspannung beim Sitzen, Schreiben und Bewegen.

Die intermodale Stufe
Auf dieser Stufe vollzieht sich nun nach und nach die Verknüpfung der einzelnen Sinnesmodalitäten untereinander. Neurophysiologisch gesehen verbinden sich die Nervenbahnen und zuständigen Hirnareale im Sinne der Koordination und dynamischen Lokalisation nach der theoretischen Vorstellung von Luria mit allen anderen Sinnesmodalitäten. So entsteht im Gehirn ein vielversprechendes und leistungsfähiges Netzwerk, das die Verbindung aller Sinnesmodalitäten untereinander garantiert. Doch die Qualität der Entwicklung hängt in hohem Maße von den Anregungen der Umwelt und der Eigenaktivität des Kindes ab. Die frühkindlichen Erfahrungen mit allen Sinnen sind sehr wichtig, denn nur so können die Gehirnentwicklung und eine sinnvolle Verarbeitung von Reizen im Gehirn erfolgen. Beispiele für Probleme, die sich bis in

die Grundschule hinein erstrecken können, sind visuomotorische Störungen (Probleme beim Ausmalen oder beim Ausschneiden mit der Schere) und auditiv-motorische Koordinationsstörungen (das Klatschen des Rhythmus bei einem Lied oder das Bewegen der Sprechorgane gelingt nicht, vgl. Pfluger-Jakob 2005, S. 12).

Die seriale Stufe

Auf dieser Stufe verbinden sich die einzelnen Informationen zu einer Serie bzw. geistigen Kette. Das Kind wird jetzt immer unabhängiger von konkreten Dingen und anschaulichen Handlungen. Nach und nach beginnt es zu denken und stützt sich dabei auf das bisher erworbene Wissen und die gemachten Erfahrungen. Jetzt kann das Kind in geordneten Abläufen (Sequenzen) denken und handeln. So entwickelt es die ersten sinnvollen Handlungsketten, die Antizipation wird ermöglicht, und planvolles Handeln setzt langsam ein. Jetzt kann sich das Kind etwas vorstellen und damit geistig weiterarbeiten. Es weiß bereits im frühen Kindesalter, dass ein Gegenstand, z.B. eine Rassel, existiert, auch wenn es diesen momentan nicht sehen oder wahrnehmen kann (vgl. Pfluger-Jakob 2005, S. 13).

Dieses Entwicklungsmodell von Affolter kann die diagnostische und praktische Arbeit mit Kindern positiv anregen.

2.6.2 *Integrationsmodell*

Analog zum Stufenmodell nach Affolter konzentriert sich Ayres auf die Sinnlichkeit als das Fundament für die weitere Entwicklung der sensorischen, kognitiven und sprachlichen Fähigkeiten. Diese gesamte Entwicklung sollte in den ersten sieben Jahren abgeschlossen sein (vgl. Holtz 1989, S. 38). In dem neuropsychologisch orientierten Konzept von Ayres (1979/1990) übernehmen der Geruch (olfaktorisches System), der Geschmack (gustatorisches System) und vor allem das Gleichgewicht und die Schwerkraft (vestibuläres System) eine führende Rolle. Die Wahrnehmung wird in diesem Konzept als ein Vorgang der sensorischen Integration verstanden und definiert. Folgende Sinnessysteme werden unterschieden:
- das visuelle System (Sehen);
- das taktile System (Berührung und Tastsinn);
- das propriozeptive System (Muskeln und Gelenke);
- das vestibuläre System (Schwerkraft und Bewegung);
- das auditive System (Hören);
- das olfaktorische System (Geruch);
- das gustatorische System (Geschmack).

Die verschiedenen Wahrnehmungen und Empfindungen, die durch die Sinne aufgenommen werden, müssen in unserem Gehirn verarbeitet, geordnet und integriert werden, um eine sinnvolle Bedeutung zu erlangen. Dieses koordinierte Zusammenarbeiten der einzelnen Sinnesmodalitäten wird in der frühen Kindheit durch vielfältige Sinnes- und interessante Bewegungserfahrungen, durch das aktive Spiel, das freie Experimentieren und Erforschen, aber auch durch das gezielte Lernen weiterentwickelt und ausdifferenziert. Eine herausragende Rolle beim gesamten Prozess der Integration übernimmt der vestibuläre Sinn für die kindliche Entwicklung in den ersten Lebensjahren; die auditive Wahrnehmung hat in diesem Modell eine eher untergeordnete und sekundäre Aufgabe. Erst danach entfaltet sich auf der sensomotorischen Ebene die Sprache, quasi als Folgeprodukt der bisherigen Entwicklung (vgl. Holtz 1994, S. 45).

Die Integration der Sinne ist dann als gelungen zu bezeichnen, wenn das Kind sich z. B. beim Tanzen nach Melodie und Rhythmus richtig in der Tanzgruppe der Kinder bewegen kann. Erst durch die geordnete Verarbeitung der äußeren und inneren Reize im Gehirn kommt es zu einer sinnvollen Verarbeitung und Wahrnehmung von Bedeutungen. So kann das Kind schon nach wenigen Tagen die Stimme der Mutter aus einer Vielzahl von Geräuschen und Stimmen identifizieren. Wenn diese Aktivitäten und Entwicklungsprozesse nicht so geordnet und harmonisch ablaufen, kommt es zu Störungen der Verarbeitung und Wahrnehmung.

In den beiden skizzierten Ansätzen werden die einzelnen Sinnesleistungen unterschiedlich bewertet und favorisiert. Dies hängt mit den unterschiedlichen Zugängen zusammen: bei Affolter das entwicklungspsychologisch geprägte Denken im Sinne Piagets, bei Ayres dagegen die Neuropsychologie mit der Betonung des vestibulären Systems und der Vernachlässigung des Hörens und der Sprache. Beide Positionen können nach den heutigen Erkenntnissen nicht mehr aufrechterhalten bleiben. Das Hören und die Sprachentwicklung setzen bereits ab der zwölften Schwangerschaftswoche ein und sind nach der Geburt in die frühkindliche Dialogentwicklung eingebettet. Diese Entwicklungen lassen sich nicht auf das sensomotorische Erklärungsmuster reduzieren (vgl. Holtz 1994, S. 46). Beiden Autorinnen ist es gelungen, die Komplexität und Ganzheitlichkeit der Vorgänge um Wahrnehmung und Sprache aufzuzeigen. Heute ist jedoch unumstritten, dass das Hören und die auditive Wahrnehmung in der kindlichen Sprachentwicklung und Wahrnehmung eine führende und tragende Rolle übernehmen.

3. Konstrukt Sprache

Als Einstieg in die Thematik Hören und Sprachverstehen ist die Auseinandersetzung mit dem zentralen Gegenstand Sprache notwendig. Sprache ist komplex und umfasst unterschiedliche Aspekte wie die genetische Disposition und Anlage als sprachliches Potenzial, die Tätigkeit des Sprechens an sich, den persönlichen Sprechstil, die Stimme und Ausdrucksweise sowie das Sprachsystem als System von sprachlich definierten Zeichen (vgl. Duden 2003, S. 1491). Bei der menschlichen Sprache spielen einerseits die Umwelt und andererseits die genetischen Anlagen eine wichtige Rolle. Sprache ist keine isolierte Hirnfunktion, sondern kann sich nur auf der Basis einer Vielzahl von neuropsychologischen Funktionen entwickeln (vgl. Gebhard 2001, S. 59). So erfolgen die Aufnahme von Sprache, die Verarbeitung sprachlicher Signale und die Speicherung von sprachlichen Inhalten und Begriffen in verschiedenen, voneinander abgrenzbaren Bereichen des Großhirns in der dominanten linken Sprachhemisphäre (vgl. Abb. 1).

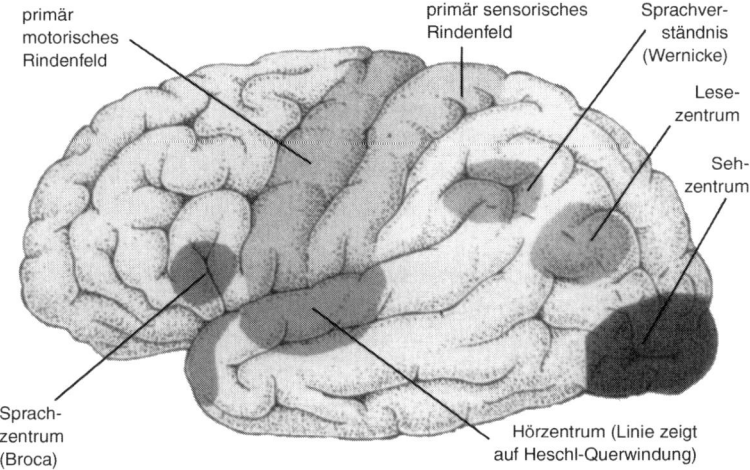

primär
motorisches
Rindenfeld

primär sensorisches
Rindenfeld

Sprachver-
ständnis
(Wernicke)

Lese-
zentrum

Seh-
zentrum

Sprach-
zentrum
(Broca)

Hörzentrum (Linie zeigt
auf Heschl-Querwindung)

*Abb. 1: Wichtige Regionen der Großhirnoberfläche für die Sprechfunktionen
(Straßburg 2000, S. 100); Prof. Dr. Hans-Michael Straßburg, Würzburg/G.Raichle, Ulm)*

Sprache wird als ein System von Zeichen betrachtet, die nach festgelegten Regeln der Grammatik und Syntax, inhaltlichen Übereinstimmungen und Bedeutungen der Semantik eingesetzt werden. Sprache als Zeichensystem vereinigt somit formale, semantische und wirkungsorientierte Aspekte. Sie ist ein Zeichensystem, das durch die Einzelnen der Gesellschaft individuell entwickelt und aktualisiert wird. Gleichzeitig ist sie ein Produkt der jeweiligen Gesellschaft und Kultur. Der Schweizer Sprachwissenschaftler de Saussure (1967) unterteilt daher in »langue« (die Sprache als System) und

»parole« (das Wort als individuelle Sprache). Somit wird der Begriff Sprache untergliedert in Sprache als gesellschaftliches Konstrukt einerseits und Sprechen als die individuelle Realisierung andererseits.

Jedes Kleinkind wird im Rahmen seiner frühkindlichen Sozialisation sprachlich
aktiv; die sprachliche Tätigkeit stellt somit eine spezifische Art der menschlichen Tätigkeit dar. Das Kind eignet sich innerhalb der natürlichen Handlungen und Tätigkeiten die Sprache mit ihren verschiedenen Funktionen an und erwirbt so auf natürliche
Art und Weise das Zeichensystem, das in der jeweiligen Sprachgemeinschaft gültig ist
(vgl. Becker/Sovak 1983).

3.1 Sprache als funktionelles System

Wir wissen bis heute nicht exakt, wie die Sprache als höherstehende psychische Funktion erworben wird und wie sie tatsächlich funktioniert. Ein für die Sprache geeignetes
Modell ist das von dem russischen Physiologen Anochin (1935/1978) kreierte Modell
der komplexen »funktionellen Systeme«. Die Modellvorstellung des funktionellen Systems als Orientierungsrahmen bietet eine gute Grundlage zur Strukturierung des
komplexen Phänomens auditive Wahrnehmung mit den dazugehörenden Teilfunktionen. Mit dieser Vorstellung wird der dynamischen und hochkomplexen Kraft der Sprache und des Sprechens und der die Sprache initiierenden und aktualisierenden Faktoren und Komponenten wie der auditiven Wahrnehmung Rechnung getragen.

Nach der Auffassung von Luria sind zwei zentrale Merkmale von funktionellen
Systemen für die Arbeitsweise funktioneller Systeme wichtig: erstens das Prinzip der
funktionellen Polyvalenz, d.h. es gibt keine eng begrenzte Struktureinheit des Gehirns, die nur eine Funktion ausübt, und zweitens das Prinzip der Austauschbarkeit
der ausführenden Faktoren und Elemente (vgl. Luria 1973, S. 29), d.h. die Zielstellung
und das erzielte Ergebnis bleiben unverändert. Das Konstrukt der funktionellen Systeme hat sich zu einem zentralen Paradigma der modernen Neuropsychologie entwickelt und eignet sich, um das System Sprache als komplexe Form der menschlichen
Tätigkeit zu erklären (vgl. Deegener et al. 1992, S. 12). Zur Realisierung von Sprache,
Sprechen und der auditiven Wahrnehmung als menschliche Leistung ist ein ganzes
Netzwerk von Knotenpunkten und Einzelfunktionen notwendig, die zu einem funktionellen System zusammengeschaltet werden müssen. Dabei stehen psychische Leistungen und hirnorganische Funktionen in einem engen und komplizierten Wechsel-
wirkungsverhältnis. Hier laufen sprachverarbeitende Vorgänge und zentralauditive
Aufnahme- und Verarbeitungsprozesse auf der Basis hirnorganischer Funktionen ab.

3.2 Modell der Sprachtätigkeit

Wenn wir Sprache als funktionelles System verstehen, können wir die Sprache als
Sprachtätigkeit näher analysieren. Hierbei wird von Holtz (1985, S. 15) folgendes
Modell der expressiven Sprachtätigkeit vorgeschlagen (vgl. Abb. 2):

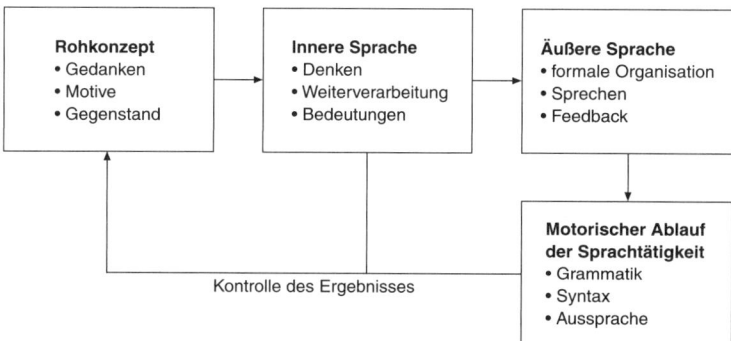

Abb. 2: Modell der Sprachtätigkeit

Dieses Modell gliedert sich in drei große Bereiche bzw. Blöcke:
- *Rohkonzept:* Die Gedanken werden als geistiges Anliegen in einen ersten kognitiven Rohentwurf gebracht. Darunter versteht Holtz die geistige Orientierung mit Fragen zum Motiv, Gegenstand oder Sachverhalt, zum Ziel und zur Auswahl der einzusetzenden Mittel, um ein kognitives Anliegen sprachlich zu formulieren und anderen verständlich mitzuteilen.
- Als »*innere Sprache*« wird die gedankliche Weiterverarbeitung bezeichnet, d.h. das kognitive Anliegen oder meine Gedanken werden in eine sprachliche Form gebracht, in die sogenannte innere Sprachtätigkeit. Jetzt geht es um die Inhalte und die Bedeutungen, um die persönliche Note und den ausschließlich persönlichen Sinn des Gesagten; es geht um die semantische Fixierung des kognitiven Vorhabens und um die Transformation des Sinns in die innere und später äußere Sprachtätigkeit.
- Als »*äußere Sprache*« dagegen bezeichnet Holtz die formale Organisation der Sprachtätigkeit als grammatisch-syntaktische Konstruktion, d.h. hier geht es um die Auswahl von Wörtern und Sätzen und um die normgerechte phonetische Realisierung. Neben dem motorischen Ablauf der äußeren Sprachtätigkeit erfolgt eine mehrkanalige Prozess- und Ergebniskontrolle über verschiedene Sinneskanäle. Wichtig ist das Feedback auf verschiedenen Kanälen, wie z.B. das kinästhetische bzw. das simultan artikulatorische Feedback der Sprechorgane, das semantische Feedback des semantisch-lexikalischen Monitors, das visuelle Feedback des Kontextes und der Körpersprache und das auditive Feedback über die inter- und intraindividuellen Hörkreisläufe.

In den weiteren Kapiteln geht es um das periphere Hören mit den Ohren, die Verarbeitung des Gehörten durch die zentrale Hörbahn und um die Wahrnehmung und Interpretation durch die Prozesse in der Großhirnrinde. Sprache als die Schlüsselkompetenz in der Schule wird in den Lehr- und Rahmenplänen zunächst untergliedert in Sprache und Sprechen und weiterhin in:
- *Rezeptionskompetenz,* d.h. Sprache wahrnehmen, verstehen und verarbeiten;
- *Produktionskompetenz,* d.h. Sprache mitteilen, sich untereinander verständigen und gestalten;

- *Reflexionskompetenz*, d.h. Sprache entdecken, begreifen und einordnen, über die Sprache nachdenken.

In vielen amerikanischen Längsschnittstudien wird auf die Bedeutung des Sprachverstehens als wichtigster Indikator für erfolgreichen Schulbesuch und Berufskarriere hingewiesen (vgl. Beitchman 1996). Da die erwähnte Rezeptionskompetenz in den Lehrplänen, den Stoffverteilungsplänen der Schulen und im konkreten Unterrichtsalltag der Grundschule zu kurz kommt und nur peripher behandelt wird, wird sie in diesem Buch aufgegriffen, didaktisch und methodisch thematisiert und als anschlussfähiges Wissen deklariert (vgl. Rheinland-Pfalz 2005, S. 9). In den Beschlüssen der Kultusministerkonferenz aus dem Jahr 2004 zu den Bildungsstandards im Fach Deutsch für den Primarbereich heißt es wörtlich: »In der Grundschule erweitern die Kinder ihre Sprachhandlungskompetenz in den Bereichen des Sprechens und Zuhörens, des Schreibens, des Lesens und des Umgehens mit Texten und Medien sowie des Untersuchens von Sprache und Sprachgebrauch« (Sekretariat der Ständigen Konferenz der Kultusminister 2005, S. 7).

3.3 Sprachformen

Die soziologische Gliederung einer Sprachgemeinschaft führt zu einer heterogenen Realisierung von Sprache, je nachdem, zu welcher Gruppe die Sprecher gehören. Im Deutschen gibt es unterschiedliche Gruppen mit bestimmten Normen und Erwartungen, die Sprache an sich ist Bestandteil dieser Norm. Somit gibt es in den einzelnen Sprechergemeinschaften verschiedene sprachliche Formen und sprachliche Subsysteme.

Hochsprache

Der Begriff Hochsprache wird synonym gebraucht mit Standardsprache, Literatursprache, Schriftsprache oder Einheitssprache. In der Schriftsprache ist die Hochsprache die Regel; sie ist die Sprachform der verbindlichen öffentlichen Mitteilung an Schulen und Universitäten, in Literatur und Kultur und in Wissenschaft und Technik. Sie ist auch die Zielsprache in Kindertagesstätten und Schulen. In der geschriebenen Form orientiert sich die Hochsprache an einer einheitlichen Rechtschreibnorm. In der gesprochenen Form wird sie jedoch nur von wenigen Sprechern der Sprachgemeinschaft beherrscht und produziert, z.B. in Vollendung in den Nachrichten bei Rundfunk und Fernsehen (vgl. Bergmann/Pauly/Stricker 2005, S. 131).

Bei der Betrachtung der Hochsprache können wir in den letzten Jahren zwei Phänomene verstärkt beobachten: Zum einen fließen immer mehr Wörter, Begriffe und kurze Redewendungen aus der Jugend-, Comic- und Mediensprache (Radio, Fernsehen) in die Hochsprache ein. Begriffe wie »mega«, »geil« oder »logisch« weisen auf eine »neue deutsche Welle« in unserer Sprachgemeinschaft hin. Hier gilt es, Vorsicht walten zu lassen und neue Begriffe kritisch zu prüfen. Zum anderen werden immer mehr Fremdwörter aus dem Englischen und Amerikanischen ohne jedes kritische

Hinterfragen übernommen. Diese Anglizismen machen sich auch in der Literatur- und Bühnensprache breit und werden in der öffentlichen Verwaltung benutzt, z.B. »Schoolworker« oder »Mobbing« in Grundschulen. Die Verben »shoppen«, »surfen«, »stylen«, »jetten« und »recyceln« werden konjugiert, Substantive wie »Wellness«, »Stand-by«, »Coffeeshop«, »Date«, »Promotion«, »Event« und »Meeting« dekliniert und so in die deutsche Grammatik und Syntax eingebaut (vgl. Sick 2006, S. 145f.).

Anglizismen und neue deutsche Begriffe werden nicht nur in der gesprochenen Sprache, sondern immer häufiger auch in der Schriftsprache, in öffentlichen Einrichtungen, im Freizeitbereich und in den Medien präsentiert. Hier besteht die Gefahr der sprachlichen Vermischung, wobei Probleme der Phonetik, der Bildung von Hörmustern (Schemata) und der phonologischen Bewusstheit (Heraushören von Silben und Lauten) in der Lautsprache und Schriftsprache verstärkt auftreten. Hier gilt es, wachsam zu sein und die weitere Entwicklung kritisch und reflexiv im Interesse unserer Kinder zu begleiten.

Umgangssprache

Der Begriff der Umgangssprache konzentriert sich auf die gesprochene Form und ist in der Fachliteratur umstritten, nicht zuletzt auch deshalb, weil er im Spannungsfeld zwischen Dialekten und Hochsprache liegt. Die Umgangssprache ist eine Sprachform, die ausschließlich als Medium der zwischenmenschlichen Kommunikation genutzt wird. Sie ist eine teilweise dialektgefärbte und stark regional geprägte Sprachform, was sie teilweise nahe an die Mundart rückt (vgl. Bergmann/Pauly/Stricker 2005, S. 132). Hier können wir beobachten, dass viele Kinder und Jugendliche eine fäkalisierte und teilweise sexualisierte Sprache verinnerlicht haben, die bis hin zur persönlichen Verunglimpfung und Abwertung von Mitmenschen reicht. Oft bewegen sich Schüler im Bereich der Umgangssprache auch auf einem Ein- bis Zweiwortsatz-Niveau.

Mundart/Dialekt

Mit Mundart oder Dialekt wird eine Sprachform bezeichnet, die ähnlich wie die Umgangssprache mündlich eingesetzt wird. Die Mundart ist auf einen eng begrenzten regionalen Bereich beschränkt. Ihre auffallenden Besonderheiten erstrecken sich insbesondere auf die Aussprache, die Sprechmelodie, den Rhythmus, die Sprechgeschwindigkeit und den Wortschatz, aber auch auf die Sprachebenen der Morphologie und Syntax. Stark abweichend von der Hochsprache sind Wortschatz und Aussprache. Die Mundart ist auf den persönlichen und privaten Bereich begrenzt und weder Gegenstand noch Medium des sprachdidaktischen Unterrichts an Schulen (vgl. Bergmann/Pauly/Stricker 2005, S. 13).

In der Realität finden wir das Ineinanderfließen verschiedener Sprachformen und -systeme wie Hochsprache, Umgangssprache und Mundart – je nach Region, Schichtzugehörigkeit und persönlicher Biografie des Sprechers. Wir können aber festhalten, dass die Hochsprache als Standard- und Zielsprache von Lehrer/innen und Schüler/innen zu wenig gepflegt und praktiziert wird. Hier haben wir Nachholbedarf, insbesondere was Ausspracheformen und -normen angeht. Wir brauchen eine neue Form der Aussprachekultur.

Zusammenfassend können wir folgende zentrale Funktionen und Aufgaben des Konstruktes Sprache für den Schulalltag herauslösen. Sprache ist

- erstens ein zentraler *Gegenstand* im Sinne der Subjektsprache, die individuell entwickelt und ausgeprägt ist;
- zweitens *Metasprache*, d.h. die Kinder sollen lernen, über die eigene Lautsprache und Schriftsprache nachzudenken;
- drittens das wichtigste *Medium* der zwischenmenschlichen Kommunikation;
- viertens das wichtigste *Instrument* des Denkens und Handelns und damit eine Grundvoraussetzung für Erkenntnisgewinn.

3.4 Sprache und auditive Wahrnehmung

Die Entwicklung der Sprache und die Wahrnehmung hängen aufs Engste zusammen. Dabei hat gerade die auditive Wahrnehmung einen besonderen Stellenwert. Die Kompetenzen Sprache und aktives Sprechen setzen die Aufnahme und Verarbeitung gesprochener Sprache voraus. Diese Verarbeitung und Entschlüsselung von sprachlichen Inhalten erfordert ein genaues Hin- und Zuhören, aber auch die Fähigkeit, einzelne Laute, Lautkombinationen und die Sprachmelodie nicht nur wahrzunehmen, sondern auch zu differenzieren. Wörter, Silben und einzelne Laute müssen erfasst und identifiziert werden. Gerade bei ähnlich klingenden Wörtern wie Tanne/Kanne oder Drachen/krachen ist die akustische Unterscheidungsfähigkeit des Kindes gefragt. Diese Fähigkeit mündet ein in die phonologische Bewusstheit, die eine Schlüsselfunktion für den Erwerb der Schriftsprache darstellt (vgl. Sander/Spanier 2005, S. 24). Die auditive Wahrnehmung ist dabei stets auf die visuelle, taktil-kinästhetische, manchmal auch auf die olfaktorische und gustatorische Wahrnehmung (Geruch und Geschmack) angewiesen. Erst im dynamischen Zusammenspiel aller Wahrnehmungsmodalitäten kommen einzelne spezielle Wahrnehmungsleistungen wie die auditive Wahrnehmung zum Tragen (vgl. Pfluger-Jakob 2005, S. 37).

Das gesamte System der auditiven Wahrnehmung und Verarbeitung spielt sich im zentralen zerebralen Hörsystem ab. Bei der Erkennung von Sprache spielen verschiedene Aspekte mit. Denken wir z.B. an den Satz, den eine Mutter zu ihrem Kind sagt: »Du kommst nach Hause?« (hier als Frage formuliert); »Du kommst nach Hause!« (hier als Aufforderung ausgesprochen) oder »Du kommst nach Hause!!« (hier im Sinne einer Drohung verstanden). Der phonologische Inhalt ist bei allen drei Äußerungen identisch. Allerdings spielt hier die Körpersprache eine zentrale Rolle, denn Mimik, Gebärde und die Sprechmelodie bestimmen die Wahrnehmung und Verarbeitung des Gehörten. Neben der auditiven Wahrnehmung spielen auch das visuelle Feedback und psychische bzw. emotionale Aspekte mit.

Bei der auditiven Wahrnehmung und Verarbeitung spielt der Kontext eine wichtige Rolle (vgl. die Lebensraumtheorie von Lewin, S. 17). Dabei können wir beobachten, dass das komplexe System der Sinneswahrnehmung die Leistungen z.B. des auditiven Systems durch Informationen aus anderen Wahrnehmungsbereichen ergänzt und unterstützt (vgl. die Verarbeitungstheorie von Luria, S. 14). Hier geht es um die Integration der verschiedenen Sinnesbereiche. Probleme beim Hören und Verstehen von Sprache werden als sensorische Informationsverarbeitungsstörung aufgefasst, die insbesondere die Sprachwahrnehmung und die phonologische Bewusstheit tangiert. Die betroffenen Kinder haben Probleme in der Sprachverarbeitung, d.h. sie sind z.B. nicht fähig, die Lautstruktur von Wörtern zu erfassen, haben Probleme beim Behalten von einfachen und bekannten Wörtern, beim Nachsprechen von unsinnigen Silben und bei der Synthese der Laute zu einem Wort (Phonemsynthese). Schulte-Körne (2002) hat das folgende Störungsmodell konzipiert (vgl. Abb. 3):

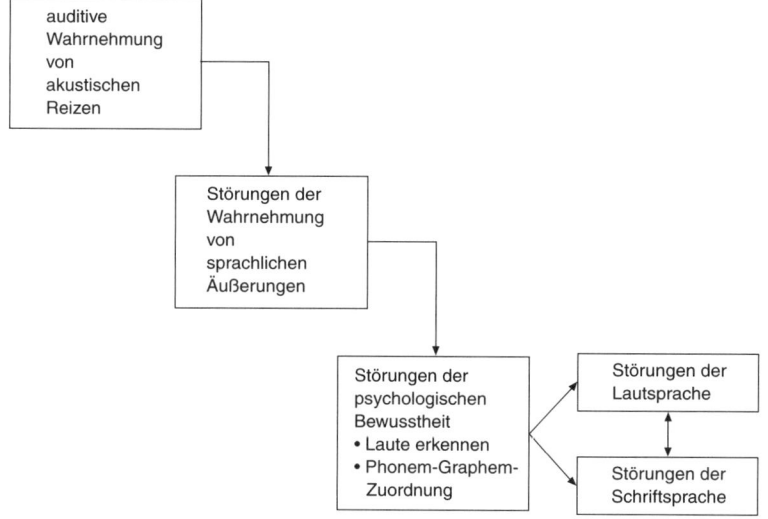

Abb. 3: Störungsmodell der auditiven Informationsverarbeitung

- Auf der ersten Ebene geht es um die Bedeutung der Wahrnehmung von nicht sprachlichen Reizen (Geräusche, Klänge). Wir wissen aus Untersuchungen und der täglichen Beobachtung, dass sprachauffällige und lese-rechtschreib-schwache Kinder damit große Probleme haben.
- Beim zweiten Verarbeitungsniveau handelt es sich um die Verarbeitung von Sprachreizen, wobei hier die Lautwahrnehmung und -unterscheidung im Mittelpunkt stehen. Beeinflusst wird dieses Niveau von den Top-down-Prozessen der Aufmerksamkeit, der Kognition und der Speicherung.
- Auf der dritten Stufe der Verarbeitung steht die phonologische Bewusstheit, die für die Erkennung der lautlichen Strukturen der Sprache, wie z.B. die Analyse der Phoneme oder die Phonem-Graphem-Zuordnung, zuständig ist.

In diesem Modell werden die Auswirkungen einer fehlgeleiteten sprachlich-auditiven Informationsverarbeitung deutlich. Die Probleme zeigen sich beim Sprechen, beim Lesen, in der Rechtschreibung und beim frühen Fremdsprachenlernen im Kindergarten und in der Grundschule.

3.5 Hörbare und nicht hörbare Sprachstörungen

Sprachauffälligkeiten in der Grundschule kommen immer wieder vor und können nach verschiedenen Merkmalen und Kategorien unterschieden werden (vgl. Braun 1999). Bei der Thematik Hören und Sprachverstehen ist der Ansatz von Füssenich (2001b, S. 8) hilfreich, der in hörbare und nicht hörbare Störungen unterscheidet. Hörbare Sprachstörungen zeigen sich vor allem

- in der Aussprache (Stammeln, Dyslalie, Stottern);
- in der Grammatik (Syntax);
- in der Semantik (Wortbedeutung);
- in der Pragmatik (Dialoge und Gespräche im Alltag).

Daneben gibt es Sprachstörungen, die wir nicht direkt beobachten und erkennen können; darunter fallen alle Auffälligkeiten der metasprachlichen Kompetenzen (vgl. Crämer/Füssenich/Schumann 1996). Nicht hörbare Sprachstörungen zeigen sich

- als metasprachliche Auffälligkeiten (im Nachdenken bzw. Reflektieren über die Sprache);
- als entwicklungsbedingte Sprachverständnisstörungen;
- im kreativen Umgang mit der Sprache (Wörter und Reime erfinden, Fragen stellen, andere Kinder bei der falschen Aussprache von Wörtern korrigieren);
- bei Kindern mit mutistischen Symptomen (die nicht oder nur zu bestimmten Personen in bestimmten Situationen sprechen);
- bei schwerstbehinderten Menschen (die nicht sprechen können);
- bei Problemen beim Lesen und der Rechtschreibung (phonologische Bewusstheit);
- bei fehlender Sprachbewusstheit (formale Aspekte der Sprache werden nicht erkannt);
- bei nicht vorhandenem Hörverstehen (ausschließlich akustische Reize) und Sprachverstehen (verbale Signale wie die gesprochene Lautsprache, paraverbale Signale wie die Stimme und nonverbale Signale wie die Körpersprache).

Diese Störungen können nur formal getrennt werden, im Alltag hängen die genannten Bereiche eng zusammen. Dabei spielt die auditive Wahrnehmung der Sprache bei allen Sprachstörungen und auf allen Ebenen eine ganz entscheidende Rolle. Hören, Zuhören, Sprechen und Verstehen sind als engmaschiges Netz zu betrachten. Die Störungen können sich auf der Ebene des Hörens und der Ebene der Sprache bewegen. Wir können nicht alle Hörprobleme und Sprachstörungen direkt beobachten.

In dem in Abb. 4 dargestellten Grundmodell wird neben der Input-Output-Ebene der Bereich der Sprachrezeption (Hören) und der Sprachproduktion (Sprechen) formal getrennt, obwohl sie in der Realität eng miteinander verflochten sind. Hier werden wir noch einmal ausdrücklich auf die Unterscheidung von Hör- und Sprachproblemen einerseits und hörbaren und nicht hörbaren Sprachproblemen andererseits aufmerksam gemacht.

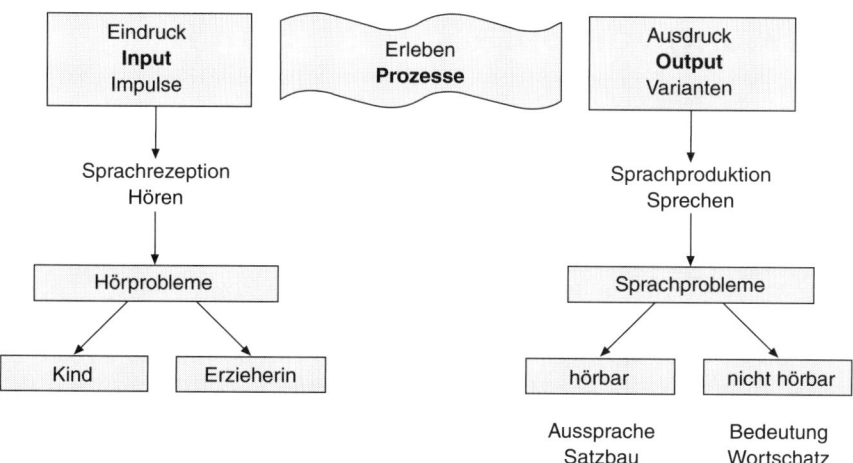

Abb. 4: Grundmodell der Hör- und Sprachstörungen

4. Entwicklung von Sprache und Hören

Die Entwicklung der Sprache und des Hörens gehören inhaltlich eng zusammen und werden deshalb gemeinsam dargestellt. In der heutigen Welt sind wir permanent akustischen Reizen ausgesetzt. Ständig gelangen Geräusche, Klänge, Töne und Sprache an unser Ohr. Unser Hörvorgang ist in der Lage, die verschiedensten Schallsignale zu empfangen, aus dem reichhaltigen Angebot auszuwählen und nur die Signale zu nutzen, die notwendig sind, um Sprache zu verstehen. Aber dieses oft unbewusst ablaufende Hören und Verstehen von Sprache muss ein Kind lernen, d.h. das Hören und Verstehen von Sprache ist ein Lern- und Reifungsprozess. Das Wissen um diese Lern- und Reifungsprozesse ist notwendig, um Abweichungen früh zu erkennen und geeignete Beratungs- und Fördermaßnahmen einleiten zu können (vgl. Ptok/Ptok 1996, S. 1).

4.1 Schwangerschaft

Die pränatale Entwicklungsphase beginnt mit der Befruchtung der Eizelle durch eine Samenzelle im Eileiter und endet mit der Geburt des Kindes. So entsteht am Anfang eine Zygote mit einem definierten Chromosomensatz. Diese Zygote entwickelt sich durch Furchung und Zellteilung weiter. Nach etwa vier Tagen ist eine kleine, kugelförmige Zelle, die Morula, entstanden. Diese Morula wandert durch den Eileiter in die Gebärmutter, die Zellen des Keims teilen sich und bilden eine Blastozyste, die sich in der Gebärmutter einnistet. Die einzelnen Zellen des Keims spezialisieren sich immer weiter, bis schließlich in der dritten Entwicklungswoche die sogenannte Blastenzeit endet und die Embryonalphase einsetzt. Der Embryo wird als Keim bzw. als Keimling in der frühen Entwicklungsphase definiert. Er entwickelt sich, d.h. es entstehen Haut und Nervensystem, die Mehrzahl der inneren Organe und Muskel- und Bindegewebe. Nach acht Wochen erreicht der Embryo eine Länge von ca. zwei Zentimetern; jetzt sind bereits alle Organanlagen ausgebildet, und der Embryo wird nach dieser Zeit als Fötus bezeichnet.

In der neunten Gestationswoche ist der Schneckengang des peripheren Hörorgans ausgebildet, und während der zwölften Woche kann man die Sinneshaare der Hörzellen, die Stereozilien, sicher identifizieren (vgl. Ptok/Ptok 1996, S. 1). Ab der zwölften Gestationswoche lassen sich beim Fötus erste Mundbewegungen mittels Ultraschall nachweisen, und ab der 16. Gestationswoche kommt es bereits zu ersten sicheren Reaktionen auf Geräusche (vgl. Straßburg 2000, S. 101). Nach den ersten drei Entwicklungsmonaten – man spricht hier vom ersten Trimenon – sind alle wichtigen Körperteile und Organe des Körpers sichtbar ausgebildet. Der Fötus ist jetzt ca. sieben Zentimeter lang und kann bereits die Arme und Beine bewegen.

Die Entwicklung der Sprache beginnt nicht erst nach der Geburt und, wie vielfach angenommen, mit dem ersten Wort, sie setzt bereits in der pränatalen Entwicklungsphase ein und wird durch die vorgeburtlichen Gespräche der Mutter mit dem Ungeborenen eingeleitet. Diese Gespräche werden durch emotionale Anteile angereichert und getragen. Hier kommt es bereits zu ersten Verknüpfungen und möglicherweise Speicherungen von Sprache und Wahrnehmung.

Bereits nach der Hälfte der Schwangerschaft haben sich die Ohren, das Innenohr mit den drei Bogengängen und den zwei eingelagerten Säckchen Utriculus und Sacculus als Gleichgewichtsorgan und die Schnecke als das eigentliche Hörorgan des Menschen ausgebildet. Der Gleichgewichtssinn und die auditiven Strukturen erreichen ihre endgültigen Ausmaße und gelangen so bereits in der pränatalen Phase zum Abschluss ihrer Entwicklung. Heute können wir davon ausgehen, dass Föten auf akustische Schwingungen reagieren. Wenn das Kind geboren wird, verfügt es über ein intaktes Hörorgan und kann bereits auf erste Hörerfahrungen im letzten Drittel der Schwangerschaft zurückgreifen. Die intensiven Forschungen der letzten drei bis vier Jahrzehnte haben die lange Zeit verbreitete These vom taubblinden Säugling durch die Hypothese des aktiven und kompetenten Säuglings ersetzt (vgl. Dornes 1993). Wichtig ist die Erkenntnis, dass beide Sinnesorgane, das Gleichgewichtssystem und das Hörorgan, in Beziehung unter- und miteinander stehen, nicht zuletzt auch deshalb, weil sie in unmittelbarer anatomischer Nachbarschaft liegen.

Das ungeborene Kind ist im Prinzip denselben akustischen Reizen wie die Mutter ausgesetzt. Die Geräusche und sprachlichen Signale werden durch die Bauchdecke und den Uterus im Frequenzbereich von 50 bis 1 000 Hz um ca. 30 bis 40 dB, bei 2 000 Hz um 50 dB und bei 3 000 Hz um 60 dB abgeschwächt. Dies hat zur Folge, dass tiefe Klänge besser ankommen als hohe Frequenzen. Trotz der Abschwächung und Reduktion ist die Übertragung von menschlichen Gesprächen in den Uterus möglich (vgl. Ptok/Ptok 1996, S. 2). Wir können also festhalten, dass die akustische Stimulation während der Schwangerschaft möglich ist; fraglich bleibt jedoch, inwieweit solche akustischen Eindrücke aufgenommen, verarbeitet und gespeichert werden können, und zwar so nachhaltig, dass sie später nach der Geburt wieder abgerufen werden können.

Diese Reifungs- und Lernprozesse können jedoch teilweise verhindert oder stark beeinträchtigt werden. Während der Schwangerschaft gibt es eine Reihe von schädigenden Einflüssen auf die kindliche Entwicklung allgemein und auch auf Sprache und Hören. Hier sind vier Bereiche zu nennen:

- der schädigende Einfluss von physikalischen Noxen, wie z.B. eine überdosierte Bestrahlungstherapie;
- der Einfluss von chemischen Noxen, wie der Konsum von Medikamenten, Drogen und Umweltgiften (z.B. Quecksilber oder chemische Zusätze in Farben);
- der Einfluss von Infektionskrankheiten während der Schwangerschaft, z.B. Röteln und Masern;
- emotionaler Stress und die soziale Vernachlässigung der Mutter innerhalb der Familie.

Insgesamt gesehen erleben wir heute gehäuft eine Kombination der Faktoren schlechte Ernährung, unzureichender Schlaf, schlechte medizinische Betreuung und Versorgung in der Schwangerschaft, ungesunde Wohnverhältnisse, dürftige Bildung und Ausbildung und eine unzureichende Kinderbetreuung, die in der Komplexität zu einer emotional-sozialen, biologischen und psychologischen Problematik führen, die sich auch in der kindlichen Entwicklung niederschlägt.

4.2 Frühkindliche Entwicklung

Als frühkindliche Phase bezeichnen wir den Zeitraum, der unmittelbar nach der Geburt einsetzt und sich über das gesamte erste Lebensjahr erstreckt. Das Neugeborene produziert den ersten Schrei mit Kehlkopf, Rachen und Lippen und variiert in den ersten zwei Monaten insbesondere seine Lautstärke bzw. Schreistärke (vgl. Straßburg 2000, S. 101). Der Zustand des Neugeborenen wird eine, fünf und zehn Minuten nach der Geburt nach dem sogenannten Apgar-Index (benannt nach der Ärztin Virginia Apgar) auf einer Skala von 0 bis 10 eingeordnet. Dabei werden Atmung, Pulsschlag, Hautfarbe, Muskeltonus und Reflexe des Neugeborenen mit je 0 bis 2 Punkten bewertet. 10 Punkte bedeuten, dass das Kind normal entwickelt und gesund ist. Werte unter 7 Punkten geben an, dass es sich um ein Risikokind handelt. Gesunde Kinder können von Geburt an hören, d. h. bereits das Neugeborene reagiert auf neue und interessante akustische Reize wie etwa eine Rassel oder eine Glocke, indem es die Augen und den Kopf der Geräuschquelle zuwendet. Das Neugeborene ist ebenso in der Lage, menschliche Laute von anderen zu unterscheiden und die typische Prosodie seiner Familiensprache von der Prosodie anderer Sprachen zu unterscheiden (vgl. Klann-Delius 1999, S. 27).

In den ersten Monaten dominiert das Schreien, das ein angeborenes, spezifisch menschliches Lautmuster darstellt, in den Frequenzbereichen zwischen 400 und 600 Hz liegt und bestimmte Strukturen aufweist (vgl. Keller/Meyer 1982, S. 62). Der Schrei des Säuglings an sich und die Art und Weise des Schreiens informiert die Umwelt über seinen Zustand. Das Schreien geht dann über in die Produktion von ruhigen Grundlauten, die ersten melodischen Abweichungen sind hörbar, und nach drei bis vier Monaten spielt das Kind mit seiner Stimme (vgl. Papusek/Papusek 1989, S. 472).

4.2.1   Kindgerichtete Sprache

Erwachsene, insbesondere die Mutter, sprechen mit Säuglingen und Kleinkindern in einer sehr seltsam klingenden Sprache. Das hat gute entwicklungspsychologische und neurologische Gründe und ist wichtig für die kindliche Entwicklung insgesamt. In der Literatur finden wir für diese Phase der Hör- und Sprachentwicklung verschiedene Begriffe, die oft synonym gebraucht werden: »Motherese«, Babytalk, Ammensprache, »Dutzi-Dutzi-Sprache« oder »kindgerichtete Sprache«. Hier geht es darum, dass erwachsene Bezugspersonen, die einen engen emotionalen Kontakt zum Kleinkind haben, in bestimmten Situationen meist unbewusst aus der Sprache der Erwachsenen in eine kindgerichtete Sprache umschwenken.

Diese sehr kindzentrierte Sprache kommt in allen Kulturen und Sprachen vor. Sie hat eine sehr spezielle und eigenartige Prosodie hinsichtlich Sprechmelodie, Rhythmus, Lautstärke, Tonfall und Sprechgeschwindigkeit und ist für die sprachliche Entwicklung sehr bedeutsam. Das Switchen von der Erwachsenensprache in die kindgerichtete Kleinkindsprache erleichtert und fördert den Erstspracherwerb. So sind die Babys aufmerksamer und hören länger zu als bei der Erwachsenensprache (vgl. Bernstein 2007, S. 56).

Die frühen und ersten Prozesse im Frühdialog des Kindes mit seiner Mutter erfordern eine spezielle Form der Auseinandersetzung zwischen Mutter und Kind. Hier gibt es spezielle Eigenheiten der Körpersprache wie der Blick, das Lächeln, das Streicheln, die Gesichtsmimik und die gesamte Körpergestik. Die Sprache der Mutter orientiert sich dabei an den momentanen sprachlichen Fähigkeiten und linguistischen Möglichkeiten des Kindes. Dabei spielen die Fähigkeiten des Zuhörens und der Aufmerksamkeit eine wichtige Rolle. Die »Motherese« ist eine spezielle Form der Kommunikation, die sich mit steigender Kompetenz des Kindes nach und nach an die Sprache der Erwachsenen herantastet. Dabei kommt der Prosodie eine herausragende Stellung zu (vgl. Ferguson/Snow 1977; Szagun 1993, S. 270). Diese kindgerichtete Sprache zeichnet sich durch folgende Merkmale aus:

- syntaktische Einfachheit und Klarheit der Sätze;
- Sprechmelodie und Betonung der Wörter und Sätze;
- engagierte und emotional hochgeladene Aussprache;
- verringertes Sprechtempo, häufige Pausen und Wiederholungen;
- häufige Lautmalereien wie »Muuuh« oder »Wauwau«, Nachahmungen von einfachen Wörtern und entsprechende erste Modellierungen, die die Wörter bzw. die Sätze korrekt wiedergeben;
- die sprachlichen Äußerungen der kindgerichteten Sprache bestehen zur Hälfte aus Fragen und geben dem Kind die Möglichkeit, sich sprachlich aktiv zu äußern;
- situationsbezogene Gespräche, d.h. hier werden nur Gespräche geführt, die sich auf das Hier und Jetzt beziehen (vgl. Bernstein 2007, S. 56f.; Fendrich 2000, S. 45).

Danach folgt eine Art vorsprachliche Vokalisation des Babys, das vornehmlich dem Training und der Übung des eigenen Vokalisationsapparates dient. Laute bzw. Lautreihen werden imitiert und das gesamte Lautrepertoire wird installiert und entwickelt. In dieser ersten Phase produzieren die Kinder weit mehr Vokale als Konsonanten. Erst nach den ersten sechs Monaten werden deutlich mehr Konsonanten produziert und mit den Vokalen kombiniert. Gegen Ende des ersten Lebensjahres werden deutlich hörbare und unterscheidbare Silben gebildet wie z.B. »ba«, »da«, »ga«, »ma«, »na« usw. – zunächst einzeln, dann aber immer häufiger gedoppelt wie »baba«, »dada«, »gaga« usw.

Der sogenannten Schreiphase folgt die Lallperiode mit der Produktion ganz bestimmter Laute und Lautverbindungen. Danach folgt die Phase der Lallmonologe, die zum ersten Wort führt, das in der Regel kurz vor dem ersten Geburtstag erworben

wird. Gegen Ende der Säuglingsphase spricht das Kind oft schon einige Worte wie
»Mama«, »Papa«, »dada«, »adda«, »Auto« usw. Hier können wir bereits erste ge-
schlechtsspezifische und milieubedingte Unterschiede beobachten, d.h. Mädchen
sprechen oft früher und gebrauchen mehr Wörter als Jungen.

Was die weitere Entwicklung von Sprache und Sprechen angeht, so können wir
davon ausgehen, dass der Mensch über ein angeborenes genetisches Potenzial und
Programm verfügt, das den Spracherwerb möglich macht. Diese Hypothese wird auch
dadurch gestützt, dass wir in allen Sprachgemeinschaften den gleichen Ablauf hinsichtlich des Spracherwerbs beobachten können.

4.2.2   Hörfähigkeit

Die Entwicklung der Sprache und der Hörfähigkeit in der frühkindlichen Phase
wird von manchen Autoren (vgl. Bruner 1987) auch als vorsprachliche Kommunikation bezeichnet. Das Schreien, die Lautrezeption und -produktion sind an das vorhandene Hörvermögen des Neugeborenen gekoppelt. Ohne hören zu können, wird
der Säugling die Produktion von Lauten einstellen. Der Säugling ist in der Lage zu
schreien, Laute und Silben zu produzieren und am Ende dieser Phase die ersten Wörter zu sprechen. Gegen Ende des ersten Lebensjahres ist das Kind fähig, Silbenketten
zu produzieren und Phonemkontraste und Prosodieunterschiede seiner Muttersprache wahrzunehmen. Hinzu kommt eine zunehmende Sensibilisierung und Sprachbe-
wusstseinsbildung für die Muttersprache. Der Säugling hört keine isolierten Laute,
sondern immer nur Sätze, Redewendungen, Wörter, Silben und Reime. Von daher
muss das Kind lernen, Laute aus Wörtern zu erkennen und herauszuhören. Die
Grundlage der weiteren sprachlichen Entwicklung bleibt eng an das Hörvermögen
gebunden.

4.3 Kleinkindphase

Diese Phase erstreckt sich vom zweiten bis einschließlich fünften Lebensjahr. Hier
werden nun einzelne wichtige Aspekte der Sprachentwicklung dargestellt.

4.3.1   Sprachverstehen

Das Sprachverstehen setzt das bereits dargestellte aktive Zuhören und das teilneh-
mende Mitdenken des Kindes am Gespräch voraus. Baur/Endres (1999) definieren
das Sprachverstehen als einen hochkomplexen Vorgang, der auf folgenden Leistungen
basiert:
- sprachliche Äußerungen und Geräusche unterscheiden;
- verschiedene Sprachlaute differenzieren;

- Laut- und Silbenketten erkennen und speichern;
- aus sprachlichen Äußerungen einzelne Wörter heraushören;
- Wörter als sinntragende Einheiten erkennen und verstehen;
- den Wörtern als Repräsentanten Bedeutung und Inhalt zuordnen können.

Dieser Bereich der Sprache wird vielfach in der Familie und in der Schule nicht gesehen und vernachlässigt. In der Praxis haben wir das Problem, dass im Gegensatz zur Sprachproduktion weder die Eltern noch die Erzieher oder Lehrer das Sprachverstehen beobachten können. Von daher wird das Sprachverstehen kaum beachtet und deshalb in frühen Jahren auch wenig gezielt gefördert.

Sprachverstehen bedeutet zunächst einmal etwas begreifen, den Sinn von Wörtern und Sätzen erfassen und etwas im Zusammenhang erkennen und betrachten. Das Verstehen ist eine Tätigkeit des Verstandes, indem gehörte Wörter und Sätze wahrgenommen, gespeichert, bewertet, interpretiert und in das bisherige Wissen und Verstehen integriert werden. Die Begriffe Verstehen, Sprachverstehen, Sprachverständnis und Hörverstehen werden im Alltag oft oberflächlich, ja teilweise auch synonym gebraucht. Dabei sollten wir die emotionalen und sozialen Anteile und Einflüsse unserer Sprache hinsichtlich der Wirkung und Auswirkung des Gesagten bei unseren Gesprächspartnern stärker berücksichtigen. Gesprächsatmosphäre und soziales Klima sind für das Verstehen und das Verstehenwollen von Sprache von größter Wichtigkeit.

Kinder können immer dann aus den Wörtern und Begriffen Bedeutung und Inhalt entnehmen, wenn das Gehirn auf entsprechendes Wissen, auf Kompetenzen in den Bereichen der Grammatik und Syntax zurückgreifen kann. Das Gehirn arbeitet wie ein großes Lexikon, d.h. es schlägt nach, erkennt und nennt die Bedeutung eines Wortes in Windeseile. Beim Sprachverstehen haben wir unter anderem das Problem, dass einzelne Wörter isoliert eine andere Bedeutung haben als in der Komplexität eines Satzes, d.h. der Kontext ist eine wichtige Hilfe für die Sinnerschließung. Damit das so wichtige Sprachverstehen in den ersten Monaten und Jahren funktioniert, sind die Kinder auf folgende Elemente und Faktoren angewiesen:

- auf die nonverbalen Anteile der Sprache wie Mimik, Gestik, Blickkontakt und Gesamtverhalten der Person;
- auf die paraverbalen Elemente wie Stimme, Rhythmus, Melodie, Klang, Sprechgeschwindigkeit, Tonfall, Lautstärke, Sprechpausen und Modulation – all dies wird unter dem Begriff der Prosodie subsumiert;
- auf die verbalen Fähigkeiten der Sprachproduktion, also das Hervorbringen von Wörtern und Sätzen.

Ab dem zwölften Lebensmonat können die meisten Kinder Laute, Lautverbindungen und erste Worte differenzieren. Alle Kinder lernen zwischen dem ersten und zweiten Lebensjahr zwischen 20 und 30 Wörter, sie verstehen aber zwischen 200 und 300 Wörter (vgl. Straßburg 2000, S. 101). Im zweiten Lebensjahr werden die ersten Zweiwortsätze gebildet, und es kommt zu den ersten Fragen, die das Sprachverstehen anregen. Die Sätze werden jetzt immer komplexer, sind aber noch weitgehend agrammatisch. Im dritten Lebensjahr spricht das Kind zunehmend geformte und korrekte Mehrwortsätze und übernimmt grammatische Beziehungen. Im vierten Lebensjahr ist das Fragen dominant – man spricht vom »zweiten Fragealter« –, was das Sprach-verstehen weiter anregt und fördert. Jetzt werden über 1 000 Wörter gesprochen und bereits über 3 000 Wörter verstanden (vgl. Grimm 1999; Straßburg 1996).

Die bisher erworbenen prosodischen, nonverbalen, paraverbalen, grammatischen, kommunikativen und syntaktischen Kompetenzen versetzen das Kind in die Lage, komplexere Verstehensstrategien einzusetzen. Im weiteren Verlauf der Entwicklung kommt es zu einer Trennung zwischen der reinen Wortbedeutung und der Satzbedeu-tung (Szagun 1993). Das Kind erkennt sehr schnell, dass das gleiche Wort in verschie-denen Sätzen eine andere Bedeutung übernehmen kann. Im Alter von fünf bis sechs Jahren wird das Verstehen immer differenzierter und zusammenhängender. Die Kin-der hören Geschichten, Märchen und Erzählungen und verstehen den Inhalt des Ge-sagten. Das Sprachverstehen basiert auf einem soliden Fundament, dem Wortschatz.

4.3.2   Wortbildung und Wortschatz

Die Prozesse der Wortgenerierung vom ersten Lebenstag an und der Aufbau des kind-lichen Lexikons hängen eng zusammen.

Zur Wortbildung
Die Fähigkeit zur Wortbildung ist eine wichtige Phase für die Entwicklung der Spra-che allgemein und für den Wortschatz speziell. Viele Forscher beschreiben bei der Entwicklung der Kindersprache eine Phase, in der die Kinder Neologismen bilden (Ableitungen und Zusammensetzungen). Die Kinder erwerben diese Fähigkeit im Alter zwischen zwei und acht Jahren unbewusst. Solche Wortneuschöpfungen im Lexikon der Kinder erregen meist Aufsehen, weil oft unpassende Affixe und Wort-stämme benutzt werden. Dabei werden im Vorschulalter psycholinguistisch zwei Zu-gangsweisen unterschieden (vgl. Padrik 2001, S. 211):
- Bei der Bildung von Sätzen kommt es zu Verbindungen von Stämmen oder von Affix und Stamm, z.B. wird aus »Der Junge hat große Ohren« »Ich kenne einen großohrigen Jungen«, aus »Dinosaurier« und »Giraffe« wird Dinoraffe«.
- Bildung von Analogien wie z.B. »Petrasilie« zu »Petersilie«.
Meistens kommen im Alltag der Kinder diese Operationen gemischt vor, wobei die Analogiebildungsoperationen zuerst erworben werden. Die aktivste Phase der Wort-bildung liegt zwischen dem vierten und sechsten Lebensjahr; die hier erworbenen Operationen werden im Grundschulalter weiter ausgebaut und automatisiert. Als Voraussetzungen für die Fähigkeit zur Wortbildung nennt Padrik (2001, S. 211) einen ausreichenden Wortschatz, eine entsprechende Anzahl von Satzmodellen und die Fä-higkeit des Kindes zur Abwandlung und Veränderung des Wortes an sich. Die Wort-bildungsfähigkeit des Kindes ermöglicht, die semantischen Änderungen der Wörter auszudrücken, und spielt im Rahmen der Textbildung eine wichtige Rolle.

Zum Wortschatz

Der Wortschatz ist die Gesamtheit der Wörter, der komplette momentane Wortbestand einer Sprache – er ist zum einen das Lexikon einer Sprachgemeinschaft, z.B. des Deutschen, und zum anderen das Lexikon des jeweiligen Sprechers. Der Wortschatz bildet ein offenes und flexibles Inventar von Lexemen (Wörtern), das gut strukturiert und systematisiert ist. Er unterliegt einer ständigen Veränderung, indem er sich den Bedürfnissen einer Sprachgemeinschaft anpasst. So erleben wir im Deutschen die Übernahme einer Vielzahl von neudeutschen Modebegriffen wie »super«, »geil« und anderen und von Fremdwörtern und Anglizismen. Damit gehört der Wortschatz zu dem beweglichsten Teilsystem einer Sprachgemeinschaft (vgl. Lewandowski 1990, S. 1266). Im Deutschen umfasst der Wortschatz zwischen 300 000 und 500 000 Wörter; dies ist jedoch nur eine grobe Schätzung und mit Vorsicht zu betrachten. Der durchschnittliche aktive Wortschatz eines Erwachsenen wird auf etwa 6 000 bis 10 000 Wörter geschätzt (vgl. Glück 2005, S. 745).

Wir unterscheiden beim Aufbau des kindlichen Wortschatzes den passiven und den aktiven Wortschatz. Der passive Wortschatz ist dem aktiven Wortschatz in der Regel zahlenmäßig weit überlegen und umfasst alle Wörter und Begriffe, die wir verstehen. Der aktive Wortschatz umfasst hingegen all jene Wörter, die wir selbst gebrauchen. Alle Wörter unseres Wortschatzes sind ähnlich einem Lexikon in unserem Gehirn gespeichert und können je nach Bedarf und Situation blitzschnell abgerufen und benutzt werden. Dabei bedienen wir uns eines sehr flexiblen Ordnungssystems (vgl. Aitchison 1994). Damit wir die Bedeutung von Wörtern behalten, brauchen wir bestimmte Kontexte, persönliche Erfahrungen und individuelle Anteile der Bedeutungen, die emotional und assoziativ geprägt sind. Es ist jedoch methodisch sehr schwierig, die genaue Anzahl der Wörter eines Sprechers zu bestimmen. Hier sind nur eine vage Wahrnehmung und subjektive Einschätzung möglich, insbesondere wenn es um Angaben hinsichtlich der Wörter des passiven und aktiven Wortschatzes geht. Im Übrigen unterliegt der Wortschatz eines jeden Sprechers quantitativ und qualitativ einem permanenten Wandel.

Beim Erwerb neuer Wörter durchlaufen Kinder eine Reihe von Lernprozessen und Erfahrungen wie z.B.
- das Erkennen von Merkmalen und Kriterien zur Unterscheidung von Personen und Objekten;
- die Bildung und aktive Überprüfung von Hypothesen über einen Gegenstand oder einen Zusammenhang;
- den konkreten Umgang und persönliche Erfahrungen mit der Person oder dem Gegenstand;
- die Erweiterung des Bedeutungswissens über Personen und Objekte aus der Lebenswelt des Kindes;
- die Bedeutung von kontextuellem und dekontextuellem Lernen;
- das Stellen von Fragen über Gegenstände und Zusammenhänge.

Im zweiten Lebensjahr erlebt das Kind einen rasanten Anstieg seines Wortschatzes, was eine erkennbare Entwicklung der intellektuellen Fähigkeiten signalisiert. Gegen

Ende des zweiten Lebensjahres kann das Kind unter normalen Umständen einen Wortschatz von 40 bis 50 Wörtern erreichen. Es braucht diese Masse an Wörtern, damit die rein technische Produktion von Sprache auch umgesetzt werden kann (vgl. Butzkamm 2004, S. 5).

Im Alter von zwei bis drei Jahren kommen zu den bisher hauptsächlich benutzten Hauptwörtern (Substantiven) auch immer mehr Tätigkeitswörter (Verben) und Eigenschaftwörter (Adjektive) hinzu. Im Alter von drei Jahren komplettiert sich der Bestand an Wortarten, und es sollten Fürwörter (Pronomen wie »ich«, »du«, »mein« und »dein«), Geschlechtswörter (Artikel wie »der«, »die«, »das«, »ein« und »eine«) und Verhältniswörter (Präpositionen wie »auf«, »unter«, »mit«, »für« usw.) hinzukommen.

Ebenso entwickelt sich das Sprachverstehen schnell weiter, und wir können generell davon ausgehen, dass das passive Sprachverstehen dem aktiven Wortschatz überlegen ist. Das Wortverstehen entwickelt sich in der Regel viel früher als der eigentliche Gebrauch der Wörter (vgl. Snyder 1984). Die Entwicklung erster einfacher Sätze setzt ein, das Kind stellt immer häufiger Fragen, und die Geschwindigkeit der Sprachentwicklung in den ersten drei bis vier Lebensjahren schreitet sehr rasch voran. Kindergarten- und Schulkinder lernen statistisch gesehen etwa 4 000 bis 5 000 neue Wörter pro Jahr hinzu, das entspricht ca. 10 bis 15 Wörtern pro Tag und etwa einem Wort pro Stunde (vgl. Chomsky 1995). Solche Schätzungen und Hochrechnungen sind nicht ganz unproblematisch, weil die Annahmen des aktiven Wortschatzes von Erwachsenen unter den Autoren differieren, wie z.B. Miller 1993 und Clark 1993. Insgesamt wird dennoch deutlich, dass der Wortschatz sich schnell entwickelt und sich das kindliche Lexikon rasant erweitert.

Zur Wortbedeutung

Bei der Erkennung der Wortbedeutung und der Speicherung im kindlichen Lexikon spielt die Art und Weise des Worterwerbs eine wichtige Rolle. Da ist zum einen der konkrete und unmittelbare Kontext zu nennen, der die unmittelbare Lebenswelt der Kinder repräsentiert, aber auch das Lernen in einer als angenehm erlebten und emotional hochgeladenen Lernsituation. Daneben sind das Interesse und die Neugier des Kindes sowie das Lernen mit verschiedenen Sinnen für den nachhaltigen Worterwerb wichtig. Gelernte Wörter, die über das Hören, Sehen und Greifen erarbeitet wurden, werden schneller und besser behalten und können in einer aktuellen Gesprächssituation auch leichter aus dem Lexikon des Kindes wieder abgerufen werden.

Beim Erwerb von Wörtern und deren Bedeutungen ist die Verknüpfung von Sprechen und Hören, aber auch von Sprechen, Hören, Sehen und Greifen, also sehr wichtig. So kann ein Wort zum Repräsentanten für eine Person, einen Gegenstand, für Gefühle, Tätigkeiten und Zusammenhänge werden. Diese Erwerbsstrategie verändert sich im Kleinkindalter dahingehend, dass sich das Kind im Alter von vier bis fünf Jahren mehr und mehr von der konkreten Situation und Anschauung lösen kann. Auch diese Strategie muss das Kind lernen, und es braucht Situationen, in denen es diese Strategieerfahrungen sammeln kann.

4.3.3 Aussprache

Diesen Aspekt des Spracherwerbs bezeichnet man auch mit Artikulation und versteht darunter die klare und deutliche Aussprache und Bildung von Lauten, Wörtern und Sätzen. Hier geht es nicht um den Inhalt der Sprache, sondern ausschließlich um die hörbare und teilweise sichtbare Produktion der Sprache mit unserer Stimme. In den ersten Monaten spielt der Säugling mit seiner Stimme, produziert lustvoll Geräusche und sammelt erste Erfahrungen mit Lautreihen, wobei hier noch keine Verknüpfung mit bestimmten Bedeutungen erkennbar ist. Nach und nach erwirbt der Säugling die bewusste und willentliche Kontrolle über das Sprechen. Im ersten und zweiten Lebensjahr vergleicht er zunehmend die gehörten Wörter und Sätze mit seinen eigenen und passt sich in seiner Ausdrucks- und Sprechweise immer mehr der Sprache seiner Umgebung an. Wenn in der Umgangssprache Dialekt gesprochen wird, wird sich das Kleinkind diese dialektgefärbte Sprache aneignen.

Hörkreisläufe

Hier erkennen wir einen engen Zusammenhang zwischen Sprechen und Hören. Das Vergleichen der gehörten Wörter mit den eigenen bezeichnet man als den *interpersonellen Kreislauf*, d.h. das Kind lernt, auf die Sprache seiner Mitmenschen und Gesprächspartner zu hören und die gehörten Wörter, Redewendungen und Sätze mit den eigenen zu vergleichen. Ein weiterer wichtiger Lernprozess ist die Herausbildung des *intrapersonellen Kreislaufs*: Die Kinder lernen nach und nach, spätestens im dritten oder vierten Lebensjahr, die eigenen Sprachprodukte selbst zu überprüfen und mit dem abgespeicherten Klangmuster zu vergleichen. Am Ende der Kleinkindphase sind sie dann in der Lage, das Gesprochene zu überprüfen und gegebenenfalls zu korrigieren. Die Kinder sollten am Ende der Kleinkindphase den interpersonellen und den intrapersonellen Kreislauf erworben haben.

Wichtig ist zu erkennen, dass das Kind keine einzelnen und isolierten Laute hört; Kinder haben weder in der Säuglings- noch in der Kleinkindphase ein Einzellautbewusstsein. Sie hören immer nur Interjektionen, Lautmalereien, Wörter, Redewendungen, Satzteile, verschiedene Satzkonstruktionen und sprachliche Äußerungen. Die Prozesse der Koartikulation und der Assimilationen, d.h. der Verschmelzung und Angleichung des Klangs der einzelnen Laute, erschweren zudem das Bewusstsein für die einzelnen isolierten Laute.

Kinder müssen aber nicht nur Lautreihen und -ketten bilden, sie müssen auch die Regeln lernen, die für unser Lautsystem Gültigkeit haben. Hier geht es um die phonologischen Regeln. Manche Laute haben Phonemstatus und damit eine bedeutungsunterscheidende Funktion. Dies kann man am besten zeigen, wenn man Minimalpaare bildet und miteinander vergleicht, wie z.B. Tanne/Kanne, Land/Rand, krachen/Drachen, Fisch/Tisch, Tina/Nina oder Oma/Opa.

Bei der Aussprache wollen wir uns an der Norm orientieren und sollten Kinder dahin bringen, dass sie ziel- und normgerecht sprechen. Das Lispeln ist als Sprachstörung weitverbreitet und wird oft therapiert. Es spielt aber phonologisch betrachtet für die Bedeutung eines Wortes im Deutschen keine Rolle, ob ein /s/ korrekt gesprochen oder gelispelt wird. Die Kinder müssen im Rahmen des Spracherwerbs die phonologischen Regeln als phonologische Prozesse der Muttersprache lernen (vgl. Romonath 1991). Gegen Ende der Kleinkindphase, also im Alter von fünf Jahren, sollte ein Kind alle Laute der deutschen Sprache in Wörtern bilden und deutlich aussprechen können und die phonologischen Regeln des Lautsystems erworben haben.

4.3.4   Grammatik- und Syntaxerwerb

Die Grammatik beschäftigt sich im Kernbereich ihres Aufgabenfeldes mit der Sprachlehre, d.h. mit der Formen- und Satzlehre. Die Syntax beschreibt den Bau der Sätze und meint die Lehre von den Beziehungen der Wörter innerhalb eines Satzes untereinander. Bei normal entwickelten und begabten Kindern entwickeln sich Grammatik und Syntax ohne besondere Hilfe Schritt für Schritt. Die Kinder erwerben ein grammatisches Sprachgefühl mit »syntaktischen Ahnungen«, das die sprachliche Entwicklung steuert und sich immer mehr an die im Umfeld gesprochene Umgebungssprache anpasst. Nach Wode (1988) lässt sich der Syntaxerwerb des Deutschen in vier Stadien untergliedern:

- Das Stadium der *Einwortäußerungen* erstreckt sich vom 10. bis 18. Lebensmonat und zeichnet sich durch die Äußerung einzelner Wörter aus. Man bezeichnet diese Konstrukte als Holophrasen (vgl. Bares/MacWinney 1987, S. 177) und meint damit, dass das Kind einen Satz im Kopf hat, ihn aber noch nicht normgerecht formulieren und artikulieren kann. Um den ersten Geburtstag herum sprechen die meisten Kinder einzelne Wörter und äußern damit einen Satz. So steht oft ein Substantiv oder ein Verb in Verbindung mit entsprechendem Stimmklang, Mimik und Gestik für einen ganzen Satz. Wichtig für das Verstehen ist die spezifische Situation, der inhaltliche Kontext. Der Übergang vom Gebrauch einzelner Wörter hin zu den bekannten Zweiwortäußerungen bahnt sich an, hier können wir zeitlich fließende Übergänge und große Unterschiede zwischen den einzelnen Kindern beobachten.
- Das Stadium der *Zweiwortäußerungen* schließt sich nahtlos an und erstreckt sich vom 18. bis 24. Lebensmonat. Jetzt sind Kinder schon in der Lage, Subjekt und Prädikat in einfachen Sätzen zu erkennen und zu gebrauchen. Flexionen fehlen noch, allerdings werden Pluralformen benutzt und teilweise auch schon der Genitiv (vgl. Szagun 1993, S. 31). Das Satzverständnis erweitert sich, weil die Kinder mehr und mehr die Bedeutung und Funktion von Subjekt und Prädikat begreifen. Mit eineinhalb Jahren reiht das Kind zwei, manchmal gar drei Wörter aneinander, und so entstehen nach und nach die ersten Zwei- und Dreiwortsätze.
- Das Stadium der *Drei- und Mehrwortäußerungen*, das sich zwischen dem zweiten und vierten Lebensjahr erstreckt, beschäftigt sich zunächst mit dem Bau einfacher und später dann mit der Konstruktion erweiterter und komplexer Sätze. Das gesamte Flexionssystem differenziert sich immer weiter aus, und erste Relativ- und Konjunktionalsätze werden gebraucht. Jetzt stehen dem Kind bereits einfache

Satzkonstruktionen zur Verfügung wie »Papa fährt Auto« oder »Mama, ich will Milch trinken«. Dabei steuert das Sprachgefühl die Reihenfolge der Wörter im Satz, und das Kind kann ohne jegliche Didaktik erste Regeln berücksichtigen.

Bereits nach der zweiten und erst recht nach dieser dritten Phase der Entwicklung können wir eine große Bandbreite bei Kindern beobachten. Butzkamm (2004, S. 4) unterscheidet zwischen Schnellstartern und Spätstartern, was sich bereits beim Verstehen von Sprache im ersten Lebensjahr und beim Wortschatzerwerb abzeichnet. Die Sätze nehmen an Länge und Komplexität zu, und die Unterschiede zwischen einzelnen Kindern werden größer. Die sprachliche Heterogenität bahnt sich an und wird sich weiterentwickeln und stabilisieren.

- Das Stadium der *komplexen Syntax* schließt sich ab dem Alter von vier Jahren an. Die Sätze werden immer länger und komplizierter. Die sprachlichen Experimente gehen weiter, und das Kind gelangt zu Wort- und Satzneuschöpfungen. Sprachverstehen und Wortschatzerweiterungen gehen dabei im Gleichschritt weiter und fördern die Weiterentwicklung der Syntax. Hier werden dann nach und nach, sofern die Kinder in entsprechende Situationen gebracht werden, erweiterte und komplexere Satzkonstruktionen benutzt. Das einsetzende und immer wiederkehrende Fragen der Kinder ist ein wichtiger Entwicklungsschritt für die sprachliche Entwicklung insgesamt. Die sprachlichen Vorbilder gewinnen hier zusehends an Gewicht, damit sich ein differenziertes Sprachgefühl und ein elaborierter Code beim Gespräch, im Dialog und beim Erzählen entwickeln können. Hier steht die dialogische Kompetenz im Zentrum mit ihrem Wechsel der Dialogrollen (»turntaking«), der Partnerorientierung und der Empathie.

Dreh- und Angelpunkt der deutschen Grammatik ist das Tätigkeitswort (Verb); hier sollte das Kind nach und nach die verschiedenen Zeitformen adäquat einsetzen können (Baedeker 2007, S. 11). Mit vier Jahren sollte das Kind in der Lage sein, einfache Redewendungen und Sätze korrekt zu sprechen. Ab dem fünften Lebensjahr gewinnt die Grammatik immer mehr an Bedeutung für die Sprache und das Sprechen, sie wird zu einem wichtigen Bestandteil und Merkmal der Sprache des Kindes. Der kindliche »Sprachstand« wird über die Grammatik beobachtet und eingeschätzt. Die Kinder sollten jetzt die Ein- und Mehrzahlbildung beherrschen und in der Lage sein, beim spontanen Erzählen und im Gespräch Haupt- und Nebensätze korrekt miteinander zu verbinden.

4.3.5 *Phonematisches Gehör*

Die Entwicklung des phonematischen Gehörs – heute spricht man von der phonologischen Bewusstheit – meint die Fähigkeit, einzelne Phoneme eines gesprochenen Wortes herauszuhören. Beim bewussten Erfassen der Lautstruktur durchläuft das Kind fünf Stufen (vgl. Becker 1967, S. 27):

- *Erste Stufe:* Das Kind kann die Laute noch nicht differenzieren, versteht die Sprache noch nicht und kann noch nicht sprechen. Dies ist die präphonematische Stufe der Entwicklung.

- *Zweite Stufe:* Das Kind kann Phoneme unterscheiden, die einander kaum ähnlich sind. Es kann aber weder bei sich selbst noch bei anderen Personen erkennen, ob ein Laut richtig oder falsch ausgesprochen wird.
- *Dritte Stufe:* Das Kind erkennt und speichert die ersten phonematischen Merkmale der Sprache und erkennt falsch ausgesprochene Wörter. Das Kind selbst spricht jetzt manche Wörter korrekt, andere wiederum falsch aus.
- *Vierte Stufe:* Jetzt spricht das Kind fast alle Wörter korrekt und kann ähnlich klingende Phoneme in Wörtern sowohl erkennen als auch unterscheiden.
- *Fünfte Stufe:* Die phonematische Entwicklung ist jetzt abgeschlossen. Das Kind hört und spricht alle Laute und Wörter korrekt aus. Es hat genaue und differenzierte Klangmuster von Wörtern und einzelnen Lauten bzw. Lautverbindungen abgespeichert und kann die gesprochenen Wörter mit den abgespeicherten vergleichen und gegebenenfalls korrigieren.

Die auditive Diskriminationsfähigkeit und das phonematische Gehör entwickeln sich nun über das Vorschulalter hinaus bis ins Schulalter hinein weiter. Die auditive Diskriminationsfähigkeit lässt sich im Grundschulalter zwischen sechs und zehn Jahren noch erheblich verfeinern und in hohem Maße verändern. Die Entwicklung der auditiven Wahrnehmung und der einzelnen Funktionen wie Diskrimination hängt aber wesentlich von der Methode, der Intensität und Dauer der Übungen ab (vgl. Deutsches Institut für Fernstudien 1974, S. 18).

4.3.6 Konversation

Zentrales Anliegen der Sprache und des Sprechens ist es, sich mit anderen Menschen zu unterhalten und Gespräche zu führen. Es geht hier um die Entwicklung ganz pragmatischer konversationeller Fähigkeiten (vgl. Klann-Delius 1999, S. 41). Darunter verstehen wir die Fähigkeit, eine sprachliche Unterhaltung zwischen Menschen zu führen und zu verstehen, wobei bestimmte Gesprächsregeln, wie z.B. Zuhören und Aussprechenlassen, eingehalten werden müssen.

Kinder brauchen kompetente Bezugspersonen: die Eltern, die Geschwister, die Erzieher/innen und die Lehrer/innen in den Schulen. Die Zielsetzung der reziproken Interaktion liegt außerhalb der Sprache. Es geht darum, eine Handlung und Tätigkeit anzustoßen, eine Schlussfolgerung herbeizuführen, eine Information und Botschaft zu vermitteln und die Aufmerksamkeit zu fokussieren. Konversation ist der primäre Kontext für die Sprache und sprachliche Entwicklung des Kindes. Die Eltern verfolgen dabei das Ziel, Kultur, Werte, Rollen und Normvorstellungen und die Art und Weise zu vermitteln, wie man in unseren Breitengraden spricht. Das Kind lernt, wie man die Sprache einsetzt, um Ziele zu erreichen und Einfluss auf andere auszuüben, und wie man Bedeutungen erkennt und sprachlich offenbart. Dabei kann es immer wieder zu Diskrepanzen und Dissonanzen dahingehend kommen, dass sich die primäre Spracherfahrung im Elternhaus und im Kindergarten von der sekundären Spracherfahrung in der Schule unterscheidet.

Der Dialog wird zum Gegenstand, Medium und zentralen Prinzip und meint das Gespräch zu zweit, die Unterhaltung zwischen zwei, aber auch mehreren Personen, also das wechselnde Gespräch unter- und miteinander. Bereits in den ersten Tagen und Wochen erlebt der Säugling frühe Dialoge und Als-ob-Konversationen: Die Mutter behandelt ihr Kind wie einen vollwertigen und gleichberechtigten Gesprächspartner und interpretiert jeden stimmlichen und mimisch-gestischen Ausdruck als Beitrag zur Kommunikation und zum frühen Dialog. »Was machst du den da?« – »Äh« und artikulatorische Bewegungen des Kindes sind die Folge. »Das ist ja toll, was du mir alles erzählst.« Die Mutter deutet so lautliche Äußerungen des Kindes und Bewegungen zu bedeutungsvollen Gesten. Das Kind kommt zu vokalischen Produktionen und füllt sie mit persönlicher Befindlichkeit. Die Eltern orientieren sich an den vokalischen und kinetischen Gesten und an den kindlichen Interessen und präsentieren dem Kind immer wieder einen bekannten Interaktionsrahmen (vgl. Bloom 1993).

Das Kind lernt in diesen frühen und primären Situationen der ersten drei Lebensjahre die Regeln des »turn-taking«. Die Kinder hören der Mutter zu und können auf Fragen der Mutter sprachlich reagieren. So entwickelt sich eine Art Pingpongspiel der zwischenmenschlichen Kommunikation, ein sprachliches Hin und Her, bei dem das Kind lernt, auf die sprachlichen Beiträge der Gesprächspartner einzugehen. In den ersten Jahren haben Kinder Schwierigkeiten, inhaltlich, semantisch und sprachlich auf die Beiträge der Mutter einzugehen. Dies ist ein sozialer Lernprozess, der sich zwischen dem zweiten und dritten Lebensjahr immer mehr entwickelt. Im Kleinkindalter entwickelt sich die Fähigkeit zum Diskurs, zur Diskussion und sprachlichen Auseinandersetzung mit Gleichaltrigen, aber auch mit Erwachsenen, immer mehr. Im Alter von fünf und sechs Jahren verstehen die Kinder sprachlichen Witz, verbale Ironie und die Mehrdeutigkeit sprachlicher Äußerungen.

4.4 Vorschul- und Schulkindphase

Das letzte Kindergartenjahr und die Grundschulzeit werden als eine weitere zeitliche Einheit und Phase betrachtet, weil im Kindergarten die Vorbereitungen auf die Grundschulzeit anlaufen und die Kinder im Sinne der Vorläuferfertigkeiten (Wahrnehmungsbereiche wie Hören und Sehen, Sprach- und Sozialkompetenz, Kognition) intensiv auf den bevorstehenden Schulbesuch vorbereitet werden. Was die sprachlich-kommunikative Kompetenz angeht, werden in den genannten Bereichen eine Art Weiterentwicklung und Feindifferenzierung vorgenommen. Die bisherige Entwicklung der beschriebenen Bereiche wie Sprachverstehen, Wortschatz, Aussprache und Satzbildung verfestigt und stabilisiert sich und mündet in einen individuell geprägten Redestil und ein subjektiv gefärbtes Sprachgefühl jedes einzelnen Kindes.

4.4.1 Sprachgefühl

Das Verstehen von sprachlichen Informationen nimmt in dieser Phase rasant zu und damit entwickeln sich auch die geistige Flexibilität und Kreativität und insgesamt die kognitiven und intellektuellen Fähigkeiten. Das aufmerksame und konzentrierte Zuhören sollte ein Kind in dieser Phase gelernt haben und auch beherrschen. Es hat einen Wortschatz aufgebaut, benutzt einfache und erweiterte Satzkonstruktionen, spricht verständlich und klar und bedient sich dabei der intuitiven Fähigkeiten des Sprachgefühls. Dieses individuell ausgeprägte Sprachgefühl ist der sprachliche Generator und Monitor zur Steuerung der Grammatik und Syntax der Muttersprache. Das Kind überprüft permanent unbewusst und im weiteren Verlauf der Entwicklung bewusster alle sprachlichen Äußerungen auf ihre formale Richtigkeit und situationsangepasste Angemessenheit. Dabei bedient es sich der beiden bereits erwähnten intrapersonellen (sich selbst hören) und interpersonellen (Hören der Sprache der anderen) Hörkreisläufe.

4.4.2 Sprachprägephase

Im Vorschulalter beginnt die sogenannte Ausprägung der persönlichen Sprechstimme des Kindes; diese Phase erstreckt sich bis in die Zeit der Pubertät hinein. In dieser Zeit erfolgt die entscheidende Ausdifferenzierung der Sprache (als System und Programm) und des Sprechens, d.h. insbesondere der Aussprache. So erwirbt das Kind bestimmte sprachliche Eigenheiten wie gehäuft vorkommende Redewendungen innerhalb der Familie und sprachliche Eigenheiten seines sprachlichen Umfeldes. Der persönliche Sprachcode wird geprägt; hier sprechen wir von einem restringierten, einfachen und einem elaborierten, ausdifferenzierten Sprachcode. Merkmale und Kriterien sind in der Aussprache (Hochsprache, Umgangssprache oder Dialekt), im Wortschatz (umfangreicher, begrenzter oder gar reduzierter Wortschatz, Gebrauch von Anglizismen), in der Produktion der Satzkonstruktionen (Einwortsätze, einfache oder komplexe Sätze) und in der rhetorischen Fähigkeit (Erzählen, Gespräche führen) zu finden (vgl. Lehnert 2007, S. 7).

4.4.3 Erzählen

Kinder hören gerne lustige Geschichten und interessante Erzählungen, sie wollen aber auch anderen von Erlebnissen und Ereignisse berichten und erzählen. Dabei folgt das Erzählen eigenen Regeln und Strukturen. Das spannende Erzählen fördert die Zuhörfähigkeit bei den Gesprächspartnern und führt permanent zu nonverbalen und verbalen Rückmeldungen. Erzählen fördert die Gesprächsatmosphäre, stabilisiert das sprachliche Selbstvertrauen und regt dazu an, Werthaltungen anzunehmen und kritisch zu überdenken. Die Kinder lernen auch schnell, eine Bildergeschichte zu verbalisieren, wobei sie nach und nach von der globalen Beschreibung in eine sehr detaillierte und strukturierte Beschreibung hineingelangen. Eine innere thematische Kohärenz wird erkannt und verstanden. Im Grundschulalter erweitern die Kinder ihre sprachlichen Möglichkeiten der intertextuellen Bezugnahme bei Erzählungen zu Bildgeschichten (vgl. Karmiloff-Smith 1986, S. 471). Die Textkohäsion nimmt gegen Ende der Grundschulzeit immer festere Formen an.

Insgesamt bestätigen viele Studien, dass die Erzählkompetenz im Alter zwischen vier und zehn Jahren immer mehr zunimmt und an Bedeutung gewinnt (vgl. Peterson/McCabe 1983). Der Diskurs mit seinen verschiedene Formen und Typen gewinnt in dieser Phase ebenso an Bedeutung für die Bewältigung des Alltags. Hierzu gehören Wegbeschreibungen wie z.B. bei Wanderungen, Instruktionen wie z.B. Anweisungen an Mitschüler, interaktive Muster der Verständnissicherung wie z.B. das bewusste und gezielte Nachfragen im Unterricht und Strategien zur Auflösung von sprachlichen Missverständnissen wie z.B. die Fähigkeit zuzuhören, sich um Verständnis zu bemühen und Empathie zu zeigen (vgl. Klann-Delius 1999, S. 45). Insgesamt gewinnen in der Grundschule die dialogischen Fähigkeiten an Struktur und Gewicht.

4.4.4 Metasprachliche Fähigkeiten

Bisher haben wir uns mit der Objektsprache als Gegenstand und Medium zugleich beschäftigt, bei der sprachliche Aussagen zu Gegenständen, Personen und Sachverhalten gemacht werden. In der Metasprache werden Aussagen über die Sprache gemacht, d.h. hier sind nicht Personen und Objekte, sondern die Sprache und das Sprechen Gegenstand der weiteren Betrachtungen. Diese metasprachlichen Fähigkeiten – sie werden auch als Vorläuferfertigkeiten bezeichnet – fördern den bewussten Umgang mit formalen und inhaltlich-semantischen Anteilen der menschlichen Sprache. Das Sprachbewusstsein (»language awareness« oder »metalinguistic awareness«) will die meist unbewusst ablaufenden sprachlichen Prozesse beim Sprachgebrauch in konkreten Situationen ins Bewusstsein rufen, darüber sprechen und linguistische Analysen und Beschreibungen vornehmen. Hier soll das Kind reflexive Fähigkeiten erwerben und diese Fertigkeiten beim praktischen sprachlichen Handeln einsetzen. Die Fähigkeiten des reflexiven und metasprachlichen Handelns können durch die Prozesse der Codierung und Segmentierung unterstützt werden.

Die Codierung ist die Basis der menschlichen Kommunikationssysteme. Unter Codierung verstehen wir das Verschlüsseln von Zeichen bzw. einer Zeichenfolge (Laute bzw. Lautverbindungen) in andere Zeichen (Buchstaben bzw. Wörter) mithilfe eines Codes wie z.B. des Alphabets. Dabei muss jederzeit die Zuordnung geklärt sein, damit eine eindeutige Zuordnung und Decodierung möglich ist. Wir können hier zwei verschiedene Vorgänge unterscheiden: Da ist zum einen der Vorgang des Verschlüsselns von lautsprachlichen und schriftsprachlichen Zeichen (Codierung, Encodierung) und zum anderen der Prozess des Entschlüsselns (Decodierung). Diese Fähigkeit des Encodierens und Decodierens macht uns unabhängig von Zeit und Raum und ermöglicht uns, geistige Prozesse durchzuführen und Erkenntnisse zu generieren.

4.4.5 Phonologische Bewusstheit

Die phonologische Bewusstheit ist eine wichtige Fähigkeit und Voraussetzung für das Lesen, Schreiben und Rechtschreiben. Hierbei handelt es sich um die Fähigkeit, gehörte Sprache wahrzunehmen und in bestimmte Elemente und Einheiten zu untergliedern. Dabei geht es weniger um semantische Aspekte, sondern verstärkt um die formale Strukturierung unserer hörbaren Sprache. Hörbare Elemente sind Wörter, Silben und einzelne Laute bzw. Lautverbindungen. Die Identifikation und Analyse der Laute ist eine zentrale Vorbedingungen für das spätere Lesen und Schreiben, weil die hörbaren Elemente (Laute) den sichtbaren Elementen (Buchstaben) zugeordnet werden müssen. Zur Entwicklung der phonologischen Bewusstheit sind im Vorschulalter Fertigkeiten gefragt wie das Hören von Reimen, das Heraushören von Anlauten, das Klatschen und gliedernde Sprechen von Silben. Weiterhin sollen die Kinder angeregt werden, über die gesprochene Sprache nachzudenken. Sie brauchen daher eine Vorstellung dafür, was eigentlich Wörter, Silben und Laute bedeuten. Durch ein gezieltes Training der phonologischen Bewusstheit kann eine Beschleunigung und Verbesserung beim Schriftspracherwerb erreicht werden (vgl. Küspert/Schneider 1999).

Die phonologische Bewusstheit wird untergliedert in die phonologische Bewusstheit im engeren und im weiteren Sinn (vgl. Weinrebe 2007, S. 15):

- Die phonologische Bewusstheit im weiteren Sinn meint die allgemeinen Fähigkeiten, Geräusche zu hören, wahrzunehmen und zu erkennen; dazu gehört das Reimen, Gliedern und Strukturieren von Sätzen in Wörter und von Wörtern in Silben. Hierbei handelt es sich weitgehend um Fertigkeiten, die vom Rhythmus, der Melodie und der Geschwindigkeit her unterstützt werden. Diese Fähigkeiten werden im Elternhaus angebahnt und im Kindergarten, spätestens im letzten Kindergartenjahr vor der Einschulung, trainiert und gefördert. Die phonologische Bewusstheit wird meistens ohne gezielte pädagogische »Eingriffe« auf spielerische und natürliche Art und Weise erworben. Hier können Geräusche-Memory, Spiele und Übungen mit der Klangschale und Klangbällen, Übungen mit selbst hergestellten Instrumenten, eigene Körpergeräusche, Übungen mit dem Richtungshören und mit Umweltgeräuschen eingesetzt werden.

- Die phonologische Bewusstheit im engeren Sinn dagegen konzentriert sich auf das gezielte und bewusste Heraushören einzelner Laute eines Wortes. Die kognitive Analyse der Anlaute, der Auslaute und der Binnenlaute steht dabei im Mittelpunkt des gezielten Trainings. Diese Fähigkeiten sind eine wichtige Stütze des Lesen- und Schreibenlernens; hierbei handelt es sich um kognitiv gesteuerte Lernprozesse. Diese Fähigkeit der phonologischen Bewusstheit im engeren Sinn kann nicht bei allen Kindern vorausgesetzt werden und ist, wenn vorhanden, sehr unterschiedlich ausgeprägt. Kinder hören im Rahmen des kindlichen Spracherwerbs ja nicht einzelne Laute, sondern maximal Lautverbindungen, einzelne Wörter, Redewendungen und Sätze. Von daher besitzen die Kinder per se kein Einzellautbewusstsein, das vielfach jedoch angenommen und von den Kindern erwartet wird. Hier haben wir es mit einem klassischen pädagogischen Irrtum zu tun.

Die Ausbildung des Einzellautbewusstseins bereitet Schwierigkeiten, weil Laute als flüchtige Klangprodukte nur kurz von den Kindern gehört und erlebt werden; man kann sie weder sehen noch anfassen. Sie sind schnell präsent, aber auch wieder schnell verschwunden. Dabei gibt es beim Heraushören schon große Unterschiede, denn die Vokale /a/ oder /i/ sind leichter zu unterscheiden als /b/ oder /p/ bzw. /d/ oder /t/. Weiterhin haben wir es in der heutigen Kindheit vermehrt mit der Dominanz des Visuellen zu tun, d. h. die Kinder beschäftigen sich weitaus mehr mit Puzzles, Legosteinen, Bilderbüchern, Videospielen, Computer und Fernsehen als mit auditiven Erlebnissen wie Lauschen auf die Stille des Waldes, Hineinhören in den eigenen Körper, Hören von klassischer Musik, Hören und Erkennen von Geräuschen.

Als geeignete Übungen und Spiele, die den Lernprozess der phonologischen Bewusstheit im engeren Sinn anregen, sind zu nennen: Wörter langsam und deutlich aussprechen, Wörter gedehnt sprechen und klingen lassen, Lautmalereien wie »Der Hahn kräht kikerikiiii«, »Die Kuh macht muuuuh« usw., Silben hören und Laute beim langsamen und bewussten Sprechen regelrecht erfühlen, indem man die Hand vor den Mund (beim /h/), an die Lippen (beim /b/ oder /p/) oder den Kehlkopf (beim /r/) hält (vgl. Weinrebe 2007, S. 16).

4.4.6 Lernprozesse als Vorbereitung auf die Schriftsprache

Die Sprache wird über das sinnhafte Hören von Sprache erworben; hierzu gibt es keine Alternative. Dabei ist das Modellieren als bewusste und unbewusste Präsentation von verbaler und nonverbaler Sprache die Grundlage der Lernprozesse. Die Wörter und Sätze werden modelliert und nach und nach an die Zielsprache adaptiert. Dabei können wir eine gewisse Entwicklungshierarchie erkennen, d.h. die Lernprozesse müssen sich auf den Stand des kindlichen Wissens und seiner kognitiven Fähigkeiten beziehen. Wie können wir das Kind dazu bringen, dass es die Sprache der Erwachsenen imitiert? Dabei steht die Dialogfähigkeit, das Führen von Gesprächen und altersgemäßen Konversationen im Mittelpunkt der Förderung der nächsten Lebensjahre. Hier werden jetzt neue Schwerpunkte und Akzente gesetzt. Die Diskursfähigkeit und das dazu notwendige Diskurswissen gewinnen an Bedeutung. Die Weiterentwicklung des Sprachverstehens und der Sprachbewusstheit im Sinne der metalinguistischen Fähigkeiten zeigt sich in der Metasprache wie z.B. der phonologischen Bewusstheit.

In den 80er-Jahren des vergangenen Jahrhunderts haben sich die entwicklungspsychologischen Phasenmodelle des Schriftspracherwerbs (Lesen, Schreiben und Rechtschreiben) in Anlehnung an die Sprachentwicklung nach Stern (1930) und die Stufenkonzeption der kognitiven Entwicklung nach Piaget (1959) durchgesetzt. Die Kinder durchlaufen einzelne Phasen beim Lesen und Schreiben und nähern sich allmählich an die normierte Schriftsprache an. Dies sind Entwürfe, die den eigentlichen Verlauf jedoch nicht exakt abbilden und widerspiegeln. Die auf den Informationstheorien aufbauenden Modelle zum Leselernprozess stammen unter anderem von Frith (1985). Frith untergliedert das Lesen- und Schreibenlernen in drei Stadien:

- *Die logografische Phase:* Bevor die Kinder die Zuordnung der Buchstaben zu den gesprochenen Lauten lernen, entdecken sie bei den Wörtern auffällige Merkmale. Das Lesen beruht zunächst auf der Wahrnehmung solch markanter Merkmale einzelner und weniger Wörter. Meist sind es visuelle Merkmale oder auch teilweise Nebensächlichkeiten, die nicht immer zur Identifikation der Buchstaben führen.

Die Reihenfolge der einzelnen Buchstaben hat in dieser Phase noch keine große Bedeutung. Dennoch ist nach Frith ein Lesefortschritt in diesem Stadium der kindlichen Leseentwicklung erkennbar. Vom eigentlichen Lesen und Schreiben kann jedoch in dieser Phase noch nicht gesprochen werden.

- *Die alphabetische Phase:* Das Lesen und Schreiben beginnt erst so richtig in der alphabetischen Phase. Dabei spielen sprachanalytische Fähigkeiten wie z.B. die auditive Wahrnehmung eine entscheidende Rolle. Ist ein Kind nicht in der Lage, bei einem gesprochenen Wort alle Laute exakt und genau herauszuhören, so ist es auch nicht fähig, diese Laute in die entsprechenden Buchstaben umzuwandeln. Das aufgeschriebene Wort bleibt unvollständig.

In dieser Phase geht es noch nicht um Rechtschreibregeln, diese werden erst später erlernt und eingesetzt. Die einzelnen Buchstaben werden in der alphabetischen Phase durch das Kind identifiziert, und die Laute bzw. Lautklassen (Phoneme) werden wahrgenommen.

Die Kinder gewinnen jetzt auch erste Einsichten in die Zuordnung von Buchstabe und Laut. Diese Erkenntnisse werden systematisch nach und nach zum Erlesen von Wörtern eingesetzt. Die einzelnen Wörter werden buchstabenweise erlesen, also rekonstruiert. Zuweilen erfolgt dies in einer künstlich anmutenden Aussprache. Dabei ist die Bedeutung der erlesenen Wörter nicht immer sofort präsent. Das Erlesen der Wörter erfolgt über das phonologische Recodieren der Buchstabenreihe. In dieser Phase ist es aber wichtig, dass alle zu hörenden Laute auch als Buchstaben wiedergegeben werden. Kinder mit einsetzenden Lese-Rechtschreib-Schwierigkeiten zeigen hier bereits erste Unsicherheiten und Probleme, die dann auch meist länger andauern.

- *Die orthografische Phase:* Jetzt werden die einzelnen Wörter sofort und direkt und ohne das phonologische Recodieren gelesen. Der Leser ist jedoch auf die Informationen über die Reihenfolge der Buchstaben angewiesen. Durch diese Reize werden im orthografischen Lexikon Aktivierungen in Gang gesetzt, die zur Identifikation der gelesenen Wörter führen. Dieser Vorgang wird ökonomisch gestaltet, indem die zu erlesenden Wörter in Morpheme, in Silben oder gar in Lautgruppen weiter untergliedert werden. Hier handelt es sich um ein wortspezifisches Lesen, das sich jedoch erheblich vom Lesen in der logografischen Phase unterscheidet.

Die Entwicklungsmodelle (vgl. hierzu auch K.B. Günther 1986) bieten wichtige Vorteile:

- Der Prozesscharakter und die Integration der Vorgänge von Hören, Verstehen, Sprechen, Lesen und Schreiben werden deutlich.
- Die individuellen Entwicklungsverläufe der einzelnen Kinder werden betont.
- Die Modelle sind eine wichtige Grundlage für die förderdiagnostische Arbeit.
- Die in bestimmten Entwicklungsphasen des Laut- und Schriftspracherwerbs produzierten Fehler sind eine wichtige Hilfe für die gezielte und individuelle Förderung.
- Hören, Sprechen, Lesen und Schreiben stützen sich gegenseitig und sind daher in der Diagnostik und Förderung als engmaschiges Netz zu betrachten (vgl. Valtin 2004; Günther 2007a).

5. Sprache hören

Im Mittelpunkt dieses Kapitels stehen das organische und periphere Hören mit den Ohren und das aufmerksame und konzentrierte Zuhören in aktuellen Sprachsituationen des Alltags. Das Hören ist dabei von einer Reihe anatomischer und physiologischer Faktoren und von unterschiedlichen Phänomenen abhängig. Die Aufnahme von Geräuschen erfolgt im Ohr, in den Hörnerven und in den Hörbahnen von Stammhirn und Mittelhirn. Die weitere Verarbeitung des Gehörten erfolgt im primären Hörzentrum, das sich im oberen Schläfenlappenbereich befindet. Im Zuge einer komplexen Kettenreaktion erleben wir immer wieder, wie aus einer einfachen Schallwelle ein Klangbild mit Sinn, Bedeutung und Emotionen wie Freude, Trauer oder Begeisterung entsteht. Das Gehör ist das entscheidende Element in der zwischenmenschlichen Kommunikation, das die Sprache und das Sprechen überhaupt erst möglich macht.

5.1 Schall und Hörbereich

Das menschliche Ohr kann Geräusche, Töne, Klänge, Laute, Lärm, Musik und Sprache aufnehmen. Alles, was wir hören können, bezeichnet man als Schall. Schall ist ein Vorgang, bei dem durch einen Gegenstand, z.B. ein Instrument, Schwingungen erzeugt werden, die sich anschließend im Raum ausbreiten. Der brummende und schwingende Motor einer Maschine erzeugt Schwingungen und schickt diese durch die Luft. Die Schwingungen bezeichnet man als Schallwellen. Luft und Schallwellen sind unsichtbar und können nur durch ein Oszilloskop sichtbar gemacht werden. Hier werden nicht sichtbare Phänomene in ein Bild mit Wellenbewegungen übertragen und damit sichtbar gemacht (vgl. Jaberg 2007, S. 27).

Schall sind auch Sinneswahrnehmungen, die wir mit den Ohren aufnehmen. Schallwellen sind schnell aufeinanderfolgende Luftverdichtungen und Luftverdünnungen, die von einem schwingenden Gegenstand, z.B. einer angestoßenen Stimmgabel, Glocke oder Klaviersaite, erzeugt werden. Sind diese Schwingungen unregelmäßig, so nennen wir die Wahrnehmung Geräusch, bei regelmäßigen Schwingungen ist es ein Ton. Mit unseren Ohren können wir Töne von 16 bis zu 20 000 Schwingungen in der Sekunde wahrnehmen. Je schneller die Schwingung, umso höher ist der Ton. Der Schall breitet sich bei 0 Grad Lufttemperatur mit einer Geschwindigkeit von 331,5 Metern in der Sekunde nach allen Richtungen aus. Zur Darstellung und Veranschaulichung ist das Bild vom Stein geeignet, der gerade ins Wasser fällt und Wellen nach allen Seiten verursacht.

Schallereignisse können durch die Frequenz und durch die Lautstärke definiert werden. Die Frequenz wird in Hertz (Hz) und die Lautstärke in Dezibel (dB) gemessen. Das menschliche Ohr ist im Bereich von 200 bis 8 000 Hz am sensibelsten. Der mittlere Bereich zwischen 500 und 6 000 Hz ist bei ca. 40 dB besonders wichtig für das Hören von gesprochener Sprache. Man bezeichnet diesen Frequenz- und Lautstärkebereich beim Sprechen als Sprachfeld. In Kindergärten und Schulen haben wir das Problem, dass der permanent vorherrschende Störlärm, verursacht durch Husten, Räuspern, Lachen, Schwätzen, Stühlerücken, Türenquietschen, Ein- und Auspacken der Schultaschen sowie die Umweltgeräusche, den Nutzlärm, d.h. die Sprache der Erzieherin oder Lehrerin, erheblich stört und beeinträchtigt. Von daher sind Pädagogen gehalten, lauter sprechen zu müssen, als es eigentlich notwendig ist, d.h. sie sprechen oft mit einem Sprechpegel von über 75 dB. Wir wissen aber, dass ein Schallpegel zwischen 50 und 60 dB ausreicht, um unter normalen Raumverhältnissen und Unterrichtsbedingungen verstanden zu werden. So ist das Sprachverstehen bei einem Störlärm von 54 dB auf drei Meter Abstand noch problemlos; 64 dB auf drei Meter Abstand sind nur noch mit stark erhobener Stimme und 74 dB nur noch schreiend zu übertönen.

Wir wollen die Bandbreite der auf das Ohr eintreffenden Schalleindrücke noch einmal an drei Beispielen verdeutlichen: Das Flügelschlagen eines Schmetterlings verursacht in der Regel 0 dB, der über den Kindergarten jagende Düsenjet mehr als 120 dB, und die Stimme der Lehrerin sollte im Unterricht unter günstigen Bedingungen zwischen 50 und 60 dB liegen. Die Schmerzgrenze des Menschen liegt bei 130 dB; zuweilen wird sie bei extremem Umweltlärm und in Diskotheken übertroffen. Damit wir für den Alltag eine Bezugsgröße haben und die Schwelle erkennen, ab der der Lärm unsere Gesundheit schädigt, sind in der folgenden Grafik verschiedene Lautstärken dargestellt (vgl. Abb. 5).

Im Alltag der Schule können die Pädagogen kostengünstige und bedienungsfreundliche Schallpegelmessgeräte einsetzen, um die Lautstärke im Unterrichtsgeschehen zu messen. Mittlerweile sind digitale Schallpegelmessgeräte günstig in Elektro-Fachgeschäften erhältlich.

5.2 Töne, Klänge, Geräusche und Lärm

Je nach Zeitverlauf und Frequenzspektrum werden verschiedene Formen von Schall unterschieden (vgl. Weber 2005, S. 24):

Töne
Töne werden durch die Frequenz und eine Amplitude bestimmt. Sie laufen periodisch ab und kommen in der Natur nicht vor. Sie können durch bestimmte Gegenstände oder durch Instrumente erzeugt werden. Hohe Töne sehen unter dem Oszilloskop als sichtbar gemachte Schallwelle wie eine stark zusammengedrückte Welle mit eng aneinanderliegenden Wellenbögen aus. Tiefe Töne dagegen haben flache und auseinanderliegende Wellenbögen (vgl. Abb. 6).

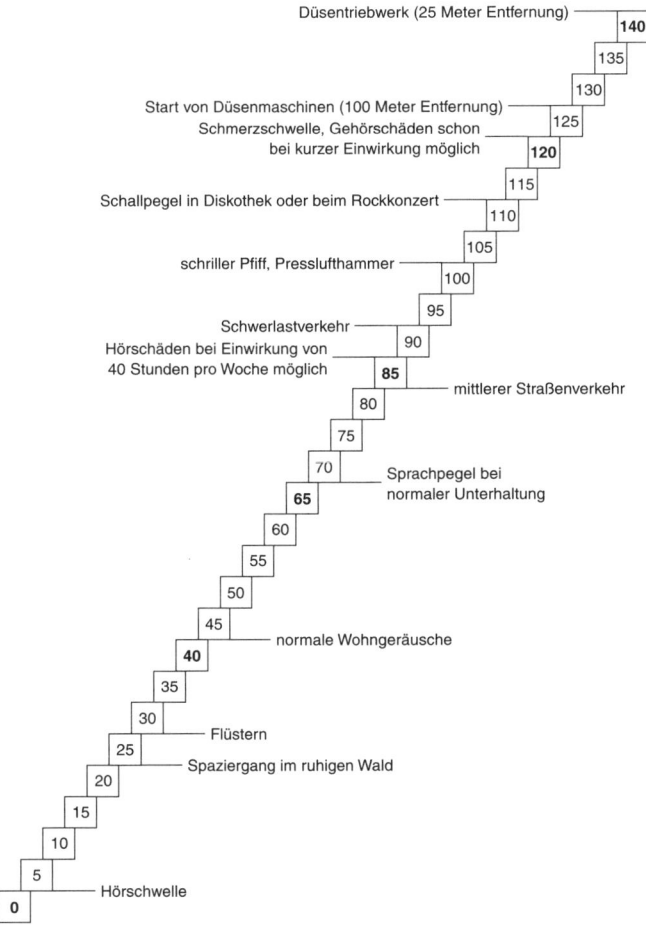

Abb. 5: *Umweltgeräusche in Dezibel (Kind 2005, S. 10f.; KIND Hörgeräte GmbH & Co. KG, Burgwedel)*

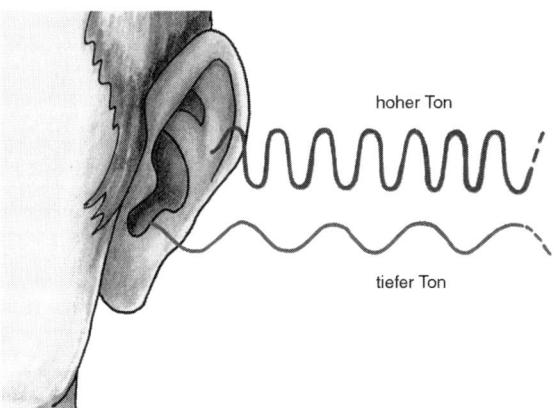

Abb. 6: *Töne (aus: Entdeckungskiste 5/2007, S. 27; Illustration: Maryse Forget, DiGraph)*

Das menschliche Hörsystem kann jedoch nicht alle produzierten Töne hören und verstehen. Sehr hohe Töne liegen außerhalb der menschlichen Hörschwelle; wir sprechen hier vom Ultraschallbereich. Sehr tiefe Töne spielen sich unterhalb unserer Hörschwelle ab und liegen im Infraschallbereich. Manche Tiere wie Fledermäuse, Hunde oder Delphine können jedoch Töne im Ultraschallbereich wahrnehmen (vgl. Jaberg 2007, S. 27).

Klänge

Klänge bestehen aus mehreren Teiltönen mit unterschiedlichen Frequenzen und Amplituden. Der subjektiv empfundene Klang wird dabei vom Grundton her bestimmt. So unterliegen wir im Alltag immer wieder dem gleichen Irrtum, denn das, was wir umgangssprachlich als Töne bezeichnen wie z.B. die Töne eines Musikstücks, sind im akustischen Sinne eigentlich keine Töne, sondern Klänge. Wenn wir die Saite einer Gitarre zupfen, setzen sich die hervorgerufenen Schwingungen der Saite fort und breiten sich im Holz und im Gehäuse der Gitarre aus. Die in der Gitarre befindliche Luft wird ebenfalls in Schwingungen versetzt, und dadurch entsteht der typische Klang der Gitarre. Hier schwingen unterschiedlich feste Körper wie die Saite der Gitarre und die Luft in der Gitarre als Resonanzkörper.

Geräusche

Geräusche besitzen im Gegensatz zu Tönen und Klängen keine genau definierbaren Frequenzen und akustischen Parameter, sondern bilden ein kontinuierliches Spektrum mit einem bestimmten Frequenzbereich. Geräusche sind Schallerscheinungen mit geringer Struktur und Organisation wie das Rauschen der Blätter im Wald, der Presslufthammer an der Baustelle, die Bohrmaschine in der Werkstatt, die Kaffeemaschine in der Küche usw. Die unterschiedlichen Schallwellen fusionieren zu einem chaotischen Schallgemisch und Schalleindruck, den wir als Geräusch bezeichnen und wahrnehmen. Bei der Bildung von Konsonanten erzeugen wir ebenfalls Geräusche, wie z.B. bei den stimmlosen Lauten /f/, /s/, /sch/, /z/, /ch/ und /x/. Bei anderen Konsonanten erkennen wir verschiedene Geräusch- und Klanganteile (vgl. Petermann 1989).

Lärm

Eine allgemein akzeptierte Definition von Lärm ist in der Literatur nicht zu finden; dennoch können wir Lärm im Sinne einer psychologischen Erklärung definieren als unerwünschten Schall (Störschall), als nicht erwünschte Geräusche und Getöse in hoher Dosierung. Lärm entsteht nicht nur durch objektiv messbare laute Geräusche wie das Geräusch eines Presslufthammers oder den Lärm eines Düsenjets, sondern auch durch permanente leise Geräusche wie das dauernde Pfeifen einer Maschine, Tritt- und Klopfgeräusche in der Nachbarwohnung oder das ständige Quietschen einer Tür (vgl. Keil/Willich 2006, S. 64). Lärm stört andere Menschen, beeinträchtigt sie in ihrem Alltag, macht unruhig, unkonzentriert und auch krank. Die Einwirkungen des Lärms haben Keil/Willich (2006) in einer Abbildung zusammengefasst (Abb. 7).

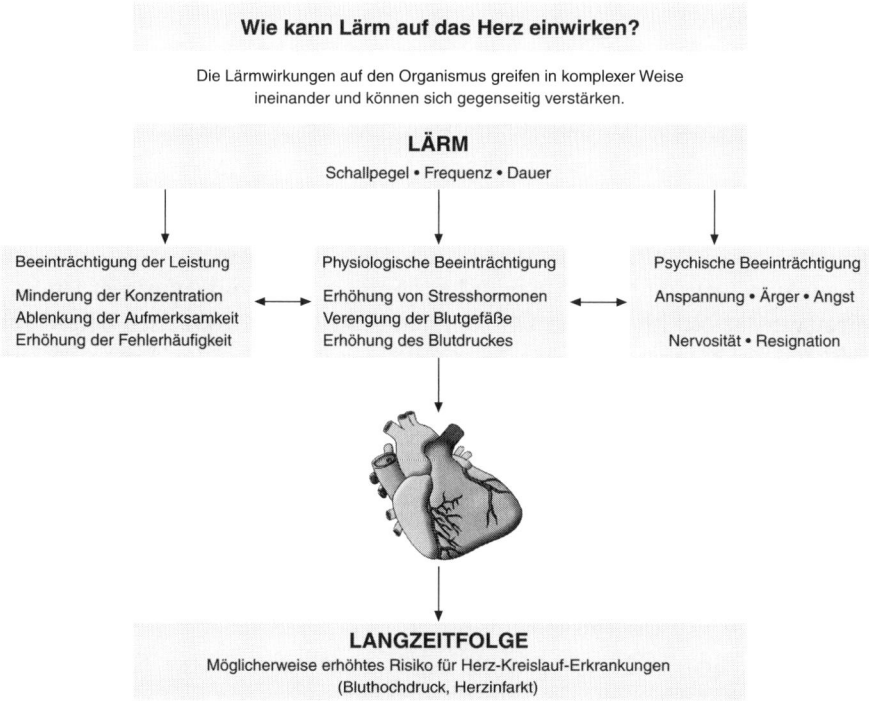

Wie kann Lärm auf das Herz einwirken?

Die Lärmwirkungen auf den Organismus greifen in komplexer Weise
ineinander und können sich gegenseitig verstärken.

LÄRM

Schallpegel • Frequenz • Dauer

Beeinträchtigung der Leistung	Physiologische Beeinträchtigung	Psychische Beeinträchtigung
Minderung der Konzentration Ablenkung der Aufmerksamkeit Erhöhung der Fehlerhäufigkeit	Erhöhung von Stresshormonen Verengung der Blutgefäße Erhöhung des Blutdruckes	Anspannung • Ärger • Angst Nervosität • Resignation

LANGZEITFOLGE

Möglicherweise erhöhtes Risiko für Herz-Kreislauf-Erkrankungen
(Bluthochdruck, Herzinfarkt)

*Abb. 7: Mögliche Einwirkungen von Lärm auf das Herz (aus: Forschung & Lehre 2/2006, S. 65;
Prof. Dr. Stefan N. Willich, Berlin)*

Die vorliegenden empirischen Studien hinsichtlich der Auswirkungen des Lärms beschäftigen sich insbesondere mit Umweltlärm wie Diskotheken-, Straßen-, Bau-, Schienen- und Flugzeuglärm. Lärm in hoher Dosierung stört den Genuss von Musik, das hochkonzentrierte Lesen und die gesamte Aufmerksamkeit und Konzentration beim Denken (vgl. Guski 2006, S. 70). Diese Effekte zeigen sich bei Kindern beim Spracherwerb, beim konzentrierten Denken und beim Behalten von Informationen. Gerade junge Menschen können sich durch eine zu hohe Dosis Lärm in wenigen Jahren zu wahren Nervenbündeln entwickeln. Die Gedanken Schopenhauers (1788–1860) über den Lärm scheinen ganz aktuell, wenn er insbesondere die Störungen und Belästigungen beim Denken beklagt: »Der Lärm ist die impertinenteste aller Unterbrechungen, da er sogar unsere Gedanken unterbricht, ja zerbricht« (zit. nach Forschung & Lehre 2/2006, S. 72f.).

5.3 Laute

Das System der deutschen Laute besteht aus Vokalen und Konsonanten. Laute sind die kleinsten hörbaren Bausteine unserer Sprache. Laute bzw. Lautverbindungen müssen produziert und artikuliert werden, und zwar so, dass sie die Norm erfüllen und von allen Mitgliedern der jeweiligen Sprachgemeinschaft verstanden werden.

Innerhalb eines Sprachsystems unterscheiden wir die kleinsten bedeutungstragenden Einheiten, die wir Phoneme nennen und die durch sogenannte distinktive Merkmale voneinander abgegrenzt werden. Als distinktive Merkmale gelten z.B. vokalisch/nicht vokalisch, stimmhaft/stimmlos oder nasal/oral.

Vokale

Vokale werden produziert, indem die Stimmlippen im Kehlkopf in Schwingungen versetzt werden und die Luft ungehindert durch den Mundraum ausströmen kann. Vokale klingen, und man kann sie lang oder kurz aussprechen. Von daher werden Vokale als Selbstlaute, Selbstklinger oder Öffnungslaute bezeichnet. Akustisch betrachtet bestehen Vokale aus Klängen mit einem periodischen Bau der Schwingungskurven und einer annähernd gleichen Grundtonhöhe. Die Vokale unterscheiden sich dabei weniger durch den Grundton als vielmehr durch ihre Klangfarbe. Die individuelle Klangfarbe entsteht durch die Obertöne, die durch die Ausformung der Mundhöhle und die unterschiedliche Lage von Zunge, Lippen und Unterkiefer verstärkt werden (vgl. Weber 2005, S. 26).

Konsonanten

Konsonanten werden akustisch betrachtet durch Geräusche gebildet – wie z.B. die stimmlosen Konsonanten /f/, /s/ und /sch/ – oder bestehen aus einer Kombination von Klängen und Geräuschen wie die stimmhaften Konsonanten /w/ und /s/. Bei der Produktion der Konsonanten wird im Mundraum eine Hemmstelle bzw. ein Hindernis aufgebaut, das aus einer Verengung oder einem Verschluss der Sprechorgane besteht. Konsonanten können von daher nur wenig selbst klingen, sie werden meist durch einen mitgenommenen Vokal verstärkt. Konsonanten werden daher auch als Mitlaute, Mitklinger oder Hemmlaute bezeichnet. Wir unterscheiden folgende Konsonantengruppen:

- *Nasale* (Nasenlaute): m, n, und ng
- *Explosive* (Verschlusslaute): p, t, k, b, d und g
- *Zäpfchenlaut* (Zitterlaut): r
- *Lateralenglaut* (Seitenlaut): l
- *Frikative* (Reibelaute): f, w, sch, s, ch$_1$ und ch$_2$
- *Stimmritzenlaut* (Hauchlaut): h

5.4 Die Stimme

Kinder lernen sprechen, ohne sich Gedanken zu machen, wie das im Einzelnen funktioniert. Sie produzieren Töne, machen Geräusche, bilden Laute, Silben, Wörter und Sätze. In der Regel vollzieht sich dieser Vorgang ohne Probleme, weil die Stimme gehorcht und das Zusammenspiel von Gehirn, Auge, Ohr, Rachen-, Mund- und Nasenraum, Kehlkopf, Lunge und Zwerchfell harmonisch abläuft. Da sich die Resonanzräume (Rachen-, Mund- und Nasenraum) von Mensch zu Mensch unterscheiden, hat jeder Mensch eine persönliche, einmalige und unverwechselbare Stimme.

Die anatomischen Besonderheiten, die individuelle Atemtechnik und familiäre Einflüsse geben der Stimme ein eigenes Profil. Probleme der Unterscheidung gibt es nur beim Telefonieren, da hier die Knochenleitung als Vermittler und Überträgerinstanz ausfällt. Ist jedoch ein Organ beeinträchtigt und nicht funktionstüchtig, so kommt es zu Problemen und Störungen bei der Stimmbildung, wie z.B. bei einer heiseren, krächzenden Stimme. Bei einer länger andauernden Heiserkeit, die nicht durch eine Erkältung oder Grippe verursacht ist, sprechen wir von einer Stimmstörung. Hier sind die Schleimhäute am Kehlkopf oder den Stimmbändern entzündet und die Stimmbänder mit zu viel Schleim »belegt«, sodass sie sich nicht wie gewohnt schnell öffnen und schließen können (vgl. Lehnert 2007, S. 7).

Der eigentliche Sprechvorgang vollzieht sich im Kehlkopf, der aus Knorpeln und den Stimmbändern besteht. Die oberen Bänder braucht man beim Essen und Trinken, damit sich der Kehlkopf schließt und so keine Essensteilchen in die Lunge geraten. Die unteren Bänder sind die eigentlichen Stimmbänder, die die Stimme erzeugen; sie werden auch als Stimmlippen bezeichnet (vgl. Abb. 8).

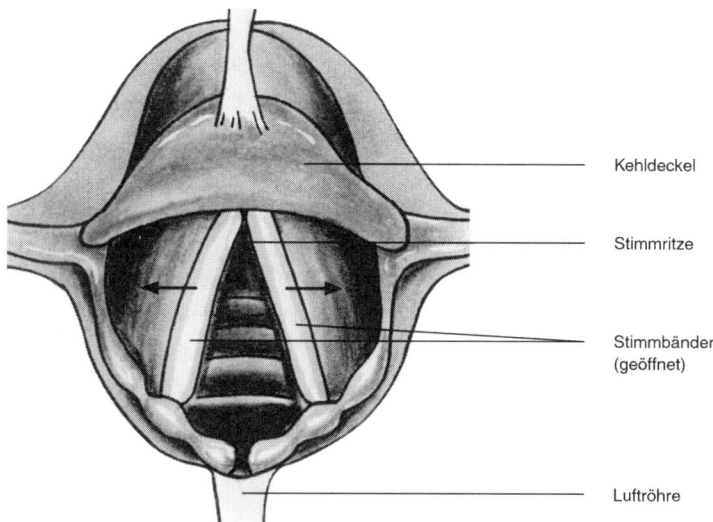

Abb. 8: Längsschnitt durch den Kehlkopf (aus: Entdeckungskiste 5/2007, S. 8)

Beim Atmen sind die Stimmlippen entspannt, und die Stimmritze ist einen halben Zentimeter weit geöffnet, damit die Luft ein- und ausströmen kann. Wir können jedoch nur beim Ausatmen sprechen. Beim Sprechvorgang selbst verengen sich die Stimmlippen bis auf einen kleinen Spalt, sodass die ausströmende Atemluft auf einen Widerstand trifft und von unten gegen die Stimmlippen drückt. Ist der Druck groß genug, so öffnen sich die Stimmlippen, und die Luft kann entweichen. Die ausströmende Luft bringt die Stimmlippen dazu, sich in Windeseile (mehrere Hundert Mal pro Sekunde) zu öffnen und wieder zu schließen (vgl. Lehnert 2007, S. 6). Der eigentliche Ton wird dann durch die Atemluft nach oben transportiert, damit er sich

dort entfalten kann, wo sich die Resonanzräume befinden, nämlich im Kopf: Nasen-
höhle, Mundhöhle und Rachenraum sorgen dafür, dass der Ton die richtige Resonanz
findet und sich entfalten kann.

Nach dem Motto »Der Ton macht die Musik« ist die Stimme der Garant für die
Atmosphäre und Stimmung in einer Gesprächssituation. Die Stimme kann Zuhörer
in den Bann ziehen oder aber langweilen. Damit ist sie ein wichtiger Aspekt beim Zuhören und Verstehen des Gesprochenen. Eine angenehme Stimme ist

- angemessen in der Lautstärke (50 bis 60 dB);
- freundlich gestimmt und »lächelnd«;
- betont und nicht monoton klingend.

Eine angemessene Sprache ist

- angepasst im Sprechtempo;
- deutlich und klar in der Aussprache;
- gut verständlich.

5.5 Von der Schallwelle zum Klangbild

Anatomische Voraussetzungen für das Hören sind das äußere Ohr bzw. die Ohrmuschel, das sensible Trommelfell, das Mittelohr (mit den drei Gehörknöchelchen
Hammer, Amboss und Steigbügel), das der Verstärkung und Übertragung des Schalls
dient, und das Innenohr mit seinen zwei Sinnesorganen – der Schnecke als dem eigentlichen Hörorgan und dem Gleichgewichtsorgan, das aus Sacculus, Utriculus und
den Bogengängen besteht.

Wenn wir vom Ohr reden, meinen wir meist nur das äußere Ohr oder auch nur
das, was wir davon sehen, also die Ohrmuschel. Zum äußeren Ohr zählen die Ohrmuschel und der Gehörgang, der beim Erwachsenen 2,5 bis 3,5 cm lang sein kann; beim
Neugeborenen ist der Gehörgang viel kürzer.

Wie das menschliche Ohr die Schallwellen empfängt und wie der Prozess des Hörens abläuft, zeigt Abb. 9:

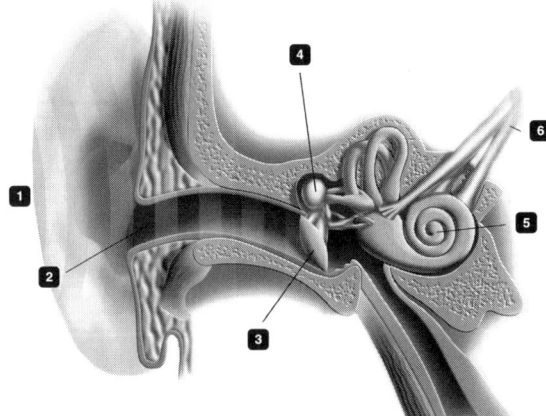

*Abb. 9: Vorgang des
Hörens (Kind 2005, S. 6f.; KIND Hörgeräte GmbH & Co KG, Burgwedel)*

1. *Schallaufnahme:* Das äußere Ohr nimmt die Schallwellen auf und transportiert sie durch den Gehörgang.
2. *Schalltransport:* Durch den Gehörgang werden die Schwingungen zum Trommelfell übertragen. Das Trommelfell bildet die Grenze zwischen dem äußeren Ohr und dem Mittelohr. Es hat die Form eines nach innen gerichteten flachen Trichters und einen Durchmesser von ca. einem Zentimeter. Das Trommelfell ist sozusagen ein Druckempfänger.
3. *Schallweiterleitung:* Das Trommelfell leitet die Schwingungen weiter zum Mittelohr.
4. *Erste Schallumwandlung:* Das Mittelohr mit den kleinsten Knöchelchen des menschlichen Körpers, Hammer, Amboss und Steigbügel, wandelt die Luftschwingungen in Flüssigkeitsbewegungen um, die dann weiter zum Innenohr geleitet werden.
5. *Zweite Schallumwandlung:* Im Innenohr, der sogenannten Hörschnecke, versetzt die Flüssigkeit die Basilarmembran in Schwingung. In der Hörschnecke sitzt das eigentliche Hörorgan, das Cortische Organ. Hier befinden sich ca. 20 000 Hörzellen, die die Schwingungen in elektrische Impulse umwandeln.
6. *Reizfortleitung:* Der Hörnerv nimmt diese elektrischen Impulse auf und leitet sie weiter zur Hörbahn und zum Hirnstamm.

- *Auditive Verarbeitung:* Nun erfolgt die neuronale Weiterleitung, Filterung und Vorverarbeitung der auditiven Signale im Hörnerv, im Hirnstamm und in der Hirnrinde. Die eigentliche Verarbeitung und auditive Wahrnehmung, d.h. die Zuordnung zu den entsprechenden Verarbeitungszentren unseres Gehirns, beginnt. Hier werden nun die ankommenden Signale beider Ohren gemeinsam verarbeitet.
- *Auditive Wahrnehmung:* Die Verarbeitungszentren des Gehirns verbinden die ankommenden Impulse akustischer Frequenzen mit den entsprechend abgespeicherten Bedeutungen, und erst jetzt verstehen wir, was wir Sekundenbruchteile vorher gehört haben: Das auditive Signal wird in der primären Hörrinde erkannt und erst jetzt im eigentlichen Sinne wahrgenommen.

Das äußere Ohr, bestehend aus Ohrmuschel, Gehörgang und Trommelfell, nimmt zunächst die Schallwellen auf. Über das Mittelohr mit den Gehörknöchelchen Hammer, Amboss und Steigbügel werden die Bewegungen des Trommelfells an das ovale Fenster weitergeleitet und danach im Innenohr (Cochlea) in chemisch-elektrische Impulse umgewandelt. Die Cochlea ist wie ein Schneckenhaus geformt und hat zwei dünne flexible Membrane, das ovale Fenster und das runde Fenster. Die Bewegungen werden in das Innere der Schnecke transportiert. Der Hörnerv (Nervus acusticus) als der achte Nerv des Menschen nimmt diese Impulse auf und leitet sie zur weiteren Verarbeitung weiter zum Gehirn. Der Hörnerv besteht aus dem Nervus cochlearis, der wiederum aus vielen einzelnen Nervensträngen der Schnecke zusammengesetzt ist, und aus dem Nervus stato acusticus, der vom Gleichgewichtszentrum zum Gehirn führt.

Das Hörzentrum des Gehirns registriert und überprüft diese ankommenden Signale. Um welche Töne handelt es sich, welche Frequenzen werden wahrgenommen, und wie stehen diese Töne miteinander in Beziehung? Wichtig ist auch die Klärung der Frage, wo der Schall herkommt. Danach sortiert das Gehirn die verschiedenen Signale und verarbeitet sie weiter. Hierzu brauchen wir die auditive Wahrnehmung als eine wichtige Instanz der Hörverarbeitung, also das Unterscheiden von Lauten und Informationen und die Hörwahrnehmung als Erkennen von Lauten und Identifizieren der Bedeutung von Wörtern. In der Hörrinde werden die verschiedenen Klangeindrücke aus beiden Ohren zu einem gesamten Klangbild zusammengeführt.

5.6 Leistungen des Ohres

Grundsätzlich können wir hinsichtlich der Funktion des Ohres drei Leistungen ausmachen (vgl. Bergmann 2003, S. 21):

- *Energielieferant:* Das Ohr ist zunächst für die Energieversorgung des Gehirns zuständig. Das Gehirn braucht für die Aufnahme, Speicherung und Verarbeitung von Informationen Reize, die über die Wahrnehmung als elektrische Impulse ankommen. Das Ohr wird damit zum wichtigen Energielieferanten; es arbeitet ohne Pause Tag und Nacht. Dabei spielen insbesondere hohe Frequenzen eine zentrale Rolle. Je mehr Reize zum Gehirn gelangen, desto mehr neuronale Verbindungen werden geknüpft und zerebrale Prozesse angeregt (vgl. Tomatis 1995, S. 18).
- *Gleichgewicht:* Im Ohr sitzen das Körpergefühl und das Gleichgewichtsorgan. Darüber werden die Körperhaltung, die Bewegungskoordination, die Muskelspannung und die gesamte Motorik gesteuert und kontrolliert. Das Hör- und das Gleichgewichtsorgan werden als zwei getrennte Organe aufgefasst, aber durch die gleiche Flüssigkeit im Membransack genährt und reguliert. Die beiden Organe und Leistungen sind aufs Engste miteinander verknüpft. So können wir im Alltag immer wieder am eigenen Körper erfahren, dass ein akustischer Reiz über das Gleichgewichtsorgan auch unseren Körper erreicht, z.B. wenn wir beim Hören rhythmischer Musik anfangen, mit den Füßen zu wippen, uns im Takt zu bewegen und ganz konzentriert und aufmerksam zuzuhören. Dabei regen tiefere Frequenzen vor allem die Extremitäten und die Grobmotorik an, mittlere und höhere Frequenzen wirken sich insbesondere auf die Feinmotorik wie das Klatschen mit den Händen oder das Ausmalen von Bildern aus (vgl. Tomatis 1995, S. 20f.).
- *Lateralität:* Der französische Hals-Nasen-Ohren-Arzt Tomatis (2004) hat in zahlreichen Untersuchungen die Dominanz des rechten Ohres nachgewiesen; er spricht hier von der auditiven Lateralität. Das rechte Ohr wird insbesondere bei Musikern für das analytische Hören benutzt, während weniger musikalische Menschen die Melodie eines Liedes schneller über das linke Ohr wahrnehmen und lernen. Für die tägliche Kommunikation können wir daraus ableiten, das die Dominanz des rechten Ohres einen kürzeren Weg der Reize zum Gehirn bedeutet,

während das linksohrige Hören mit einem längeren Weg zur bewussten Verarbeitung und Wahrnehmung verbunden ist. Tomatis konnte in seinen Studien immer wieder feststellen, dass die Hörerziehung bei vielen Patienten zu einer Verbesserung der Feinmotorik der linken Hand führte. Wir können heute davon ausgehen, dass die Verarbeitung der menschlichen Sprache weitgehend in der linken Gehirnhälfte erfolgt. Durch die Erkenntnis der lateralen Reizaufnahme kann auf die verstärkte Rechtshörigkeit geschlossen werden (vgl. Bergmann 2003, S. 22). Die Erkenntnis der Lateralität beim Hören und der Hörverarbeitung wurde bereits 1836 durch den Arzt Marc Dax und 1861 durch den französischen Neurologen Paul Broca nachgewiesen. Die linke Hirnhälfte ist nicht nur für das Sprechen, sondern auch für die Sprache allgemein bedeutsam (vgl. Springer/Deutsch 1987, S. 1 ff.).

5.7 Hören als ganzheitlicher Lernprozess

All diese Vorgänge ereignen sich in Windeseile. So entsteht aus einer einfachen Schallwelle über einen komplizierten und komplexen Vorgang ein Klangbild. Das Hören ist ein ganzheitliches, ja ganzkörperliches Erlebnis. Wir hören im Wachzustand, aber auch nachts im Schlaf. Ein praktischer Hinweis aus dem Alltag belegt diese Erfahrung und Tatsache: Da wir das Feuer und den entstehenden Qualm und Rauch nachts nicht riechen, brauchen wir in unseren Räumen Rauchwarnmelder, die Signale abgeben. Das Gehör hört immer, selbst wenn wir tief und fest schlafen oder uns die Ohren zuhalten.

Das Ohr ist ein äußerst sensibles Organ. Mit etwa 20 000 Sinneszellen im Innenohr und ähnlich vielen Nervenfasern in der Hörbahn verfügt es über die höchste Konzentration an Sinnesrezeptoren im menschlichen Organismus. Die emotionale Wirkung von akustischen Reizen entscheidet über unser Wohlbefinden, über den seelischen Zustand. Blutdruck- und Blutfettwerte, unser Immunsystem und unser vegetatives Nervensystem werden durch akustische Reize positiv oder negativ beeinflusst. Wir alle kennen diese Tatsache und machen diese Erfahrungen Tag für Tag (vgl. Kind 2005, S. 15).

Das Gehirn muss die Bedeutung eines Wortes erst erkennen. Dieser Prozess erfolgt über die neuronalen Verbindungen und die Synapsen als Kontaktstellen, die die Informationen schnell weitergeben (Abb. 11 und 12). Hierbei handelt es sich um ein umfangreiches und komplexes Netzwerk von Daten und Informationen, in das alle Verarbeitungszentren unseres Gehirns eingebunden sind (Kind 2005, S. 8).

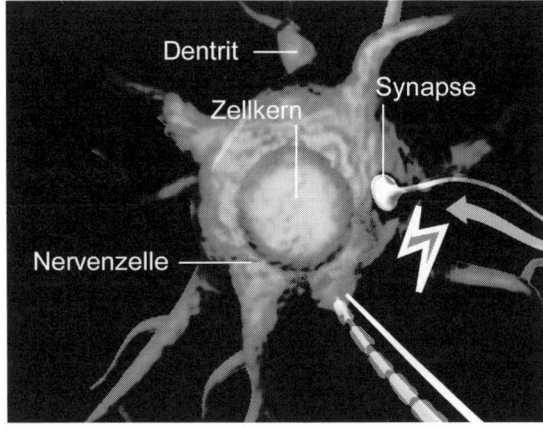

Abb. 11: Synapse (© Wort & Bild Verlag, Baierbrunn)

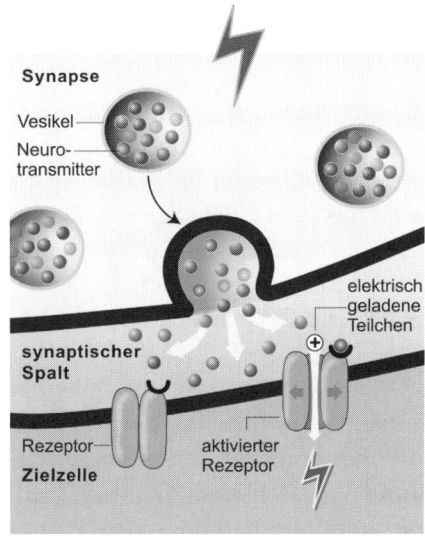

Abb. 12: Synaptischer Spalt (© Wort & Bild Verlag, Baierbrunn)

Das Hören ist nicht angeboren, sondern ein Lernprozess, der erworben werden muss und bereits im Mutterleib beginnt: Der Fötus nimmt Töne, Geräusche, Klänge und die Stimme der Mutter wahr, und erste Lernprozesse stellen sich ein. Das ungeborene Baby nimmt bereits durch das Fruchtwasser hindurch zahlreiche Informationen aus seiner Umwelt auf. Hier erhält das Ungeborene durch die Sprache und den Gesang der Mutter wichtiges Baumaterial für die künftige Kommunikation (vgl. Tomatis 2004, S. 10). Jedoch bilden sich die Hörbahnen erst nach der Geburt differenziert aus. Jetzt spielen akustische (Musik, Singen von Liedern) und sprachliche Anregungen (Sprache der Mutter) eine entscheidende Rolle. Durch diese Wahrnehmungen entwickeln Babys in den ersten Wochen und Monaten ein sicheres Gespür für die Klangbedeutung von Sprache und Sprechen. Diese ersten Erfahrungen haben für die soziale Entwicklung, das Verstehen und das Sprechenlernen eine fundamentale Bedeutung.

5.8 Störungen

Das Ohr ist eine natürliche »Hightech-Anlage« (Kind 2005, S. 10) und zu extremen Höchstleistungen fähig, aber gleichzeitig wie alle komplexen Systeme auch sehr sensibel und störanfällig. Beeinträchtigungen der Hörfähigkeit können nach dem Schweregrad mit Angaben zur Hörweite für die Umgangssprache unterteilt werden (vgl. Tab. 1).

Tab. 1: Hörfähigkeitsgrade mit Angabe der Hörweite für die Umgangssprache

Grad der Schwerhörigkeit	Max. Entfernung für Verständnis von Umgangssprache	Hörverlust nach dem Sprachaudiogramm
Normalhörigkeit	mehr als 6,0 m	0–25 %
geringgradig	4,0–6,0 m	15–45 %
mittelgradig	1,0–4,0 m	35–65 %
hochgradig	0,25–1,0 m	55–85 %
an Taubheit grenzend	bis 0,25 m	75–95 %
Taubheit	unmittelbar an der Ohrmuschel nicht gehört	100 %

Unter anatomischen Gesichtspunkten werden verschiedene Typen der Hörstörung unterschieden (vgl. Kind 2005, S. 10 ff.):

Schallleitungsschwerhörigkeit
Bei dieser Störung ist die mechanische Zuleitung zum sensorischen Teil des Hörvorgangs beeinträchtigt oder blockiert. Hierbei ist der äußere Gehörgang oder das Mittelohr erkrankt, z.B. durch einen Ohrenschmalzpfropfen, eine Mittelohrentzündung, die meist sehr schmerzhaft ist und in vielen Fällen immer wiederkommt, oder ein verletztes Trommelfell. Diese Ursachen können durch einen einfachen Eingriff (Operation) oder Medikamente beseitigt werden. Eine leichte Schallleitungsschwerhörigkeit kennen wir alle, wenn wir eine starke Erkältung im Hals-Nasen-Ohren-Bereich haben; dabei kann es zu einem Tubenverschluss, somit zu einem fehlenden Druckausgleich und einer eingeschränkten Schallleitung kommen (vgl. Deutsches Institut für Fernstudien 1988, S. 51).

Schallempfindungsschwerhörigkeit
Diese Störung wird auch als sensorisch-neurale Hörstörung bezeichnet. Hierbei handelt es sich um eine Innenohrschwerhörigkeit; meist sind die feinen Haarzellen in der Hörschnecke davon betroffen. Die Umwandlung der mechanischen Schallreize in Nervensignale durch die Sinneszellen im Innenohr und der Transport in den spezifischen Nerven zu den Hörzentren des Gehirns sind gestört. Diese Störungen können weder durch Medikamente noch durch eine Operation behoben werden. Hier müssen Hörgeräte als Hörhilfe eingesetzt werden. Als Ursachen werden Lärm, Durchblu-

tungsstörungen, Entzündungen im Innenohr oder Immunerkrankungen genannt. Die Schallempfindungsschwerhörigkeit ist schwerwiegender und in der Therapie bzw. Förderung problematischer als die Schallleitungsschwerhörigkeit. Bei der Schallempfindungsschwerhörigkeit hören wir nicht nur schwächer und gedämpfter, sondern auch verzerrt. So werden Geräusche, Klänge, Töne, Sprache und vor allem Musik in ihren typischen und spezifischen Klangqualitäten entstellt wahrgenommen. Bei der Sprache ist insbesondere die Unterscheidung von Sprachlauten (Phonemen) in Mitleidenschaft gezogen (vgl. Deutsches Institut für Fernstudien 1988, S. 51).

Kombinierte Hörstörungen

Die Schallleitungs- und Schallempfindungsschwerhörigkeit treten meistens nicht isoliert, sondern in verschiedenen Kombinationen miteinander auf.

Lärmschwerhörigkeit

Diese Hörstörung wird durch sehr starke Schalleinwirkung im Sinne einer lärmverschmutzten und überlauten Umwelt, z.B. Lärm auf der Straße, in Betrieben oder durch die Einwirkung plötzlich auftretender großer Druckwellen (Baustellen, Explosionen, Düsenjets), verursacht. In den Arbeitsschutzbestimmungen sind die Grenzen des Erträglichen definiert: 85 dB, in Ausnahmefällen 90 dB. Gerade bei Schülern und Jugendlichen schlagen Mediziner Alarm, weil diese Form der Lärmschwerhörigkeit rapide zugenommen hat. In manchen Diskotheken werden bei der Beschallung mit Sprache und lauter Musik über 100 dB gemessen. Bei dieser starken Lärmeinwirkung kommt es zu einer Zerstörung der feinen Härchen der Sinneszellen im Hörorgan, dem Cortischen Organ im Innenohr. Diese Art der Lärmschwerhörigkeit wird auch als »Hochtonsenke« bezeichnet. Dabei werden insbesondere hohe Töne nicht mehr registriert, Gespräche werden aber noch gut verstanden (vgl. Deutsches Institut für Fernstudien 1988, S. 52).

Lärm und Umweltgeräusche

Lärm als unerwünschter Schall, auch Störlärm genannt, kann in Verbindung mit extremen Umweltgeräuschen, die permanent auf das Ohr einwirken, zur Qual werden und zu gesundheitlichen Schäden führen (vgl. Guski 2006, S. 70). In der Rangfolge anerkannter Berufskrankheiten steht die Lärmschwerhörigkeit seit Jahren unverändert an der Spitze. Weiterhin können langfristig einwirkende Schallbelastungen über die Auswirkungen von Stress und Angstzuständen zu Herz-Kreislauf-Erkrankungen, Schlafstörungen und erhöhtem Infarktrisiko führen (vgl. Tab. 2; Keil/Willich 2006, S. 64).

Die NaRoMI-Studie (Noise and Risk of Myocordial Infarction) der Berliner Charité ist die weltweit umfangreichste Untersuchung zur Auswirkung chronischer Lärmbelastung auf das Herz: Arbeitslärm mit einem Pegel von im Durchschnitt mehr als 70 dB über zehn Jahre hinweg erhöht das Herzinfarktrisiko bei Männern, aber nicht bei Frauen.

Tab. 2: Lärmeinwirkungen

Typische Schalldruckpegel	dB	Lärmwirkungen
Start Düsenflugzeug	110–120	physische Zerstörung/ Schmerzgrenze
Presslufthammer	100–110	Herz-Kreislauf-Erkrankungen
Walkman bzw. MP3-Player	80–120	Gehörschädigung (über 85 dB)
Straßenverkehr	60–90	Herz-Kreislauf-Erkrankungen
normale Unterhaltung	50–60	Leistungsabfall/Produktivitätsverlust
Geräusche aus Nachbarwohnungen/Wohngebiet im Grünen	30–50	Kommunikationsstörungen/ Konzentrationsstörungen (über 40 dB)
tropfender Wasserhahn/ Blätterrauschen im Wald	20–30	Schlafstörungen
Stille 0 dB = Hörschwelle		

Einseitige Schwerhörigkeit

Wenn Hörstörungen nur auf einem Ohr auftreten, wird diese Störung in der Fachsprache als monaurales Hören bezeichnet. So kann ein einseitig hörgestörter Schüler auf einem Ohr ganz normal hören, auf dem anderen Ohr ist er schwerhörig oder gar gehörlos. Diese Einseitigkeit beim Hören führt zu Unsicherheiten in der Lokalisation von Schallquellen, ebenso kann das Verstehen von Sprache in lauter Umgebung große Probleme bereiten (vgl. Deutsches Institut für Fernstudien 1988, S. 52).

Hörsturz

Beim Hörsturz wird die Hörfähigkeit ganz plötzlich und einseitig stark herabgesetzt, oft bis hin zur Taubheit. Diese stressbedingte Managerkrankheit tritt meistens nachts oder morgens auf und muss sofort ärztlich durch einen Hals-Nasen-Ohren-Arzt versorgt werden. Bleibende und dauerhafte Schädigungen des Gehörs sind in vielen Fällen nicht auszuschließen.

Altersschwerhörigkeit

Während des ganzen Lebens strömen immer wieder schädigende Einflüsse auf unsere Ohren ein und hinterlassen negative Auswirkungen auf unsere Hörfähigkeit. Diese Erkrankungen werden meist nicht oder zu spät erkannt.

Hören ist der sensibelste menschliche Sinn. Dieser ist Tag und Nacht aktiv und kann nie ausgeschaltet werden. Wir nehmen mit dem Ohr mehr Einflüsse aus der Umwelt auf als mit jedem anderen Sinn. Das Ohr liefert dem gesamten Nervensystem über 90 % der benötigten Reize, und Innenohr und Hörbahn weisen mit ca. 20 000 und ca. 16 000 Nervenzellen die höchste Konzentration an Sinnesrezeptoren im menschlichen

Organismus auf. Hören ist für Lebensqualität und Wohlbefinden äußerst wichtig, weil es auch die Voraussetzung für den Dialog und das Gespräch im Alltag ist.

5.9 Zuhören

Zuhören ist offenbar so selbstverständlich, dass man nicht weiter darüber nachdenkt. Dennoch können wir beobachten, dass viele Kinder, Schülerinnen, Schüler und Erwachsene diese Fähigkeit nicht besitzen und in aktuellen Alltagssituationen nicht einsetzen können. Dabei stellt das Zuhören eine zentrale Dimension der Sprechfertigkeit dar, denn ontologisch gesehen wird das Zuhören vor allen anderen sprachlichen Teilfertigkeiten erworben – das Sprechen, Lesen und Schreiben werden erst später erworben bzw. gelernt (vgl. Imhof 2003, S. 9).

Von Zuhören wird dann gesprochen, wenn akustisch übermittelte Informationen sprachlicher oder nicht sprachlicher Art selektiert, organisiert, strukturiert, interpretiert und anschließend in das vorhandene System von Erfahrungen und Wissen integriert werden (vgl. Wolvin/Coakley 1996). Die Fähigkeit, zuhören zu können, ist eine zentrale und unentbehrliche Voraussetzung für jede zwischenmenschliche Kommunikation. Wer nicht zuhören kann, ist nicht in der Lage, an Gesprächen teilzunehmen und den Inhalt und die Botschaften des Gesagten sinnvoll zu verstehen.

Das Zuhören wird heute in allen Lehrplänen als Schlüsselqualifikation bezeichnet. Im schulischen Alltag wird das Zuhören meist als Selbstverständlichkeit vorausgesetzt, d.h. es werden keine speziellen und intensiven Zuhörübungen in den Schulen durchgeführt. Der Vater der modernen Sprecherziehung, Erich Drach, hat die Bedeutung des Hörens erkannt und das Hören und das Sprechen als sich ergänzende und unterstützende Tätigkeiten bezeichnet (vgl. Drach 1949). Von daher hat die Hörerziehung und damit das Zuhören zeitlichen Vorrang vor der Sprachförderung und Sprecherziehung.

Ein weiterer wenig reflektierter Aspekt ist die ungleiche Verteilung von Hören und Sprechen in Alltagssituationen. Es liegt wohl in der Natur der Sache, dass in allen Kulturen und Gesellschaften mehr Menschen sprechen als zuhören. So können zwar viele Personen gleichzeitig sprechen, aber wir können nur das hören, was einer spricht – es ist unmöglich, zur gleichen Zeit auf mehrere Sprechende zu hören. Der Mensch ist offenbar so angelegt, dass das Sprechen einen höheren sozialen Stellenwert besitzt und von daher mehr geübt wird als das Zuhören (vgl. Müller 1967). Diese ungleiche Verteilung von Zuhören und Sprechen wurde in vielen neueren Studien neu und sehr differenziert belegt (Stoffel 1984). Bekannt ist auch die Rankin-Studie aus dem Jahr 1929, die die Verteilung der verschiedenen kommunikativen Tätigkeiten untersucht hat (vgl. Abb. 12).

Hier können wir die ungleiche Verteilung der rezeptiven Tätigkeiten wie Hören und Lesen einerseits und der produktiven kommunikativen Aktivitäten wie Sprechen und Schreiben andererseits deutlich erkennen. In Alltagssituationen – nicht in Unterrichtssituationen – wird heutzutage das Verhältnis von Sprechen zu Hören im Durch-

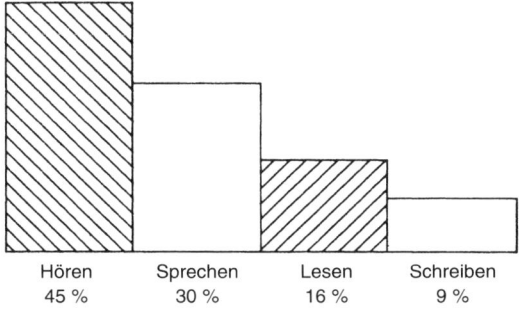

Hören   Sprechen   Lesen   Schreiben
45 %   30 %   16 %   9 %

*Abb. 12: Hören, Sprechen, Lesen,
Schreiben (nach Stoffel 1984, S. 55)*

schnitt mit 2:1 deklariert (vgl. Stoffel 1984). In organisierten unterrichtlichen Lernsequenzen haben wir aufgrund der hierarchisch gegliederten Unterrichtssituationen andere Verhältnisse, die je nach Auswahl der Unterrichtsmethode große Schwankungen aufweisen, z.B. wenn wir den Frontalunterricht und die Projektmethode einander gegenüberstellen.

Insgesamt wird in der einschlägigen Literatur betont, dass es sich beim Zuhören um einen subjektiv-selektiven, aber sehr aktiven Vorgang handelt, der von der hörenden Person stark beeinflusst werden kann. Der Zuhörer steht dem Sprecher offen gegenüber, d.h. er kann ihn verstehen, wenn er will, er kann ihn aber auch nicht verstehen, wenn er sich dem Sprecher gegenüber verschließt.

Es besteht bis heute keine Eindeutigkeit darüber, was Zuhören eigentlich ist und wie es gelehrt werden kann. Zwei Erkenntnisse können wir aber festhalten: Zum einen wird das Zuhören als etwas Selbstverständliches betrachtet, und zweitens hören die wenigsten Menschen so effektiv zu, wie sie es eigentlich könnten (vgl. Stoffel 1984, S. 57). Wir wissen bis heute nicht genau, ob es sich beim Zuhören um eine spezielle Fertigkeit oder um die Kombination mehrerer Fähigkeiten handelt. Wir können jedoch davon ausgehen, dass das Zuhören eine spezifisch menschliche Tätigkeit darstellt, denn es handelt sich um einen kognitiven Prozess (vgl. Stoffel 1984, S. 58).

Der Prozess des Zuhörens ist insgesamt abhängig von dem individuellen Reifegrad und der intellektuellen Begabungsstruktur des Zuhörers. Wir können davon ausgehen, dass zwischen der intellektuellen Reifung und der Zuhörleistung ein signifikanter Zusammenhang besteht (vgl. Boileau 1975, S. 7).

5.9.1 Unterscheidung Hören/Zuhören

Auf dem Weg vom Sprachhören zum Sprachverstehen ist die Unterscheidung zwischen Hören und Zuhören sowohl für die diagnostische Arbeit als auch für die konkrete Förderung ein wichtiger Zwischenschritt, weil das Zuhören eine unmittelbare Voraussetzung für den Prozess des Verstehens darstellt. Hören als physiologischer Vorgang wird von dem pädagogisch beeinflussbaren Vorgang des Zuhörens abgekoppelt (vgl. Hagen 2006, S. 35). Hören und Zuhören sind aktive und kognitive Prozesse.

Hören ist ein selektiver, subjektiver, aber sehr aktiver Vorgang, durch den auf das Ohr treffende akustische Reize und sprachliche Klangmuster transportiert, umgewandelt und neuronal codiert und verarbeitet werden (vgl. Lindner 1975). Hier geht es um die anatomisch-biologischen Anteile des Hörprozesses. Das Zuhören dagegen kennzeichnet den sich nahtlos anschließenden kognitiven und psychischen Vorgang der Verarbeitung, durch den die neuronalen Impulse als sprachliche Zeichen (Wörter und Sätze) in den zuständigen Arealen des Gehirns erkannt, interpretiert, bewertet und abgespeichert werden (vgl. Stoffel 1984, S. 59). Für die weitere Bearbeitung des Themas können wir folgende Punkte zusammenfassend festhalten (vgl. Solmecke 1992, S. 3 ff.):

- Hören und Zuhören sind die Voraussetzung für das Verarbeiten und Verstehen von Sprache und damit für das Lernen.
- Hören und Verstehen bedingen sich gegenseitig und sind die Voraussetzung für das Sprechen.
- Zur Mitteilungsabsicht des Sprechers gehört auch die bewusste Verstehensabsicht des Hörers.
- Wir hören und verstehen nur das, was wir hören wollen, d.h. wir hören immer selektiv.
- Wir können nur die sprachlichen Signale deuten und verstehen, die wir bereits kennen und als Schablonen abgespeichert haben. Hörmuster werden aufgebaut und als neuronale Repräsentation akustischer Signale in Form von Gedächtnisinhalten abgespeichert (vgl. Spitzer 2002a, S. 133).

Einen weiteren wichtigen Impuls zur Aufhellung des Themas Hören und Sprachverstehen erhalten wir aus der Perspektive der Sprechwissenschaft. Der Begriff Zuhören ist ein sehr dynamischer, aktiver und intentionaler Vorgang und wird nach Bergmann/Pauly/Stricker (2005, S. 58) durch die intrapsychischen und nicht direkt beobachtbaren Vorgänge der gesprochenen Sprache, nämlich Hörverstehen und Sprechdenken erweitert. Hörverstehen und Sprechdenken sind wechselseitig aufeinander angewiesen und ergänzen sich in ihren kommunikativen Wirkungen.

5.9.2 Hörverstehen

Richtiges Zuhören setzt voraus, dass wir uns bewusst und intensiv mit dem Gehörten auseinandersetzen und beschäftigen, und zwar auf der Basis unserer Erfahrungen und unserer Wissensbestände. Beim Vorgang des Hörverstehens ist ein Sprecher, der sprachliche Signale aussendet, und ein Hörer, der diese Signale aufnimmt, beteiligt. Die Vermittlung sprachlicher Inhalte kann zum einen direkt im Dialog oder Gespräch erfolgen, sie kann aber auch indirekt über Medien wie Radio oder Fernsehen geschehen. Der Sprecher produziert eine sprachliche Äußerung von variabler Länge (Text), die in vielfältiger Form auftreten kann: als Erzählung, Diskussion, Interview, Bericht, Hörspiel, Gedicht oder Vortrag (vgl. Solmecke 1992, S. 5). Weiterhin spielt beim Hörverstehen die Körpersprache, z.B. das Hochziehen der Augenbrauen, ein verschmitztes Grinsen, ein lautes Lachen o. Ä., eine große Rolle. Die Körpersprache des Hörers entscheidet auch mit darüber, ob und wie der Sprecher weiterspricht.

Das Hörverstehen ist die aktive Bewertung und Einschätzung der gehörten sprachlichen Äußerung und kann zur Durchführung oder auch zur Ablehnung von intendierten Handlungen und gewollten Tätigkeiten führen. Beim Hörverstehen können wir zwischen dem Globalverstehen eines Textes und dem Detailverstehen unterscheiden, wobei sich beide Verstehensarten wechselseitig ergänzen und im Verstehensprozess unterstützen. Solmecke (1992) untergliedert das Hörverstehen in vier Verstehensebenen:

- das Wiedererkennen,
- das Verstehen
- das analytische Verstehen und
- die Evaluation.

Die genannten Verarbeitungsprozesse verlaufen weitgehend parallel und interaktiv, wobei die Verarbeitungsstrategien und -prozesse »Top-down« und »Bottom-up« ineinandergreifen und in einem ständigen Wechselverhältnis operieren. Top-down-Prozesse beschäftigen sich mit der absteigenden Verarbeitung von oben nach unten und sind wissens-, konzept- und erwartungsorientiert. Diese Vorgänge leisten vor allem die semantische Einordnung der Themen und Inhalte in die bereits vorhandenen Wissensstrukturen. Die Bottom-up-Prozesse konzentrieren sich auf die aufsteigende Verarbeitung von unten nach oben, kreuzen die Top-down-Prozesse und sind insbesondere informations-, daten- und textgesteuert. Damit wird die Grundlage geschaffen für eine möglichst frühe Identifikation der Inhalte und Botschaften.

In einem weiteren zentralen Schritt werden bereits abgespeicherte Wissensbestände und Konzepte aus dem Langzeitspeicher in das Kurzzeitgedächtnis verlagert, dort wieder identifiziert, umcodiert, durch die Wiederholungsschleifen nachhaltig verstärkt, umstrukturiert und wieder ins Langzeitgedächtnis zurückgebracht. Diese Weiterverarbeitung von Informationen ist ein Konstruktionsprozess, der die Rückführung ins Langzeitgedächtnis ermöglicht (vgl. Pabst-Weinschenk 2004, S. 51). In sprecherzieherischer Hinsicht hat Geißner (1984) folgende Stufen herausgearbeitet:

1. auditive Wahrnehmung
2. etwas hören
3. zuhören
4. Hörverstehen
5. Hörhandeln

Während die ersten drei Stufen als Rezeptionsprozesse eingeordnet werden können, sind das Hörverstehen und das Hörhandeln als produktive Vorgänge zu begreifen. Gutenberg (1988) hat das Hörverstehen in einem Modell grafisch dargestellt und damit wesentliche Strukturen und Zusammenhänge aufgezeigt (vgl. Abb. 13).

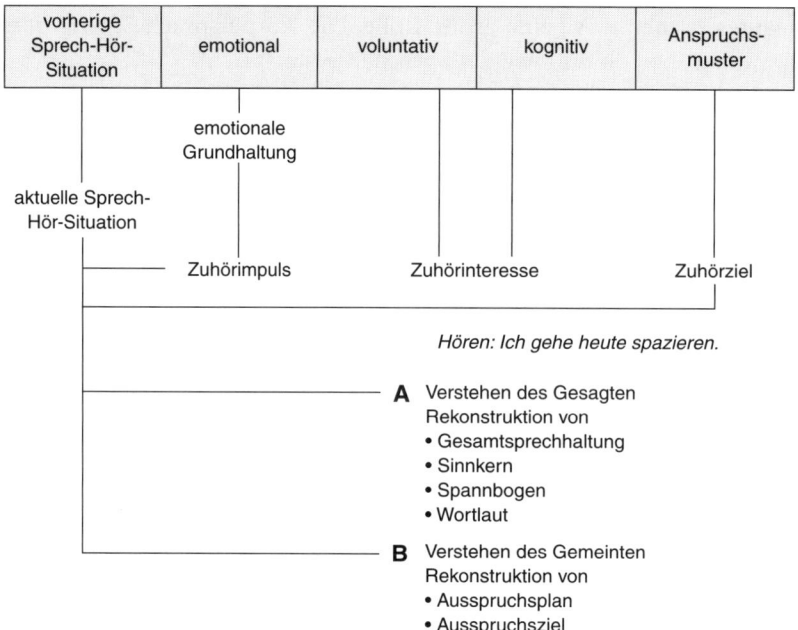

Abb. 13: Modell des Hörverstehens nach Gutenberg

Beim Hörverstehen geht es nicht nur um das Hören einer kontinuierlichen Abfolge sprachlicher Laute, die wir aufnehmen und verarbeiten müssen, bevor der Prozess des Verstehens einsetzen kann. Wir müssen

- die sprachlichen Laute als Nutzlärm erkennen und den möglichen Störlärm ausblenden,
- den gehörten Text bzw. die sprachliche Äußerung in Einheiten wie Satz, Wort und Morpheme zerlegen,
- den gehörten und segmentierten Einheiten Bedeutung und Inhalt zuordnen und
- die Grammatik und Syntax der Sätze erkennen und interpretieren und das Gehörte und die Inhalte in einen vernünftigen und sinnvollen Zusammenhang bringen (Solmecke 1992, S. 5).

Das Hörverstehen ist keine passive Fertigkeit, sondern eine in hohem Maße aktive Tätigkeit, die immer wieder Anregungen braucht und in Kindergärten und Schulen geübt werden muss. Natürlich sind viele dieser Vorgänge automatisiert und laufen unbewusst ab; dennoch sollten wir wissen, dass es nicht wenige Kinder gibt, die mit diesen für uns so selbstverständlichen Prozessen erhebliche Probleme haben. Hier müssen wir diagnostisch und sprachdidaktisch genauer hinschauen. Das Hörverstehen ist die Interaktion zwischen der sprachlichen Äußerung und dem Hörer. Dabei spielen Prozesse wie Inferenz, Antizipation und Verstehensstrategien eine zentrale Rolle (vgl. Solmecke 1992, S. 9).

5.9.3 Sprechdenken

Neben dem dargestellten Hörverstehen geht es bei diesen rezeptiven Tätigkeiten auch um das Sprechdenken, also das Denken vor, während und nach dem Sprechen im Sinne einer inneren Sprache. Spontansprachliche Äußerungen ohne jegliche vorformulierten Textvorlagen und Stichwortzettel sind das Produkt von Sprechdenk-Prozessen. Auch hier haben wir es analog zum Hörverstehen mit automatisiert ablaufenden Vorgängen zu tun, die lediglich dann zum Nachdenken anregen, wenn Fehler beim Sprechen auftreten und hörbar sind. Als bekannte und typische Sprechunflüssigkeiten können wir in Anlehnung an Pabst-Weinschenk (2004, S. 63) nennen:

- Einsatz von häufig vorkommenden Flickwörtern und Fülllauten in den Sprechpausen wie »äh« oder »hm«;
- gehäufte und auffallend viele Sprechpausen;
- Wiederholungen von Anfangslauten, Silben und Wörtern (klonisches Stottern);
- Unterbrechungen des Satzes und fehlerhafte Satzumstellungen;
- Einsatz von Startwörtern wie »hm«, »ja, also«, »ich denke« usw.;
- Lautverlängerungen zum Luftholen und Nachdenken;
- Atmung und Sprechen stehen in einem Missverhältnis, d.h. zu schnelles Atmen;
- übertriebene Körpermitbewegungen, gerötetes Gesicht und Schweißausbrüche;
- sprachliche Blockierungen, die zum Herauspressen von Lauten und Wörtern führen (tonisches Stottern);
- sprachliche Zusammenbrüche im Sinne eines Blackout, z.B. in mündlichen Prüfungssituationen (vgl. Baumgartner 2002, Füssenich 2001a; Hansen/Iven 2002).

Drach (1922) definiert das Sprechdenken als einen Prozess wohlüberlegter und analytischer Satzbildung von der gedanklichen Vorstellung über den Inhalts- und Formplan bis hin zur gewollten Schallform. Denken und Sprechen verlaufen also parallel und nicht nacheinander. Beim spontanen Sprechen beobachten wir oft, dass die Gedanken zu Sprechbeginn noch nicht zu Ende geführt sind. Erst mit dem Sprechen werden die Gedanken weitergeführt und zu Ende gebracht. Wygotski (1977) bezeichnet das Sprechen als »äußere Sprache« und das antizipatorische Denken, das unmittelbar vor dem Sprechen kommt, als »innere Sprache«. Diese innere Sprache ist für andere nicht verständlich, sie ist stark reduziert und konzentriert sich auf die zentralen Begriffe. Die innere Sprache entwickelt sich aus der äußeren Sprache. So ist z.B. das handlungsbegleitende Sprechen des Kleinkindes für die weitere Entwicklung wichtig, wenn es komplexe Zusammenhänge begreifen und verstehen will. Die innere Sprache dient einerseits einer gewissen Selbstbelehrung und andererseits der Planung der auszuführenden Tätigkeiten und wird von Kleinkindern und älteren Menschen auch verbalisiert.

Beim Sprechdenken werden die Gedanken in die vorgegebenen und automatisierten Satzmuster gebracht und mithilfe der zur Verfügung stehenden sprachlichen Ausdrucksmöglichkeiten für die Zuhörer verständlich dargeboten (vgl. Pabst-Weinschenk 2004, S. 67). In den 50er- und 60er-Jahren greift Winkler das Sprechdenken im Sinne von Drach auf und führt es auf der Grundlage der Kainz'schen Sprachpsychologie und verschiedener Einzeluntersuchungen (vgl. Kurka 1958; Winkler 1954) weiter. In den 70er- und 80er-Jahren wird das Sprechdenken von Geißner (1986) und Gutenberg (1988) weiterentwickelt. In den letzten Jahren wurden dann aktuelle Modellierungen des Sprechdenkprozesses vorgenommen; dabei stimmen die Modellierungsversuche im Wesentlichen darüber überein (vgl. Pabst-Weinschenk 2004, S. 71),

- dass der Prozess hochkomplex und daher sehr störanfällig ist,
- dass flüssiges Sprechdenken eine Konzeptualisierung voraussetzt,
- dass man nicht von einer additiven, sondern einer gleichzeitigen Verarbeitung ausgehen muss,
- dass es zwischen den einzelnen Stufen und Phasen Kontrollinstanzen und Rückkopplungsschleifen gibt,
- dass die Artikulation kein äußerer Vorgang ist, sondern das Produkt innerer Prozesse darstellt, und
- dass beim freien und spontanen Sprechen die Intonation ein textkonstituierendes Mittel darstellt.

6. Sprache verstehen

Die Begriffe »Sprachverständnis« und »Verstehen von Sprache« werden gleichgesetzt, wobei der letztere Begriff im Sinne eines alltagsrelevanten Hörverstehens verbaler Äußerungen anderer Menschen verstanden (vgl. Gebhard 2001, S. 5) und wegen seiner Dynamik favorisiert wird.

6.1 Grundlagen zur Wahrnehmung

Bei der Wahrnehmung handelt es sich um die sinnvolle Verarbeitung von Reizen im Gehirn (vgl. Fröhlich 1977, S. 10). Unter Reiz wird jeder Impuls der Sinnesorgane über die afferenten Nervenbahnen an das Zentralnervensystem verstanden. In Tab. 3 werden die einzelnen Sinnessysteme mit den entsprechenden und zuständigen Sinnesorganen und der Sinnesleistung auch hinsichtlich der terminologischen Klärung dargestellt (Pfluger-Jakob 2005, S. 5 f.).

Alle diese Sinnessysteme und Sinnesleistungen werden in unterschiedlicher Art und Weise wie ein Puzzle zu einem Ganzen zusammengeführt. Bei dieser Zusammenführung handelt sich um einen sehr agilen und aktiven Prozess der Informationssuche (vgl. Gibson 1973). Eine sinnvolle Verarbeitung erfordert aber kognitive Leistungen, sodass die Wahrnehmung als Teil der menschlichen Kognition betrachtet werden kann. Der Begriff der Kognition bezieht sich dabei auf alle Prozesse, durch die Wahrnehmungen aufgenommen, erfasst, umgewandelt, reduziert, verarbeitet, gespeichert, reaktiviert, integriert und benutzt werden.

Der Vorgang der Verarbeitung und Wahrnehmung durchläuft mehrere Etappen und Phasen, die in der Realität nicht exakt voneinander abzugrenzen sind und ineinanderfließen. Nach der Aufnahme der Reize durch die Sinnesorgane werden die Signale über afferente Nervenbahnen zum Gehirn als Verarbeitungs- und Speicherzentrale weitergeleitet. In den zuständigen Hirnarealen kommt es zu Prozessen der Analyse, der Identifikation und der Speicherung. Diese Verarbeitung von Wahrnehmungen hängt von den persönlichen Vorerfahrungen, also bereits gemachten Erlebnissen ab. Die Reizpalette wird nach Wichtigem und Unwichtigem abgesucht, entsprechend werden wichtige von den weniger wichtigen Reizen selektiert. Diese Selektion ist zwingend notwendig, weil es sonst zu einer permanenten Reizüberflutung kommt. Die Verarbeitung und Wahrnehmung braucht Wege, die die wichtigen und nützlichen Impulse zur Gehirnzentrale leiten, und hemmende Kräfte, die die weniger wichtigen und uninteressanten Impulse und Reize hemmen bzw. löschen (vgl. Ayres 1998, S. 79 f.; Knauf/Kormann/Umbach 2006, S. 18). Danach werden die Informationen mit den bisher abgespeicherten verglichen und in das bestehende System an Wissen und

Tab. 3: Sinnessysteme und Leistungen

	Sinnesorgan	Sinnesleistung
Hautsinn/Tastsinn = taktile Wahrnehmung	Haut mit den verschiedenen Rezeptoren für Berührungen, Druck, Temperatur Schmerz, Kitzelreiz, Vibrationen	Spüren, Tasten, Fühlen
Geruchssinn = olfaktorische Wahrnehmung	Nase, Nasenhöhle mit den Riechzellen in der Riechschleimhaut	Riechen, Düfte erkennen
Geschmackssinn = gustatorische Wahrnehmung	Zunge mit Geschmacksknospen und Gaumen	Schmecken
Muskel- und Stellungssinn = kinästhetische Wahrnehmung	Muskel mit Spannungs- und Dehnungsrezeptoren	Körper und Bewegung empfinden
Gleichgewichtssinn (Lage- und Drehbewegungen) = vestibuläre Wahrnehmung	Gleichgewichtsorgan mit Flüssigkeit, Steinchen und Sinneshärchen als Rezeptoren	stabil sein/sich bewegen/ Drehbewegungen, Gleichgewicht, Körperkoordination
Gehörsinn = auditive Wahrnehmung	Ohren mit Sinneshärchen in der Gehörschnecke	Hören, Geräusche/Töne/ Klänge erkennen, Stimmen identifizieren, Geräuschquellen lokalisieren, Melodie und Rhythmus erfassen, Laute unterscheiden
Sehsinn = visuelle Wahrnehmung	Augen mit Zäpfchen und Stäbchen in der Netzhaut	Sehen, Farben/Formen/ Objekte erkennen

und Erfahrungen integriert. Jetzt erfolgt die Reaktion auf den eingegangenen Reiz über die efferenten Nervenbahnen, d.h. der Reiz wird sprachlich oder motorisch beantwortet.

6.2 Kognitive Lernprozesse

Während das periphere Hören als organisches Hörvermögen eine physikalisch-physiologische Funktion hat und die biologische Basis bildet, handelt es sich beim Verstehen um eine sprachlich-kognitive Leistung. Voraussetzung für das Verstehen gesprochener Sprache ist die gründliche und systematische Verarbeitung und Wahrnehmung der Informationen; erst dann kann das Verstehen der Sprache gelingen. Die genannten Aspekte, das Hören von Sprache, das Verarbeiten der sprachlichen Informationen und das Verstehen von Sprache, sind Bestandteile einer funktionierenden auditiven Wahrnehmung.

Nicht nur in der Alltags- und Umgangssprache werden die Adjektive »auditiv« und »akustisch« verwechselt und synonym gebraucht. Eine klare Trennung und definitorische Abgrenzung ist zu diagnostischen und Förderzwecken wichtig. Unter der akustischen Wahrnehmung verstehen wir die Vorgänge rund um Schallereignisse und Aufnahme der physikalischen Reize, die über die afferenten Nervenbahnen transportiert werden. Die akustische Wahrnehmung konzentriert sich auf die Verarbeitung der Schallereignisse: Wir hören ein Geräusch, z.B. das Säuseln des Windes, das Plätschern eines Baches, Musik aus dem Radio, Sprechen aus dem Fernseher, hören, wie sich Menschen im Bus unterhalten, können aber keine konkreten Informationen und Inhalte erkennen. In allen Beispielen wird der akustische Reiz nicht weiterverarbeitet (vgl. Imhof, 2003, S. 13).

Die nach dem Eintreffen der Reize einsetzenden Verarbeitungs- und Wahrnehmungsprozesse mit den dazugehörenden Bottom-up-Prozessen im Sinne der Verarbeitung von sprachlichen Signalen und den Top-down-Prozessen als übergeordneten Vorgängen, wie z.B. Aufmerksamkeit, Wachheit und Gedächtnis, ergänzen sich gegenseitig und werden als auditive Wahrnehmung bezeichnet. Sie sind nur theoretisch zu trennen. In der Realität sind sie horizontal und vertikal äußerst eng miteinander verflochten. Während die Bottom-up-Prozesse dabei stets von unten nach oben verlaufen und auf eine Sinnesleistung konzentriert sind, wirken sich die Top-down-Prozesse von oben nach unten aus und verteilen sich auf alle Sinnesmodalitäten (vgl. Nickisch/Heber/Burger-Gartner 2001, S. 11). Wenn also beispielsweise die Erwartung an den Hörer und den Sprecher, die Motivation, das Gedächtnis, die Intelligenz oder die Aufmerksamkeit, also Top-down-Prozesse, gestört sind, sind meist auch die auditive, visuelle und/oder motorische Ebene beeinträchtigt (vgl. Abb. 14).

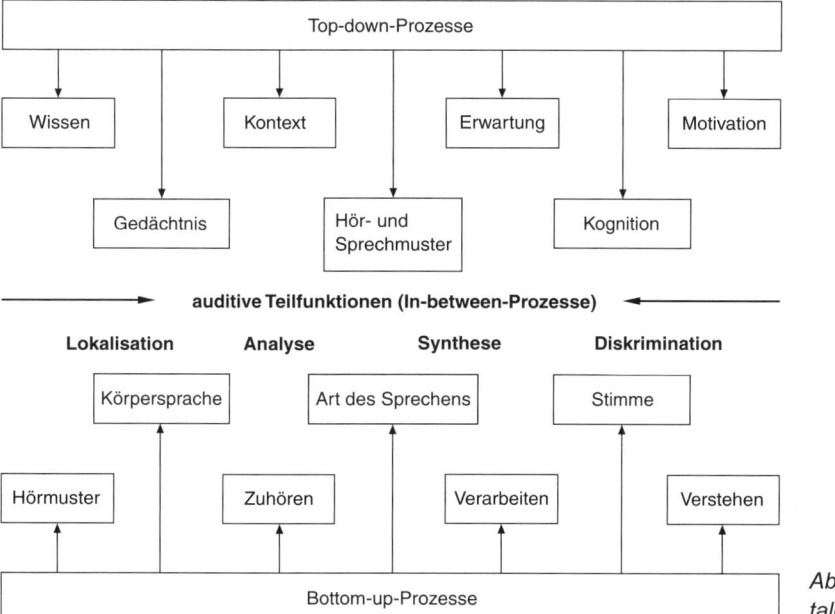

Abb. 14: Mentale Prozesse

Genau in dem Moment, in dem die eintreffenden Schallsignale die ersten afferenten Stufen der Wahrnehmung durchlaufen, setzen bereits die Mechanismen der Steuerung und Regulierung über die efferenten, absteigenden Nervenbahnen ein, die die Impulse für die motorischen Organe liefern (vgl. Audiva 2006, S. 4). Die auditive Wahrnehmung umfasst im Gegensatz zur akustischen Verarbeitung die differenzierte und intensive Analyse der einlaufenden Reize bzw. der akustisch übermittelten Informationen und vor allem die kognitive Verarbeitung. Hier wird der Reiz weiter segmentiert, Begriffe werden identifiziert, vorhandene Schablonen, Schemata, Skripts und kognitive Muster werden aktiviert. Die kognitiv erkannten Informationen werden in die existierenden Wissensstrukturen integriert und mit den vorhandenen Wissensbeständen aus dem Langzeitspeicher verknüpft. Kognitive Schemata werden aufgrund neuerer Information modifiziert, Konsequenzen gezogen und emotionale Bewertungen vorgenommen (vgl. Imhof 2003, S. 14).

6.3 Auditive Wahrnehmung

Wie bereits erwähnt, können wir die auditive Wahrnehmung als ein System der Hörverarbeitung bezeichnen, das im Folgenden näher erläutert wird. Die auditive Wahrnehmung wird nun in ihren einzelnen Phasen beschrieben. Die Verarbeitung von sprachlichen Reizen, d.h. Lauten, Silben, Wörtern und Sätzen, erfolgt zentral durch neuronale und zerebrale Prozesse im Gehirn.

6.3.1   Neurophysiologische Grundlagen

Beim Thema Sprachverstehen müssen wir uns mit einigen biologischen und neurophysiologischen Aspekten der zerebralen Verarbeitung, Organisation und Speicherung im Gehirn beschäftigen, auch mit dem Bau des Gehirns.

Das Gehirn ist ein empfindliches Organ, das nach einem bestimmten Plan aufgebaut ist und nach einem bestimmten Programm arbeitet. Das gesamte menschliche Gehirn, im Durchschnitt 1400 Kubikzentimeter groß, ist in verschiedene Hirnareale untergliedert. In den einzelnen Hirnarealen liegen regelrechte Netzwerke, die für bestimmte Funktionen wie z.B. Sprache und auditive Wahrnehmung zuständig sind (vgl. Nitsch/Hüther 2004, S. 24). Permanent gelangen Signale über das Rückenmark ins Gehirn und werden in bestimmten Hirnarealen aufgenommen, sortiert, verarbeitet und gespeichert. Zur groben Topografie des menschlichen Gehirns vgl. Abb. 15.

- Das *Großhirn* (Großhirnrinde, Kortex) mit seiner faltigen Oberfläche überlappt alle anderen Hirnbereiche und macht 80 Prozent des Gehirnvolumens aus. Es besteht aus zwei Hälften, den Hemisphären, die durch den Balken miteinander verbunden sind. In der zentimeterdicken Außenschicht sind ungefähr 14 Milliarden Nervenzellen untergebracht. Das Großhirn spielt eine wichtige Rolle beim bewussten Erleben und bei den Gedächtnisleistungen. Im Großhirn befinden sich neuronale Netzwerke zur Verarbeitung, Koordination und Integration einzelner Sinneswahrnehmungen; dies erfolgt vor allem im Frontallappen.

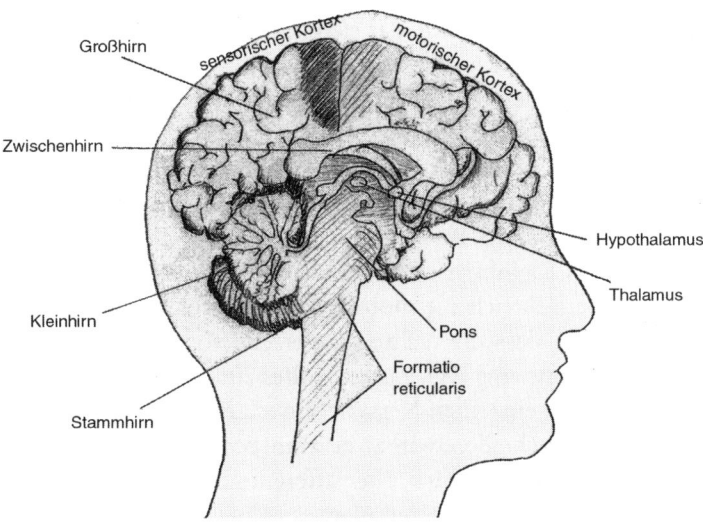

Abb. 15: Menschliches Gehirn (Knauf/Kormann/Umbach 2006, S. 13; © W. Kohlhammer GmbH, Stuttgart)

- Das *Zwischenhirn* liegt unter dem Balken. Wir haben es hier entwicklungsgeschichtlich betrachtet mit dem ältesten Teil unseres Gehirns zu tun. Der obere Teil des Zwischenhirns, der Epithalamus, ist eine wichtige Durchgangsstation für Nervenbahnen von den Sinnesorganen auf dem Weg zum Großhirn. Der untere Teil ist der Hypothalamus, wo sich das limbische System befindet. Das limbische System liegt im Inneren unseres Gehirns (vgl. Abb. 16).

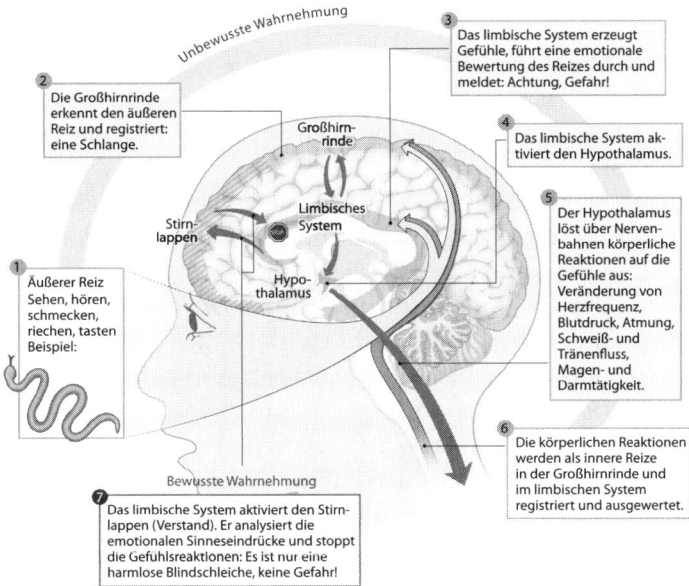

Abb. 16: Limbisches System (© Wort & Bild Verlag, Baierbrunn)

Wir haben es hier mit einem Hirnareal zu tun, das sich insbesondere um die Emotionen des Menschen kümmert. Wir können das limbische System als Gefühlszentrale, als Schaltstelle der Emotionen (vgl. Paulsen 2001, S. 58) bezeichnen. Es ist die erste Anlaufstelle für alle empfangenen Sinnesreize; hier werden die Informationen mit Gefühlen vermischt und besetzt. Ebenso ist das limbische System durch die emotionale Bewertung an der Speicherung von Informationen im Ultrakurzzeitspeicher beteiligt (vgl. Audiva 2006, S. 9).

- Die *Pons* (Brücke) verbindet das Kleinhirn mit dem Großhirn und das Großhirn mit dem Rückenmark. Hier kreuzen sich die motorischen und sensorischen Nervenbahnen. Dabei stellen wir fest, dass die rechte Körperseite von der linken Gehirnhälfte und umgekehrt gesteuert wird (vgl. Zinke-Wolter 2000, S. 29).

- Das *Rückenmark* besteht aus vielen einzelnen Nervenbahnen, durch die die Signale geschleust werden. Hierbei unterscheiden wir zwei Transportwege: Zum einen werden Reize von der Peripherie zum Gehirn über afferente Nervenbahnen und zum anderen werden motorische Informationen über efferente Nervenbahnen zu den entsprechenden Organen und Muskeln gebracht, z.B. beim Vorgang des Sprechens; hier werden eine Reihe von Sprechwerkzeugen aktiviert. Zum Teil erfolgt die Verarbeitung der Signale bereits im Rückenmark, weitgehend jedoch im Gehirn, wobei es immer wieder zu einer sensorischen Integration kommen sollte (vgl. Ayres 1998, S. 12).

- Das *Kleinhirn* liegt im Hinterkopf und ist am Entwurf und der Kontrolle von Bewegungsabläufen beteiligt. Über das Kleinhirn laufen alle Erregungen von und zu den Zentren der Großhirnrinde, die für Bewegungen zuständig sind. Die Brücke verbindet die Kleinhirnhemisphären und stellt zudem eine Verbindung zwischen den Großhirnhälften und dem Kleinhirn her (vgl. Zinke-Wolter 2000, S. 29).

- Das *Nachhirn*, verlängertes Mark, stellt die Verbindung vom Rückenmark zum Gehirn her. Das Nachhirn, die Brücke und das Mittelhirn werden als Hirnstamm bezeichnet. Das Nachhirn ist die Schaltzentrale für lebenswichtige Funktionen wie Husten, Schlucken, Niesen und Atmen.

Die Aufgaben des menschlichen Gehirns als des komplexesten Systems des Menschen liegen in der zentralen Verarbeitung, Bewertung und Speicherung von Informationen. Da in unserem Gehirn eine unmittelbare Nähe zwischen den einzelnen Funktionen besteht, gibt es keine isolierten Prozesse innerhalb des Gehirns. Die wesentliche Informationsverarbeitung erfolgt in der Nervenzellschicht (Kortex); hier unterscheiden wir vier große Bereiche (vgl. Pöppel/Edingshaus 1994, S. 18): Im *Hinterhauptbereich* werden Sehinformationen, im *Schläfenlappen* akustische Informationen, im *Scheitellappen* Informationen der Hände, Beine und des Gesichts und im *Frontallappen*, dem vorderen Bereich des Gehirns, werden typisch menschliche Eigenschaften kognitiv verarbeitet. Die linke Hirnhälfte insgesamt ist bei den meisten Menschen für die Sprache zuständig. Das menschliche Gehirn ist im Gegensatz zum Computer in der Lage, Informationen parallel und sequenziell zu verarbeiten.

6.3.2 Zentrale Hörbahn

Beim Transport auf der Hörbahn findet eine Reihe von Verschaltungsprozessen statt. Die mechanischen Reize (Schallwellen) werden umgewandelt, komplex weiterverarbeitet und in die entsprechenden Hirnareale weitergeleitet (vgl. Hagen 2006, S. 52). In der folgenden Abbildung werden die wichtigsten Stationen und Funktionen skizziert (vgl. Abb. 17).

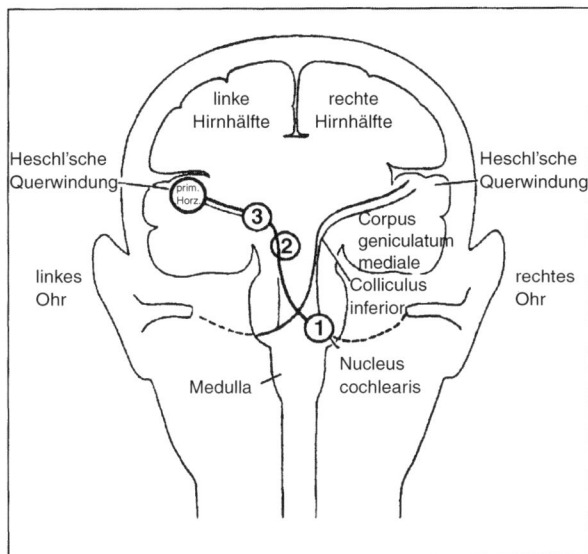

Abb. 17: Hörbahn

Erste Ebene: Hörnerv (Umwandlung und Weiterleitung)
Der Hörnerv, der sich im *Ganglion cochleare* befindet, ist der achte Nerv des Menschen. Man bezeichnet ihn als *Nervus acusticus*. Er besteht aus dem *Nervus cochlearis*, der aus den vielen einzelnen Nervensträngen der Schnecke zusammengesetzt ist, und dem *Nervus stato acusticus*, der vom Gleichgewichtszentrum zum Gehör führt. In der Cochlea werden die mechanischen Reize in elektrische Aktionspotenziale umgewandelt, gelangen über den Hörnerv (Nervus acusticus) auf das erste Neuron der Hörbahn (①). Hier, zwischen ① und ②, befindet sich die erste Schaltstelle dieser Neuronenkette. Motivation und Aufmerksamkeit haben einen fördernden oder hemmenden Einfluss auf die Reizweiterleitung in den Synapsen. Der Hörnerv ist der Anfang der zentralen, inneren Hörbahn und bildet den Eingang aller akustischen Informationen in unser Zentralnervensystem. Die Nervenfasern des Hörnervs erstrecken sich zum Hirnstamm (Mittelhirn, Pons und Nachhirn) und enden dort in den Akustikuskernen (vgl. Zorowka/Höfler 2000, S. 333).

Zweite Ebene: Hirnstamm (Umschaltprozesse)
Über den Hörnerv werden die Impulse nach Umschaltprozessen im Mittelhirn auf das zweite Neuron der Hörbahn (②) übertragen. Der Hirnstamm (Stammhirn) ist

ein kleiner Nervenzylinder in Höhe des Ohres und schließt sich unmittelbar an das Rückenmark an. Der Kern des Hirnstamms ist ein komplexes Netz aus Nervenzellen, die *Formatio reticularis*, die mit allen Systemen verbunden ist und den Hirnstamm mit dem Klein- und Mittelhirn verbindet. Sie steuert Herzschlag, Atmung, Verdauung, Körperhaltung, Aufmerksamkeit und Gleichgewicht (vgl. Abb. 18).

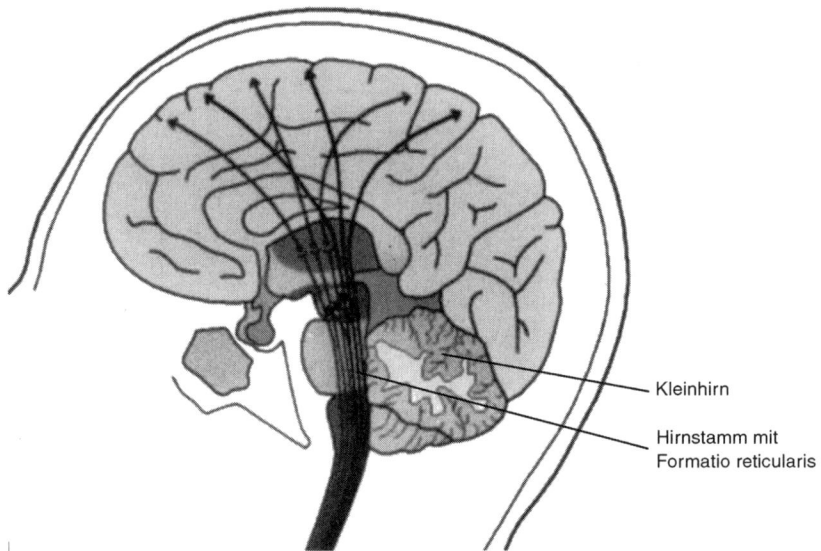

Kleinhirn

Hirnstamm mit
Formatio reticularis

Abb. 18: Formatio reticularis (Breitenbach 2003, S. 145)

Die Formatio reticularis ist sozusagen der menschliche Wecker, der das Gehirn ein- und ausschaltet. Probleme in der neuronalen Verarbeitung der Formatio reticularis führen zu Hyperaktivität, Aufmerksamkeits- und Gedächtnisstörungen (vgl. Barth 1997, S. 63 f.).

Dritte Ebene: Kortex (Interpretation und Bedeutungserschließung)
Die äußere Schicht des Großhirns enthält Assoziationsfelder und Areale, in denen bestimmte Funktionen ablaufen. Die Nervenzellen kreuzen im Mittelhirn zu 80 Prozent auf die Gegenseite und wechseln im Zwischenhirn (*Corpus geniculatum mediale* des Thalamus) auf das dritte Neuron der Hörbahn (③). Diese Nervenbahnen laufen weiter durch das Großhirn zum primären Hörzentrum, das sich in den Heschl'schen Querwindungen der oberen Schläfenlappen beider Hirnhälften befindet. Das akustische Hörrindenzentrum liegt im Bereich des Schläfenhirns und wird als Projektionszentrum des Hörsinns bezeichnet. Dort werden die akustischen Signale registriert, sequenziell gespeichert und können nun bewusst erlebt und als Klangerlebnis wahrgenommen werden.

Danach werden die Signale zur sensorischen Sprachregion weitergeleitet und in den Arealen des sekundären Hörzentrums als des akustischen Erinnerungszentrums ausgewertet, mit anderen Reizen zusammengeführt und verknüpft. Die Weitergabe dieser sprachlichen Signale in benachbarte Bezirke des Temporallappens führt zur Erfassung der Bedeutung dieser Zeichen. Diese Verarbeitungszentren liegen in der Mitte des oberen Schläfenlappens und werden als sensorisches Sprachzentrum bezeichnet. Die auditiven Funktionen und Teilleistungen können den gesamten Prozess der Auswertung und Informationsverarbeitung beschleunigen, hemmen oder gar verhindern (Günther 1994, S. 355).

6.3.3 Verarbeitung und auditive Wahrnehmung

Im Folgenden werden wir zum besseren Verständnis der zerebralen Vorgänge den Aufbau und die Funktion der Nervenzellen beschreiben und die dazugehörenden Kerngebiete erläutern.

Die elementaren Bausteine unseres Gehirns sind Nervenzellen (Neuronen), die durch Nervenfasern miteinander verbunden sind und permanent »feuern«. Wir haben es mit einem Gestrüpp und Dickicht von Fortsätzen zu tun. Eine Anhäufung von Nervenzellen, die funktionell miteinander verbunden sind, wird als Kerngebiet bezeichnet. Diese Kerngebiete erhalten ihre Informationen über Faserstränge (Nervenbahnen) aus anderen Gebieten und leiten nach erfolgreicher Verarbeitung der Information Impulse an das nächstfolgende Kerngebiet weiter. Die verschiedenen Kerngebiete sind in der linken und rechten Hirnhälfte paarweise angeordnet und gekreuzt oder ungekreuzt miteinander verbunden. Die Kerngebiete werden in aufsteigender Folge vom Hirnstamm bis zum Cortex als *Nucleus cochlearis*, *Olivenkomplex*, *lateraler Schleifenkern*, *Colliculus inferior*, *mediales Geniculatum* und *primäre Hörrinde* bezeichnet (vgl. Hartmann/Klinke 1993, S. 27). Dieses Informationsverarbeitungssystem ist in ein Stützgewebe eingebettet, das wiederum aus Gliazellen besteht. Jedes Neuron besitzt einen Zellkörper, das Soma, und hat zudem mehrere Zellfortsätze, die Dendriten, und eine Nervenfaser, das Axon (vgl. Abb. 19).

An den Dendriten und dem Soma enden die Axone anderer Nervenzellen; dort entstehen die Synapsen, von denen es einen erregenden und einen hemmenden Typ gibt. Die Synapse wird über die chemische Substanz des Transmitters aktiviert und leitet Ionen durch die Zellmembran. Auf diese Weise wird das elektrische Potenzial der Zelle verändert. Ist diese Veränderung groß, dann wird ein Impuls ausgelöst, der entlang dem Axon zu anderen Zellen läuft und diese ebenfalls beeinflusst (vgl. Pöppel/Edingshaus 1994, S. 36). Die einzelne Nervenzelle ist der Baustein des Nervensystems und des menschlichen Gehirns. Sie funktioniert nach den gleichen Prinzipien wie alle anderen Zellen. Je dichter die Verbindungen zwischen den einzelnen Nervenzellen sind, umso besser kann die Kapazität des Gehirns ausgenutzt und das genetische Programm zum Laufen gebracht werden.

Bei all diesen Vorgängen übernimmt die Synapse als zentrale Kontakt- und Umschaltstelle im Gehirn eine entscheidende Aufgabe. Elektrische Impulse gelangen in Windeseile (mit einer Geschwindigkeit von ca. 400 Kilometern pro Stunde) über die

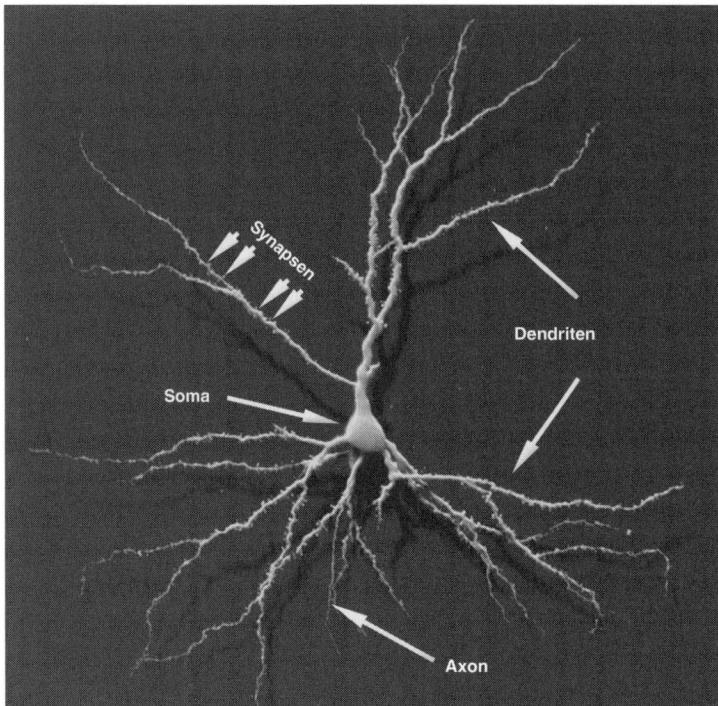

Abb. 19: Nervenzelle (Herrmann 2006, S. 101; © Beltz Verlag, Weinheim und Basel)

afferenten Nervenbahnen von den Sinnesorganen zum Gehirn und anschließend durch den Körper zurück. Sie verursachen entsprechende Reaktionen wie Sprechen, Schreiben oder Lesen. Damit das Signal von einer Nervenzelle auf die andere überspringen kann, muss der elektrische Reiz in ein chemisches Signal umgewandelt werden. Dieser Umwandlungsprozess geschieht in der Synapse, die sich am Ende der Nervenfaser befindet. Synapsen sind hoch spezialisierte Kontaktstellen, die die Nervenzellen miteinander verbinden und den Informationsfluss regeln. Die Synapsen halten den Kontakt. Die Nervenzelle mit ihren antennenförmigen Ausläufern (Dendriten) empfängt die Signale von zahlreichen anderen Nervenzellen. Aus all diesen Reizen wird ein neues Signal berechnet, welches über einen langen Fortsatz (Axon) als elektrischer Impuls weitergeleitet wird. Die Markscheide dient hier als Isolation und beschleunigt gleichzeitig den Weg des Reizes hin zur Synapse. In der Synapse befinden sich sogenannte Vesikel, die einen Botenstoff (Neurotransmitter) speichern. Folgende Phasen sind zu beobachten:

- Zunächst lässt der ankommende elektrische Reiz die Vesikel mit der Zellhülle verschmelzen, die Neurotransmitter werden in den synaptischen Spalt ausgeschüttet. Die hierzu benötigte Energie wird von den Mitochondrien als Kraftquellen der Zelle geliefert.
- Danach überwinden die Neurotransmitter den Zwischenraum und springen in Sekundenbruchteilen auf die Rezeptoren, die aus der Hülle der Zielnervenzelle herausragen.

- In einem letzten Schritt setzen sich die Neurotransmitter an dem Rezeptor fest. Jetzt kommt es zu einem intensiven Fluss elektrisch geladener Teilchen in das Innere der Zielzelle. Daraus entsteht wiederum ein elektrischer Impuls, der sich in der Zielzelle fortpflanzt.

Wird der ankommende Impuls auf die Zielzelle übertragen, handelt es sich um eine erregende Synapse. Hemmende Synapsen dagegen unterdrücken die Erregung der Zielzelle und üben so eine wichtige Kontrollfunktion im gesamten Nervensystem aus. Die Botenstoffe sind dafür zuständig, ob die nachfolgende Nervenzelle stimuliert oder gehemmt wird. Die Synapsen selbst werden einer ständigen Umorganisation unterzogen. Je häufiger und intensiver sie angeregt und genutzt werden, umso beständiger ist die Kommunikation zwischen den einzelnen Nervenzellen.

»Der gesamte Prozess der Verarbeitung, Wahrnehmung und Verwertung akustischer Signale ist ein eng ineinander verwobener, zum Teil hierarchischer Prozess, an dem eine Vielzahl von serialen, parallelen und verteilten neuronalen Netzwerken beteiligt ist« (Ptok/Ptok 1996, S. 3). Dabei wird der Begriff der Verarbeitung im Sinne einer neuronalen Weiterleitung, Vorverarbeitung und Filterung von auditiven Signalen auf verschiedenen Hirnebenen (Hörnerv, Hirnstamm, Kortex) verstanden. Die Wahrnehmung allgemein (= Perzeption) wird als ein Teil der menschlichen Kognition verstanden, und zwar im Sinne einer zu höheren Zentren hin zunehmenden bewussten Analyse auditiver Stimuli. In der Literatur werden diese Vorgänge auch als Bottom-up-Prozesse und die zunehmende Beeinflussung dieser Vorgänge durch Vigilanz, Aufmerksamkeit und Gedächtnis als Top-down-Prozesse bezeichnet. Unter Kognition verstehen wir all jene Prozesse, durch die menschliche Wahrnehmungen umgewandelt, reduziert, verarbeitet, gespeichert, reaktiviert und wiederverwendet werden (vgl. Ptok/Ptok 1996, S. 3). Unter auditiver Wahrnehmung verstehen wir die Fähigkeit,

- Reize jeglicher Art mit den Ohren differenziert aufzunehmen, im Innenohr umzuwandeln und über den Hörnerv weiter ins Gehirn zu leiten (Schall, Klänge, Töne, Geräusche, Laute, Silben, Wörter und Sätze),
- das Gehörte in seiner Bedeutung sinnvoll zu verarbeiten und zu verstehen und
- das Gehörte als subjektives Erlebnis des gesamten Hörvorgangs zu erfassen, zu deuten und in das bestehende System von Wissen und Erfahrungen zu integrieren.

Auditive Wahrnehmung meint nicht das anatomisch-biologische Hören an sich, sondern die Prozesse des Zentralnervensystems, die die gehörte Sprache erfassen, strukturieren, segmentieren und verarbeiten, und zwar so, dass das Gehörte erkannt, bewertet und in das vorhandene System von Erfahrungen und Wissen eingeordnet werden kann. Physiologisch betrachtet werden in diesem komplexen Prozess akustische Signale in elektrische Nervenimpulse umgewandelt. Daran anschließend erfolgt eine Analyse der Reize, die Verarbeitung und Integration in komplexere, intern ablaufende Kognitionsprozesse. Hier kreuzen sich die bereits angesprochenen Bottom-up-Prozesse, die von unten nach oben verlaufen und die Verknüpfung neuer Inhalte und Botschaften mit den bisher bekannten initiieren, und die Top-down-Prozesse, die von oben nach unten wirken und insbesondere die Aspekte Aufmerksamkeit, Gedächtnis und Emotionen betreffen (vgl. Weber 2005, S. 22).

Zur Wahrnehmung allgemein und zur auditiven Wahrnehmung speziell gehören die Reizaufnahme, der Transport, die Speicherung, der Vergleich mit dem bisher Wahrgenommenen, die interne kognitive Absprache und Koordination der einströmenden Signale, die Verarbeitung der Signale und die Kontrolle über die erfolgte Rückmeldung. Die auditive Wahrnehmung unterliegt individuellen Lernprozessen, ist ein zentrales Element der zwischenmenschlichen Kommunikation und für den Erwerb von Erstsprache, Zweitsprache und Fremdsprachen sowie für die Herausbildung der Schriftsprache verantwortlich und notwendig.

6.3.4 Modelle der auditiven Wahrnehmung

Die Verarbeitung in den kortikalen Feldern des Gehirns kann in verschiedene Funktionen untergliedert werden. Die exemplarisch ausgewählten Modelle zeigen, wie diese einzelnen Funktionen miteinander zusammenhängen.

Klassisches Modell
Das klassische Modell der Wahrnehmung und Verarbeitung akustischer Stimuli wurde von Semel (1970) entwickelt und unterscheidet drei Stufen:
- *Erste Stufe der Wahrnehmung: Schallaufnahme*
  Die Schallaufnahme findet in den peripheren Hörabschnitten statt (Cochlea und Nervus acusticus). Sie ist abhängig von dem emotionalen Kontext, der Aufmerksamkeit und der Funktiontüchtigkeit der zuständigen anatomischen Strukturen.
- *Zweite Stufe der Wahrnehmung: Verarbeitung*
  Die Lokalisation und Fusion der Reize findet in den nachfolgenden Hörbahnabschnitten der zentralen Hörbahnen im unteren Hirnstamm (Cochlearis- und Olivenkerne) statt. Zur Fähigkeit der auditiven Wahrnehmung und Verarbeitung zählen wir auch die auditiven Teilfunktionen Richtungshören und Diskrimination. Die einzelnen Teilfähigkeiten müssen nicht nur isoliert funktionieren, sondern auch im Sinne des funktionellen Systems leistungsfähig sein. Die Fusion auditiver Informationen beginnt im unteren Hirnstammbereich (vgl. Uttenweiler 1996, S. 83). Im weiteren Verlauf erfolgt die Differenzierung, Identifikation, Separation, Integration, Analyse, Synthese und Diskrimination akustischer Informationen vorrangig in den höheren Ebenen der zentralen Hörbahn. Insgesamt erfolgt die Wahrnehmung und Verarbeitung von Sprache in der dominanten linken Hemisphäre. Dagegen werden nicht verbale Störgeräusche und Umweltlärm überwiegend in der rechten Hemisphäre aufgenommen und verarbeitet. Diese Reize können dort über efferente Bahnen reduziert und sogar unterdrückt werden.
- *Dritte Stufe der Wahrnehmung: Bedeutungserschließung*
  Hier erfolgt die Sinnerfassung und Interpretation der Botschaften. Diese Prozesse erfolgen weitgehend im Kortex. Die Wahrnehmung basiert nicht auf einzelnen Teilfunktionen und Sinnesmodalitäten, sondern wird durch die Wahrnehmungen mehrerer Sinnessysteme bestimmt. Insgesamt können wir die Wahrnehmung als einen Vorgang betrachten, der alle Sinnesmodalitäten umfasst und die Leistungen

der einzelnen Funktionen zu einem Gesamteindruck integriert. Die auditive Wahrnehmung, die zentrale Verarbeitung und Speicherung erfolgt in den Arealen des Kortex. Visuelle, auditive, taktile, kinästhetische, olfaktorische und gustatorische Informationen werden im Assoziationskortex zusammengeführt und integriert. Die beteiligten Hirnareale mit ihren gnostischen Fähigkeiten ermöglichen damit das Erkennen und Verstehen von Umweltreizen und sprachlichen Stimuli. Alle genannten Sinneseindrücke werden zu einem Gesamtbild integriert, damit entsteht eine sehr komplexe Wahrnehmung. Als Beispiel dient hier der Dialog oder das Gespräch: Schaut man den Gesprächspartner an, so erhält man über Mimik, Gestik, Gebärden und die Prosodie (Sprechmelodie und Lautstärke) weitere Informationen. Wir riechen den Partner (Parfum, Schweißgeruch) und finden ihn vom Aussehen her sympathisch oder nicht. All diese Informationen sind wichtig und fließen in das Gesamtbild des Dialogs mit ein.

Vereinfachtes Modell

In den 80er-Jahren hat Esser ein erstes grobes Modell vorgestellt, das den Verlauf der auditiven Wahrnehmung von der Schallaufnahme durch den peripheren Teil unseres Hörorgans über die Verarbeitung in der zentralen Hörbahn bis hin zur auditiven Wahrnehmung im eigentlichen Sinne zeigt, die erst am Ende der Hörbahn im Gehirn erfolgt (vgl. Esser et al. 1987, S. 10). Bei diesem Modell werden verschiedene Funktionen der auditiven Wahrnehmung erläutert; es wurde zehn Jahre später noch geringfügig modifiziert (vgl. Abb. 20):

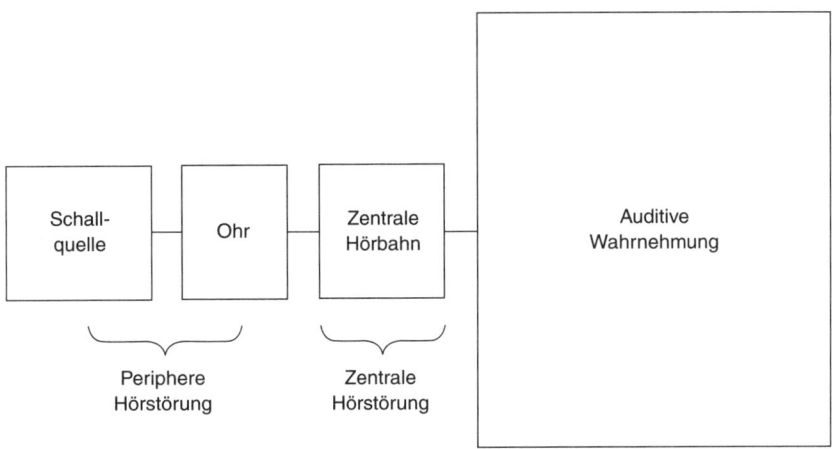

Abb. 20: Einfaches Modell der auditiven Wahrnehmung

Funktionelles System der auditiven Wahrnehmung

Ende der 80er-Jahre haben die Gebrüder Günther in verschiedenen Bundesländern (Bayern, Rheinland-Pfalz und Saarland) 491 vier- bis fünfjährige Kinder hinsichtlich der auditiven Wahrnehmung umfassend und intensiv untersucht und die bislang größte Studie im deutschsprachigen Raum vorgelegt (Günther/Günther 1988). Für einen Vergleich wurden 135 gleichaltrige Kinder parallelisiert. Günther/Günther beschreiben die auditive Wahrnehmung als ein funktionelles System, in dem die einzelnen Teilfunktionen als Knoten eines Netzwerkes dargestellt sind. Dieses Klassifikationssystem in enger Anlehnung an das Informationsstufenmodell von Radigk (1991) untergliedert in die erste, die nonverbale Informationsstufe, und in die zweite, die verbosensorische Informationsstufe, wobei auf jeder Stufe verschiedene auditive Teilfunktionen genannt werden (vgl. Abb. 21):

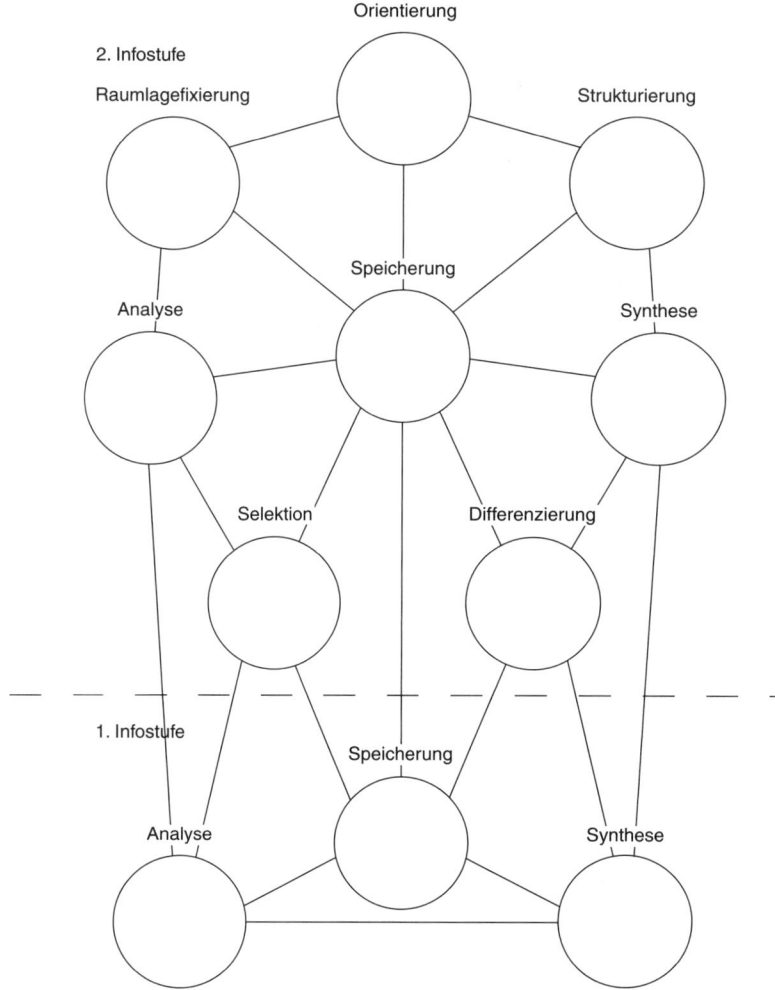

Abb. 21: Funktionelles System der auditiven Wahrnehmung

In dieser empirischen Studie wurde die Ausprägung der auditiven Wahrnehmung bei normal sprechenden und sprachauffälligen Kindern miteinander verglichen. Bei der Gruppe der sprachauffälligen Kinder wurden Kinder mit Dyslalien (Aussprachestörungen) und Kinder mit Sprachentwicklungsverzögerungen (zeitliche Verzögerung beim Spracherwerb, Ausspracheprobleme und erhebliche Schwierigkeiten in der Satz-bildung) weiter untergliedert. Die Ergebnisse sind in Abb. 22 dargestellt.

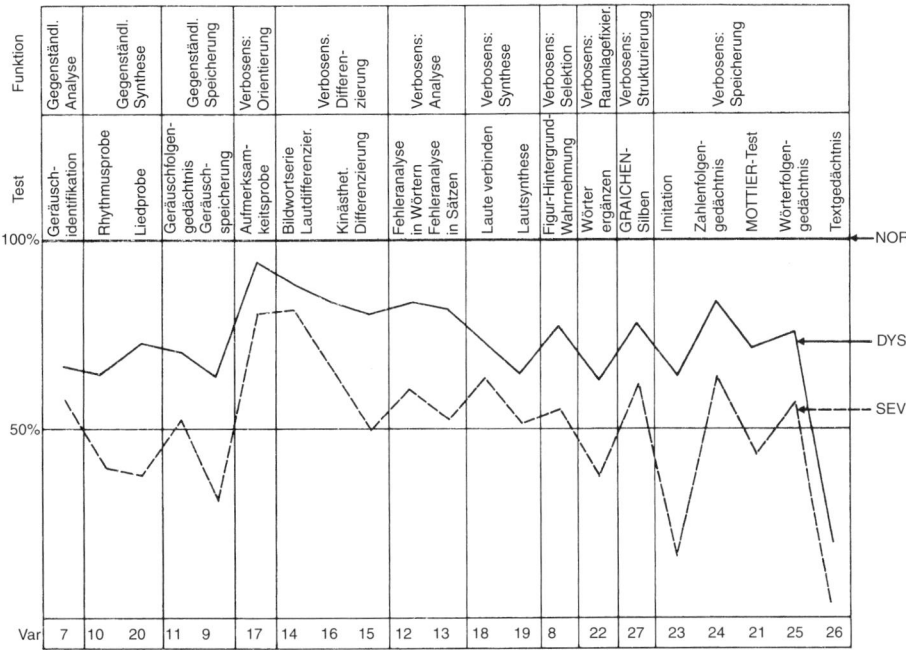

Abb. 22: Untersuchungsergebnisse (Günther/Günther 1991, S. 17)

6.3.5 Teilfunktionen der auditiven Wahrnehmung

Die auditive Wahrnehmung ist die nach der peripheren akustischen Reizaufnahme er-folgende zentral-zerebrale Verarbeitung auditiver Stimuli in Form eines funktionellen Systems mittels der Funktionen der Analyse, der Synthese und der Speicherung auf der ersten Informationsstufe, wo es um die Rezeption und Codierung von sinnlichen Erfahrungen der realen Umwelt geht. Die zentrale Verarbeitung zieht sich danach wei-ter auf die zweite Informationsstufe der Lautsprache und wird durch die Funktionen Analyse, Synthese, Raumlagefixierung, Orientierung, Strukturierung, Selektion, Diffe-renzierung und Speicherung realisiert.

Funktionen auf der sensomotorischen Ebene
- *Analyse* meint das Erkennen und Identifizieren akustisch komplexer Gebilde wie z.B. das Säuseln des Windes oder das Bellen eines Hundes.
- *Synthese* meint die Fähigkeit, aus einzelnen Elementen und Faktoren eine akusti-sche Gestalt zu bilden, z.B. aus verschiedenen Tönen eine Melodie zu entwickeln.

- *Speicherung* gliedert sich zunächst in die drei Speichersysteme Ultrakurzzeit-, Kurzzeit- und Langzeitspeicherung. Die einzelnen Speichersysteme arbeiten je nach Inhalt und Bedeutsamkeit mehr oder weniger integrativ zusammen.

Funktionen auf der Ebene der gesprochenen Sprache
- *Orientierung* (= Aufmerksamkeit) ist die Fähigkeit, sich akustischen Signalen und ebenso sprachlichen Signalen zuzuwenden und diese wahrzunehmen. Man bezeichnet diese Fähigkeit als aktives und aufmerksames Zuhören, nämlich die Lenkung der Aufmerksamkeit auf bestimmte Schallereignisse.
- *Differenzierung* meint die Unterscheidung auditiver Hörereignisse; es geht um die exakte Unterscheidung ähnlich klingender akustischer Gebilde, z.B. von Geräuschen oder Lauten, bzw. ähnlich klingender Lautverbindungen wie z.B. »Tanne/Kanne« oder »Drachen/krachen«.
- *Analyse* meint das Heraushören einzelner Elemente auf der Silben-, Wort- und Satzebene und umfasst das Herausfiltern und die Erkennung von einzelnen Lauten aus Wörtern, z.B. O als Anlaut in »Oma«.
- *Synthese* versteht sich als die Funktion, aus einzelnen Lauten eine Silbe und aus den Silben ein Wort zu bilden und auszusprechen.
- *Selektion* (= Figur-Hintergrund-Wahrnehmung) meint das Herausfiltern von relevanten Informationen aus einem Schallgemisch; hier geht es um die bewusste Wahrnehmung von Nutzschall und das Ausblenden von Störschall, z.B. bei einem Gespräch auf einer Party.
- *Raumlagefixierung* meint die Feststellung der Lautposition und ebenso die Ergänzung fehlender Laute in Wörtern.
- *Strukturierung* ist die Fähigkeit, die Abfolge und Segmentierung von Lauten in Wörtern zu leisten.
- *Speicherung* umfasst die drei bereits erwähnten Speichersysteme, die je nach emotionaler Bedeutsamkeit sprachliche Signale abspeichern; hier geht es um das Behalten von Geräuschen, Zahlen, Silben, Wörtern und Sätzen.

In diesem Modell wird die auditive Wahrnehmung als funktionelles System bestimmt. Je nach Anforderung und Hörsituation müssen verschiedene auditive Teilfunktionen zusammengeschaltet und »hochgefahren« werden, um die erforderliche auditive Leistung zu erbringen. Die Verarbeitung von Sprache erfordert permanent eine parallele und simultane Verarbeitung der Informationen in zahlreichen Hirnarealen und Knotenpunkten des Zentralnervensystems. Die Verarbeitung und Wahrnehmung von Schallsignalen erfolgt über die afferenten (aufsteigenden) informationsweiterleitenden Stufen des Hörprozesses. Gleichzeitig aber setzen bereits efferente (absteigende) Steuerungs- und Kontrollmechanismen ein und wirken im Sinne von Hemmung, Verstärkung oder Filterung (Nickisch 2001; Weber 2005).

6.3.6 Störungen der auditiven Wahrnehmung

In der deutschsprachigen Literatur werden für mögliche Störungen der auditiven Wahrnehmung verschiedene Begriffe simultan benutzt: Hörverarbeitungsstörung, zentrale Schwerhörigkeit, zentrale Hörstörung, zentrale Fehlhörigkeit, rezeptive Hörstörung und auditive Verarbeitungs- und Wahrnehmungsstörung (AVWS). In der englischsprachigen Literatur wird der Begriff »central auditory process« benutzt. Hinsichtlich der Störungen wurde der Terminus »central auditory processing disorder« (CAPD) durch »auditory processing disorders« (APD) ersetzt. In Anlehnung an das Papier der American Speech-Language-Hearing Association (ASHA) haben die deutschen Phoniater im Jahr 2000 ein Konsensus-Statement herausgegeben, in dem die Begriffe Verarbeitung und Wahrnehmung getrennt werden. Als auditive Verarbeitung wird die neuronale Weiterleitung sowie die Vorverarbeitung und Filterung von auditiven Signalen auf den zentralen Ebenen von Hörnerv, Hirnstamm und Kortex definiert. Die auditive Wahrnehmung wird als Teil der menschlichen Kognition verstanden, und zwar im Sinne einer bewussten Analyse auditiver Informationen. In dem Konsensus-Statement heißt es: »Eine auditive Verarbeitungs- und/oder Wahrnehmungsstörung (AVWS) liegt vor, wenn zentrale Prozesse des Hörens gestört sind« (Ptok et al. 2000). Aus der Vielzahl möglicher Erscheinungsformen werden hier diejenigen ausgewählt, die für die Sprachentwicklung und den Erwerb des Lesens und Rechtschreibens bedeutsam sind.

Auditive Diskriminationsschwäche
Ein Kind zeigt eine solche Schwäche immer dann, wenn es nicht in der Lage ist, ähnlich klingende Phoneme zu unterscheiden, und zwar innerhalb eines Wortes wie bei Tanne/Kanne, Daumen/Gaumen, Haus/Maus usw. Noch größere Probleme bereiten Konsonantenverbindungen wie bei Drachen/krachen.

Auditive Figur-Hintergrund-Schwäche
Manche Kinder haben Probleme, den Nutzschall (Anweisungen der Lehrerin) vom Störlärm (Unruhe in der Klasse) zu trennen. Sie sind nicht in der Lage, von der Lehrerin diktierte Wörter oder Sätze aufzunehmen, weil die Unruhe zu groß und störend ist. Hier kommt es zu Vermischungen und Überlagerungen von Nutzschall und Störlärm, und das Kind hat Probleme, Wörter und Sätze korrekt herauszuhören und zu verstehen.

Auditive Segmentationsschwäche
Manche Kinder hören alle Laute, Silben und Wörter korrekt, jedoch nicht in der gesprochenen Reihenfolge. Das Kind hört z.B. statt »Nest« »Netz«, statt »Annemarie« »Amenarie«, statt »Drachen« »Darhen« und statt »Waschlappen« »Laschwappen«. So werden die Wörter dann oft gesprochen und geschrieben, und es entstehen Missverständnisse und Probleme beim Sprachverstehen.

Auditive Analyseschwäche

Bei dieser Schwäche sind Kinder nicht in der Lage, einen gehörten Satz in einzelne Wörter, die Wörter in Silben und die Silben in einzelne Laute zu zerlegen. Sie sind auch nicht fähig, einzelne Laute aus einem bekannten Wort herauszuhören wie das /o/ in »Oma« oder das /m/ in »Mutter«. Ebenso sind sie nicht fähig, die Lautpositionen in einem Wort (Anlaut, Inlaut oder Auslaut) herauszuhören. Das auditive Herausfiltern und Ausgliedern bereitet hier große Probleme.

Auditive Syntheseschwäche

Analyse und Synthese hängen sehr eng zusammen und bilden integrative Prozesse. Viele Kinder sind nicht in der Lage, aus einzelnen Lauten Silben und aus den Silben Wörter zu bilden. Das Kind muss das Zielwort kennen, d. h. es braucht die Fähigkeit zur Antizipation, ansonsten weiß es ja nicht, wohin der Weg führen soll. Nicht wenige Kinder haben Probleme, die isolierten Laute /e/ /s/ /e/ und /l/ zu dem Wort »Esel« zu verschmelzen und zusammenfließen zu lassen. Die einzelnen Laute klingen im Wort teilweise anders als in der Isolation. Wir bezeichnen diesen Vorgang als Koartikulation und als Assimilation.

Wir können davon ausgehen, dass Kinder mit solchen Erscheinungsformen der auditiven Wahrnehmungsstörungen nicht nur Probleme mit der gesprochenen Sprache, also mit dem Verarbeiten und Verstehen von Sprache, sondern auch mit der geschriebenen Sprache, insbesondere mit der Rechtschreibung haben. Oft kommen zu diesen Symptomen noch Konzentrationsschwäche, Verhaltensauffälligkeiten und Hyperaktivität hinzu.

6.4 Sprachverstehen

In den 80er- und 90er-Jahren des vergangenen Jahrhunderts war das Verstehen von Sprache Gegenstand großer amerikanischer Studien (vgl. Beitchman 1996). In diesen Studien wurde das Sprachverstehen als sprachlich-kognitive Verarbeitung von Informationen, z.B. bei der Betrachtung von Bilderbüchern, beim Gespräch in der Gruppe oder beim Befolgen von sprachlichen Anweisungen, zum Stolperstein am Schulanfang. Das Sprachverstehen hat sich als der wichtigste Indikator für den späteren Schulerfolg herausgestellt. Das Verstehen sprachlicher Informationen, also das Verstehen von Lauten, Silben, Wörtern und Sätzen als sprachliche Äußerungen, beruht auf der Vorstellungskraft des Kindes, auf der Fähigkeit, Schlussfolgerungen zu ziehen, auf dem Wissen über die Welt und auf der Fähigkeit zur realistischen Einschätzung der Erfahrungen mit anderen Gesprächspartnern.

6.4.1 Definitionsversuche

Verstehen bedeutet zunächst einmal etwas begreifen, den Sinn von Wörtern und Sätzen erfassen, etwas im Zusammenhang erkennen. Eine sprachliche Äußerung (Wörter und Sätze) wird dann als verstanden betrachtet, wenn man den Sinn der gehörten sprachlichen Äußerung »denkt«, d.h. man entnimmt dem Gesagten Denkinhalte und macht diese zum Objekt des eigenen Denkens und Nachdenkens. Dem deutschen Sprachphilosophen Wilhelm von Humboldt zufolge wird ein Gedanke nicht einfach aus dem Kopf eines Menschen in einen anderen verpflanzt, sondern es handelt sich hier um ein schöpferisches Nachgestalten eines Gedankens in Verbindung mit den von außen gehörten sprachlichen Signalen. »Laute schlagen nur die Tasten an und setzen das geistige Instrument in Bewegung« (Lewandowski 1990, S. 1228). Das Verstehen ist eine Tätigkeit des Verstandes, in der wahrgenommene Wörter und Sätze vollständig verarbeitet und auf bereits gemachte Erfahrungen bezogen werden. Leicht übertrieben könnte man formulieren: Sprache und Sprechen steuern unser Bewusstsein.

Wer Sprache verstehen will, muss zunächst hören, Schallwellen aufnehmen, weiterleiten und im Gehirn speichern und verarbeiten, sodass er aus den Schallwellenmustern Sprachlaute einer bestimmten Sprachgemeinschaft erkennt. Aus den Kombinationen von Lauten und Silben erkennen wir die Wörter und Begriffe, die für uns Bedeutung bekommen, sofern das Gehirn auf entsprechendes Wissen, Sprachkompetenzen in Grammatik und Syntax und sprachliche Erfahrungen zurückgreifen kann. Das Gehirn arbeitet wie ein Lexikon, d.h. es schlägt nach und nennt die Bedeutung eines Wortes, eines Satzes oder einer sprachlichen Äußerung. Beim Verstehen von Sprache haben wir aber immer wieder das Problem, dass sich die Bedeutung einzelner Wörter erheblich von der Bedeutung eines Satzes oder einer sprachlichen Äußerung unterscheidet (vgl. Hellrung 2002, S. 18). Zentrale Voraussetzungen für das Verstehen sind:

- persönliches Interesse und Neugier an der gesprochenen Sprache und dem Sprechen;
- ein wohlwollendes emotionales Gesprächsklima unter den Gesprächspartnern;
- ein positives Selbstkonzept beim Sprechen nach dem Motto »Habe Mut, dich deiner Sprache zu bedienen!«;
- eine emotionale Bindung der Gesprächspartner untereinander – hier spielt im pädagogischen Bereich die Persönlichkeit der pädagogischen Fachkraft eine wichtige Rolle;
- ein vertrauter und gesprächsfördernder sozialer Kontext mit Ritualen und möglichen Sprechereignissen;
- die Fähigkeit, aufmerksam und über einen längeren Zeitraum (zwei bis drei Minuten) zuhören zu können;
- die Weiterentwicklung der kognitive Fähigkeiten im linken Temporallappen des Gehirns und hier insbesondere das Wernicke-Zentrum als das sensorische Zentrum;
- ein gut entwickeltes Gehör, das Feinheiten und lautliche Nuancen heraushören kann;
- die Fähigkeit, Hypothesen über die kommunikative Absicht des Gesprächspartners zu bilden und zu überprüfen;
- der mögliche Rückgriff auf die nonverbalen und paraverbalen Anteile der Sprache als wichtiges Korsett beim Sprechen.

Diese Voraussetzungen sind notwendig, damit das Verstehen von Sprache als kindlicher Lernprozess wachsen und sich entwickeln kann. Die Mehrzahl der Kinder hierzulande hat Probleme mit dem Verstehen von Wörtern und Sätzen, und zwar sowohl Kinder aus deutschstämmigen als auch aus zugewanderten Familien. Diese Kinder haben Schwierigkeiten, Anweisungen zu befolgen, ein Gespräch mit Erwachsenen zu führen oder einer vorgelesenen Geschichte zu folgen. Sie sind innerlich unruhig, können nicht aufmerksam und konzentriert zuhören und dadurch den Sinn und die Bedeutung des Gesagten auch nicht erfassen.

Baur und Endres (1999) definieren das Verstehen von Sprache als einen hochkomplexen Vorgang, der auf folgenden basalen Leistungen basiert:

- sprachliche Äußerungen von Geräuschen unterscheiden;
- verschiedene Sprachlaute voneinander unterscheiden;
- Lautreihen erkennen und speichern;
- aus sprachlichen Äußerungen einzelne Wörter heraushören;
- Wörter als sinntragende Einheiten erkennen;
- den Wörtern als Repräsentanten Bedeutung zuordnen.

Verstehen ist ein aktiver und zielgerichteter Prozess des Hörens, wobei die Sinnerfassung das zentrale Ziel ist (vgl. Hörmann 1978, S. 206).

6.4.2   Modellvorstellung

Da wir nicht genau wissen, wie Sprechen und Verstehen miteinander zusammenhängen, müssen wir uns den Sachverhalt an Modellen klarmachen (vgl. Günther/Günther 2007, S. 46 ff.). Das Denken und praktische Arbeiten in linguistischen Kategorien steht hoch im Kurs: Übungen an einzelnen Lauten, die Erweiterung des Wortschatzes und die Satzbildung werden im Kindergarten geübt und trainiert. Täglichen Beobachtungen und vorliegende Studien deuten darauf hin, dass sich Kinder nicht einzelne Laute und Wörter aneignen, sondern in bestimmten Situationen ganze Dialogpassagen und sprachliche Äußerungen übernehmen. Von daher wird ein sprachganzheitliches Modell vorgeschlagen, das im inneren Sprachkreis auf das kognitiv orientierte Sprachverstehen hinweist.

Im Verlauf der weiteren Überlegungen soll der Verstehensakt exemplarisch und modellhaft dargestellt werden. Welche Faktoren, Fähigkeiten und Kompetenzen sind notwendig, damit das Verstehen als komplexe Leistung auch funktionieren kann? Für das Vorgehen hinsichtlich Diagnostik und Förderung sind ja auch die nicht sprachlichen und begleitenden Prozesse notwendig, wie die Frage nach dem Gedächtnis, der Aufmerksamkeit oder der Intelligenz. Hier hat Gebhard (2001, S. 21) in Anlehnung an die Konzeption von Dijkstra und Kempen (1993, S. 17) ein offenes Sprachverständnismodell konzipiert (vgl. Abb. 23).

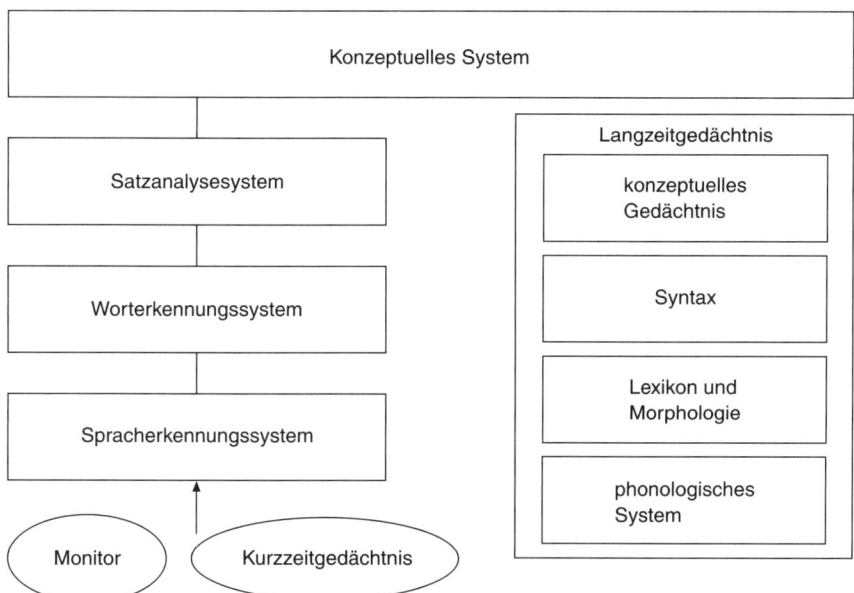

Abb. 23: Sprachverständnismodell (Gebhard 2001, S. 21; © Herbert Utz Verlag GmbH)

Mit diesem Modell können wir das Sprachverstehen insgesamt transparenter machen, Entwicklungsverläufe besser verstehen und Handlungsanweisungen für die pädagogische Diagnostik und die Förderung in der Schule ableiten. Wir können folgende Ebenen unterscheiden:

- die Ebene der *Spracherkennung*: Laute hören, Laute deuten und Laute verstehen;
- die Ebene der *Worterkennung*: Wörter hören, identifizieren und deren Bedeutung verstehen;
- die Ebene der *Satzanalyse*: Sätze aus Texten heraushören und zergliedern;
- die Ebene des *konzeptuellen Systems*: Hier sind die genannten Ebenen und die nicht sprachlichen basalen Komponenten wie Aufmerksamkeit und Gedächtnis als Wechselwirkungsprozesse zu betrachten.

Interessante Themen aus der Lebenswelt der Kinder schaffen neue Hörräume und -welten und provozieren zum Hören, Zuhören, Verarbeiten und Verstehen. Die alltägliche Erfahrung und der Umgang mit Kindern zeigen, dass unsere Verarbeitung und Wahrnehmung aus den Empfindungen mehrerer Sinnessysteme resultieren. Damit ein neuer Begriff, eine neue Erfahrung bzw. ein Erlebnis entstehen kann, müssen Kinder die einzelnen Sinnesleistungen wie ein Puzzle zusammenfügen. Wenn wir z.B. einen roten Apfel wahrnehmen,

- sieht unser Auge (visuelles System) die Farbe, die Form und die Beschaffenheit der Oberfläche,
- fühlt unsere Hand (taktil-kinästhetisches System) ebenfalls die Form, die Festigkeit und die Struktur der Oberfläche,
- riecht unsere Nase (olfaktorisches System) den spezifischen Apfelduft,

- schmeckt unsere Zunge (gustatorisches System) das Aroma, und bereits beim Anschauen »läuft einem das Wasser im Mund zusammen«, und
- hört unser Ohr (auditives System) den krachenden Biss in den Apfel.

All diese Wahrnehmungen und Empfindungen der einzelnen Sinnessysteme gelangen
zum Gehirn und werden über die Prozesse der Verarbeitung und Wahrnehmung zusammengefasst und zu einem Gesamteindruck integriert. Erst jetzt kann das Kind begreifen und verstehen, was ein Apfel bedeutet.

7. Auditive Rasterdiagnostik

Einstein hat die Notwendigkeit der Theorie als Grundlage einer sinnvollen Diagnostik folgendermaßen griffig beschrieben: »Erst die Theorie entscheidet darüber, was man beobachten kann« (zit. nach Heisenberg 1973, S. 80). Bei der Untersuchung von biografischen Fakten sollten wir dies aber im Lichte der einen oder anderen Theorie tun, damit wir uns im Dickicht der Daten nicht verrennen (vgl. Wygotski 1977).

Als Ausgangspunkt der weiteren Überlegungen sollten wir festhalten: Kindliche Entwicklungsverzögerungen im sprachlichen, audiologischen und auditiven Bereich dürfen nie als eine isolierte Erscheinung in eng umgrenzten Entwicklungsbereichen betrachtet werden, sie wirken sich fast immer auf andere Entwicklungsbereiche aus bzw. werden durch andere Entwicklungszonen verursacht. Es geht nicht so sehr um die isolierte Betrachtung der Probleme, sondern verstärkt um die Wechselwirkungen der einzelnen Wahrnehmungs- und Entwicklungsbereiche. Wir brauchen das Wissen verschiedener Wissenschaftsdisziplinen wie Pädagogik, Psychologie, Medizin und Soziologie.

7.1 Diagnoseraster

In den folgenden Ausführungen wird eine Position vertreten, die im Sinne eines Flussdiagramms im schulischen Alltag ablaufen kann. Es werden nur solche diagnostische Aufgaben vom Lehrer verlangt, die er einerseits von seiner Ausbildung und andererseits von der ihm zur Verfügung stehenden Zeit her leisten kann. Dabei ist er auf die Mithilfe von Kolleginnen und Kollegen und insbesondere von Experten wie Medizinern (HNO-Arzt), Psychologen (Schulpsychologe) und Therapeuten, also Logopäden und Logopädinnen, angewiesen. Zur Erkennung und Erfassung von Kindern mit einer potenziellen auditiven Schwäche oder Störung wird in Abb. 24 ein gestuftes Diagnoseraster für die Arbeit in der Grundschule vorgeschlagen.

In diesem Raster werden drei diagnostische Ebenen unterschieden, auf denen aussagekräftige Informationen zum sprachlich-auditiven Entwicklungsstand eingeholt werden können. Dabei sollte der Pädagoge hypothesengeleitet vorgehen, indem er Hypothesen bildet und aufgrund weiterer Überprüfungen beibehält, modifiziert oder verwirft.

- *Ebene der Anamnese:* Auf der ersten Ebene geht es um die Anamnese; dabei unterscheiden wir die Eigenanamnese (Selbstexploration durch Befragung des Kindes) und die Fremdanamnese (Befragung der direkten Bezugspersonen). Hier sind das Elterngespräch, der Blick ins Vorsorgeheft für Kinder und das Studium der zur Verfügung stehenden Akten des Kindes, z. B. vorliegende Entwicklungsberichte, Gutachten von Therapeuten und Ärzten oder Klinikberichte, zu nennen.

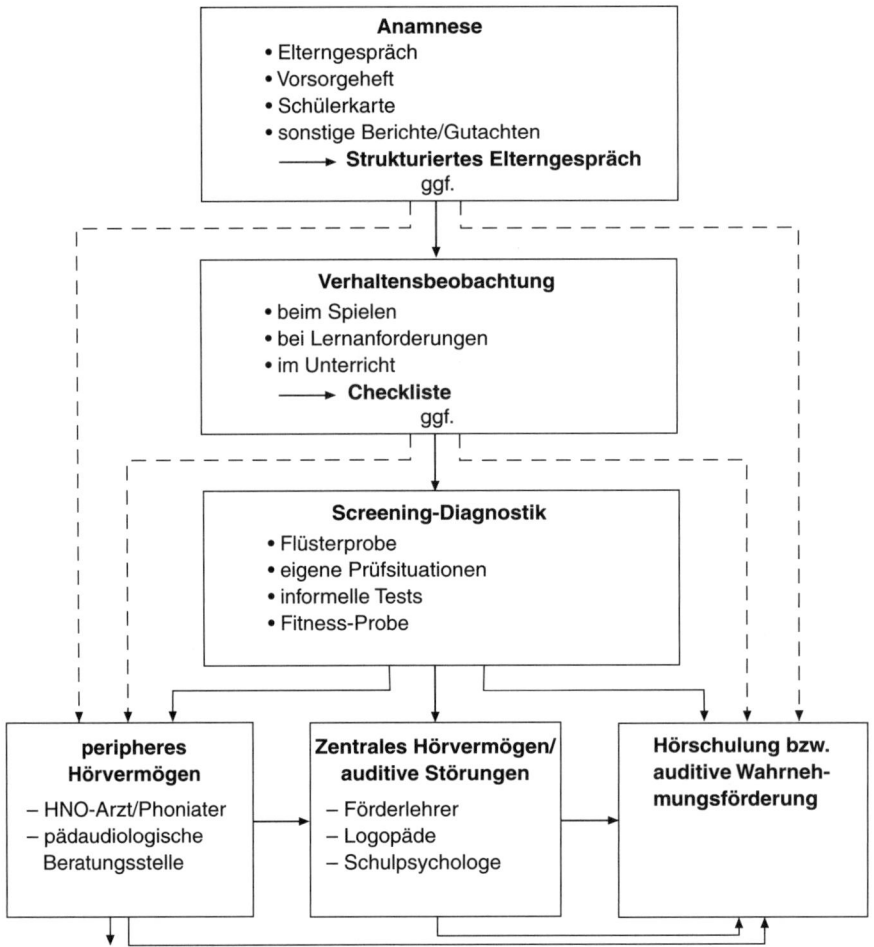

Abb. 24: Diagnoseraster zur Erfassung von Hörauffälligkeiten

- *Ebene der Beobachtung:* Auf der folgenden Ebene steht die Beobachtung des Kindes im Blickpunkt des pädagogischen Interesses. Dabei geht es um die gezielte und strukturierte Beobachtung bewusst ausgesuchter Beobachtungsaspekte, z.B. der gesprochenen Sprache, der Motorik und Wahrnehmung allgemein und der auditiven Beobachtung speziell. Hier können auch bewährte Proben wie die Flüsterprobe, die Fitness-Probe (Günther 2003) oder die Differenzierungsprobe eingesetzt werden.
- *Ebene der Überprüfung:* Auf der dritten Ebene dieses diagnostischen Rasters sollen Screening-Verfahren von erfahrenen Pädagogen, Ärzten (HNO-Arzt), Psychologen (Schulpsychologe), Sonderpädagogen (Sprachheilpädagoge) oder Therapeuten (Logopäde) eingesetzt werden, z.B. der Münchener auditive Screeningtest für Verarbeitungs- und Wahrnehmungsstörungen (MAUS; vgl. S. 112), informelle Verfahren wie der Mottier-Test (vgl. S. 107) und standardisierte Tests wie Ton- und

Sprachaudiogramme, der Heidelberger Sprachentwicklungstest (HSET), der Psycholinguistische Entwicklungstest (PET) oder der Hamburg-Wechsler-Intelligenz-Test für Kinder (HAWIK).

7.2 Diagnostische Methoden

Bei der Beschreibung (phänomenale Ebene) und Erklärung (kausale Ebene) des Phänomens auditive Wahrnehmung und des Zusammenhangs von auditiver Wahrnehmung und Sprachentwicklung können wir verschiedene Methoden einsetzen, die uns in der Zielsetzung weiterbringen. In der Phase der Hypothesenfindung können wir uns auf das folgende diagnostische Raster stützen, in dem die zentralen Komponenten und Verursachungsmomente zusammengefasst sind (vgl. Abb. 25). Dabei werden medizinische, psychologische und pädagogische inkl. sonderpädagogische Aspekte berücksichtigt. Wir brauchen sichere Daten und objektive Informationen über die Kinder (= Personenwissen), über die jeweilige Altersgruppe und deren Entwicklung (= Entwicklungswissen) und über die anstehenden Aufgaben sowie die speziellen Probleme und Schwierigkeiten der Förderung (= Förderwissen). Es geht um die Erstellung einer interdisziplinären Diagnose.

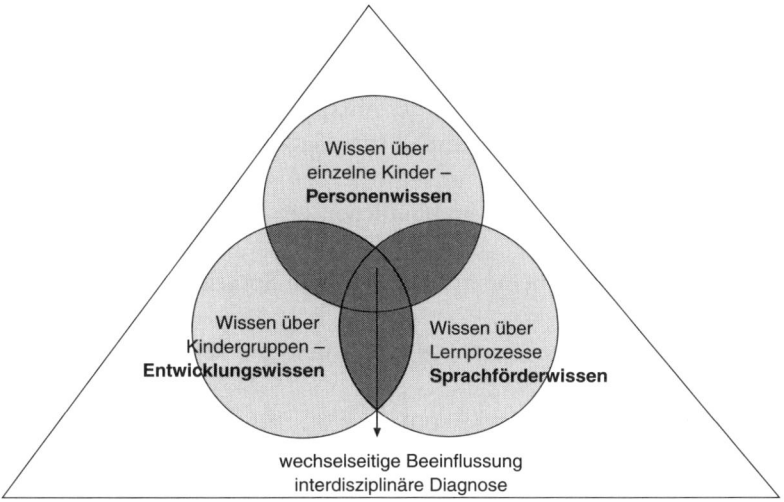

Abb. 25: Interdisziplinäres Wissen

Die wechselseitige Beeinflussung der verschiedenen Entwicklungsbereiche (Motorik, Wahrnehmung, Sprache, Begabung, Sozialverhalten und Psyche) und das Ineinandergreifen der Top-down-Prozesse (Wissen, Gedächtnis, Aufmerksamkeit, Kognition) und Bottom-up-Prozesse (Hören, Zuhören, Transport der Reize, Verarbeiten, Verstehen) erfordern eine Teamdiagnostik, bei der verschiedene Experten (Eltern, Pädagogen, Mediziner und Psychologen) zusammenarbeiten sollten.

Im Sinne einer »Draufsicht« können wir das dargestellte diagnostische Raster wie eine Folie über den realen Ausschnitt legen. Popper spricht von einem Netz, das wir auswerfen, um die Wirklichkeit zu erfassen. Bei der weiteren Betrachtung der Probleme können wir dann das in Tab. 4 dargestellte Grundmuster (Paradigma) mit vier Ebenen als Folie über die Auffälligkeiten legen, um mögliche Ursachen zu sehen und Hypothesen zu formulieren (vgl. Arnold 1959; Becker/Sovak 1975; Remschmidt/Niebergall 1988; Braun 1999).

Tab. 4: Ursachenbereiche

Sprache	Organismus	Familie	Psyche
Aussprache	Motorik	Liebe, Vertrauen	Aufmerksamkeit
Satzbildung	Hören	Zeit, Zuwendung	Wahrnehmung
Wortschatz	Entwicklung allg.	Anregung	Sprache
Sprachverstehen	Vererbung	Erziehung allg.	Kognition
Sprachbewusstsein	Gehirn	Vorbilder	Gedächtnis
Körpersprache	Intelligenz	Medienkonsum	

Sprache
Die sprachliche Ebene als System kann in folgende Subysteme und Komponenten weiter untergliedert werden:
- *phonetisch-phonologische Ebene:* Probleme in der Aussprache, z.B. Stammeln;
- *syntaktisch-morphologische Ebene:* Probleme in der Satzbildung, z.B. kindlicher Dysgrammatismus;
- *semantisch-lexikalische Ebene:* Probleme im kindlichen Lexikon, z.B. der reduzierte Wortschatz;
- *kognitiv-sprachliche Ebene:* Probleme beim Verstehen von Sprache, z.B. Sprachverständnisstörung;
- *metalinguistische Ebene:* Probleme beim Sprachbewusstsein, z.B. phonologische Bewusstheit.
- *nonverbale Ebene:* Mimik, Gestik und Blickkontakt

Organismus
Die organische Ebene ist in der Betrachtung viel vielschichtiger und komplexer, als wir in den meisten Fällen annehmen. Hier haben wir es mit folgenden Komponenten zu tun:
- *Motorik:* Probleme in der Koordination der Sprechwerkzeuge im Sinne einer Ungeschicklichkeit, Labilität oder gar Spastik;
- *Hörstörungen:* Probleme bei der Aufnahme der Schallereignisse durch das äußere Ohr;
- *Entwicklungsverzögerungen:* Probleme in der Ausreifung der Organe und Sprechwerkzeuge von Geburt an oder durch Eintritt bestimmter Entwicklungsrisiken;

- *Vererbung:* Probleme in der Ausbildung der genetischen Dispositionen, z.B. Neugier und sprachliche Antriebe;
- *zentrale Hirnschädigung:* Probleme der Weiterleitung, Verarbeitung, Filterung und Speicherung von Schallereignissen.

Familie

Bei der Betrachtung dieser Ebene haben wir es mit psychischen und teilweise sozialen Faktoren aus der familiären Umwelt des Kindes und dem täglichen Lebensraum zu tun:

- *Liebe:* Kinder sehnen sich nach Liebe und Vertrauen im Schoß der Familie, damit feste Bindungen entstehen können und Vertrauen in andere Menschen wachsen kann. Hier ist der Nährboden für Ich-Identität, Selbstvertrauen, Selbstbewusstsein und ein angstfreies Lernen zu suchen.
- *Zeit:* In den meisten Familien fehlt es an der Zeit, sich täglich mit Kindern zu unterhalten, über wichtige Alltagsereignisse zu sprechen oder intensive Gespräche z.B. über persönliche Schwierigkeiten zu führen.
- *Stimulanz:* Probleme in der sprachlichen Anregung, z.B. bei Vernachlässigung oder gar Ablehnung eines Kindes, Überbehütung oder Hospitalismus.
- *Perfektionismus:* Probleme bei übertriebener Leistungsorientierung im Elternhaus, z.B. perfektionistische Sprecherziehung.
- *Zuwendung:* fehlende Bezugspersonen, die sich täglich mit dem Kind sprachlich beschäftigen, z.B. vorlesen, singen oder Bilderbücher anschauen.
- *Vorbilder:* Geeignete Vorbilder hinsichtlich Sprache und Sprechen fehlen, ebenso mangelt es an geeigneten Korrekturmechanismen beim täglichen Sprechen des Kindes durch die Eltern bzw. Sorgeberechtigten.
- *Schichtzugehörigkeit:* Kinder aus sozial schwachen, materiell schlechter gestellten und bildungsfernen Familien haben große Probleme mit der Sprache und dem Sprechen.
- *Medienvielfalt:* Kinder sind heute weit mehr als noch vor zwanzig Jahren einer kaum zu überschauenden und strukturierenden Medienwelt ausgesetzt. Insbesondere die Flut an visuellen und akustischen Informationen führt zu Medienstress, Überanstrengung und einseitiger Belastung der kindlichen Fähigkeiten. Die massiven Einflüsse der elektronischen und lärmenden Medien haben verheerende negative Auswirkungen auf die sprachliche und kognitive Entwicklung von Kindern. Computer und Fernsehen sind keine geeigneten Instrumente, um Sprache und Denken von Kindern voranzubringen.

Psyche

Auf dieser Ebene sind wichtige Komponenten zu nennen, die für die Sprache und das Sprechen bedeutsam sind:

- *Wahrnehmung:* Probleme mit den Wahrnehmungsmodalitäten bei taktiler, visueller, gustatorischer, olfaktorischer und auditiver Wahrnehmung, die harmonisch und koordiniert zusammenarbeiten müssen.

- *Kognition:* Vorgänge und Strukturen, die mit Wissen, dem Erkennen über die Prozesse der Wahrnehmung, der Erinnerung, der Vorstellung, dem Begriff, dem Gedanken und der Vermutung zu tun haben. Dabei geht es um das Wissen an sich, um die Strukturen und um die Steuerung und Kontrolle von Wissen und Inhalten.
- *Gedächtnis:* Sprache und Sprechen sind ohne Abspeicherung und Gedächtnis undenkbar. Eine verkürzte Hör-Merk-Spanne z.B. kann dazu führen, dass die Wörter in einem Satz nicht behalten, nicht abgespeichert und daher auch nicht korrekt abgerufen und produziert werden können, wie dies beim Dysgrammatismus der Fall ist.

Mit dieser Folie, die wir über die aktuelle Problematik des Kindes legen, können wir uns zunächst eine Übersicht verschaffen, die für das weitere Vorgehen im Bereich der Förderdiagnostik wichtig ist.

7.2.1 Anamnese

Anamnese meint das Einholen, Sichten, Strukturieren und Gewichten von Informationen über den Lebenslauf und das persönliche Umfeld einer Person. Bei der Anamnese geht es um die Erforschung biografischer Daten, angefangen bei Schwangerschaft, Geburtsverlauf, kindlicher Entwicklung allgemein, Kinderkrankheiten, frühkindlichen Ereignissen wie z.B. operativen Eingriffen und Klinikaufenthalten über familiäre Krisen, persönliche Konflikte der Bezugspersonen und Probleme im Kindergarten bis hin zu besonderen Ereignissen in der komplexen Kind-Umfeld-Situation, z.B. in der Nachbarschaft oder Verwandtschaft, im Freundeskreis oder der Wohngegend. Damit ist die Anamnese die erste und wichtigste Informationsquelle über Ursachen und Bedingungshintergründe einer vorliegenden Situation. Mit ihr beginnt der Prozess der Förderdiagnostik:

- Gespräche mit den Eltern, Erziehungs- bzw. Sorgeberechtigten oder dem Vormund;
- Gespräche mit den Lehrer/innen;
- Gespräche mit Ärzten, Psychologen oder Therapeuten.

Für spezielle Problem- und Fragestellungen sind ausführliche Anamneseschemata als Gesprächsleitfäden entwickelt worden sind. Wichtig und zentral sind das Gespräch, die Information und Beratung der Eltern.

Eltern-Check
Für die Hand der Eltern und der Pädagogen ist der sogenannte Eltern-Check »Hören-Sprechen« gedacht (vgl. Bayerisches Staatsministerium für Arbeit und Sozialordnung, Familie und Frauen 1992). Er dient als ein grob orientierendes Instrument für die Hand der interessierten und engagierten Eltern. Dieser Check muss mit den Eltern gemeinsam besprochen und durchgearbeitet werden, ansonsten macht der Einsatz

keinen Sinn. Es geht um den engen Zusammenhang zwischen Hören und Sprechen und um die Tatsache, dass es kein Sprechen ohne das Hören geben kann.

Liebe Eltern,

natürlich haben Sie Wissen und Erfahrungen im Umgang mit Ihrem Kind gesammelt. Hier werden noch einmal einige wichtige Aspekte und Erkenntnisse der Wissenschaften (Medizin, Psychologie und Pädagogik) kurz zusammengefasst, die sich speziell mit dem Hören und Sprechen beschäftigen.

- Wenn ein Kind nicht richtig hört, lernt es nicht richtig sprechen.
- Ist ein Kind gehörlos, lernt es ohne fremde Hilfe überhaupt nicht sprechen.
- Bleibt die Sprachentwicklung aus oder ist sie gestört, wird meistens auch die geistige Entwicklung beeinträchtigt.
- Die Fähigkeit, die Sprache zu erlernen, ist in den ersten Lebensjahren (Geburt bis zum fünften Lebensjahr) am größten. Hier können die besten Anregungen gegeben, aber auch die größten Fehler gemacht werden.
- Im Allgemeinen ist der Spracherwerb im Alter von vier bis fünf Jahren abgeschlossen. Achten Sie deshalb immer darauf, ob Ihr Kind gut hört und altersgemäß spricht. Je früher eine Störung beim Hören oder Sprechen erkannt wird, umso besser können Fachleute wie Erzieherinnen, Lehrer, Ärzte und Logopäden helfen. Dabei können folgende Hinweise bei der Beobachtung helfen:

Erstes Lebensjahr
Ein gesundes Baby nimmt Geräusche, Töne, Klänge und Laute aus seiner Umgebung wahr. Es reagiert, indem es den Kopf zur Schallquelle dreht, seinen Gesichtsausdruck ändert, lächelt oder auch schreit. Es reagiert,
- wenn Sie leise auf den Tisch klopfen,
- wenn Sie Pergamentpapier zerknittern,
- wenn Sie einen Schlüsselbund schütteln,
- wenn ein Glöckchen erklingt,
- wenn ein Düsenjäger über das Haus jagt.

Diese kleinen Tests sollten Sie zu verschiedenen Zeiten (morgens, mittags, abends) aus unterschiedlichen Richtungen und Entfernungen wiederholen. Das Kind wird die erwarteten Reaktionen allerdings nicht zeigen, wenn es krank, schläfrig, unzufrieden oder sehr aufgeregt ist.
Im ersten Lebensjahr beginnt Ihr Kind zu lallen (»mamamam«, »dadada« u. Ä.), produziert die ersten Laute und spricht gegen Ende des ersten Lebensjahres die ersten Worte wie »Mama« oder »Papa«.

Zweites Lebensjahr
Das Kind findet Spaß daran, mit Lauten zu spielen und neue Wörter auszuprobieren. Es will den Gegenständen des Alltags Geräusche und Töne entlocken. Es will mit der Glocke läuten, die Rassel schütteln und den Topf schlagen. Das Kind
- hört das Ticken einer Uhr, die an sein Ohr gehalten wird,
- wiederholt Silben wie »dadadada«, »babababa«,
- plappert und wendet sich Gesprächen zu,
- hört Gesprächen aufmerksam zu,
- versteht immer mehr Wörter,

- reagiert auf einfache Fragen wie »Wo ist die Puppe?«, »Wo liegt der Ball?«,
- spricht ein oder zwei Wörter nach.

Die Eltern können folgende Übungen ausprobieren und dabei die Reaktionen des Kindes beobachten:
- Sprechen Sie dem Kind einzelne Wörter wie »Mama«, »Papa«, »Auto«, »Puppe«, »Ball« usw. vor – das Kind soll die Wörter nachsprechen.
- Sprechen Sie leise aus ein bis zwei Metern Entfernung den Namen des Kindes – Sie können den Namen auch flüstern.
- Singen Sie leise ein Kinderlied aus ca. vier bis sechs Metern Entfernung, z.B. »Alle meine Entchen« oder »Fuchs, du hast die Gans gestohlen«.
- Geben Sie dem Kind leise Anweisungen aus einen Meter Entfernung, z.B. »Hol mir die Puppe« oder »Gib mir den Ball«.
- Beobachten Sie, ob Ihr Kind das Klingeln des Telefons, das Hupen des Autos oder das Läuten an der Haustür hört.

Bei all diesen Übungen und kleinen Spielen wendet das Kind sich Ihnen zu und spricht einzelne Silben oder Wörter nach, sofern es nicht trotzig, krank oder abgelenkt ist. Achten Sie darauf, dass Ihr Kind nicht vom Mund ablesen kann!

Drittes und viertes Lebensjahr
- Das Kind stellt jetzt mehr und mehr Fragen. Es fragt nach den Namen für die Gegenstände aus seiner unmittelbaren Umwelt.
- Es spricht einfache Sätze nach, die aus zwei oder drei Wörtern bestehen.
- Die Stimme des Kindes klingt jetzt flüssig und melodisch.

Achtung
Sind Sie durch die Reaktionen Ihres Kindes verunsichert, dann stellen Sie es dem Hausarzt, dem Kinderarzt oder gar dem Hals-Nasen-Ohren-Arzt vor. Jetzt muss unbedingt abgeklärt werden, ob möglicherweise ein Hörschaden vorliegt. Hörschäden können durch Erkrankungen des Gehirns, ansteckende Kinderkrankheiten wie Masern, Röteln, Mumps und Scharlach und chronische Ohrenentzündungen hervorgerufen werden.

Leitfaden: Sprache, Sprechen und Hören in der Familie
(Bitte ankreuzen oder entsprechende Beobachtungen eintragen!)

1. Wie sprechen Sie zu Hause mit Ihrem Kind?
- ❑ Muttersprache
- ❑ Dialekt
- ❑ Hochdeutsch
- ❑ dialektgefärbte Umgangssprache, d.h. teils Dialekt, teils Hochdeutsch

2. Nehmen Sie sich Zeit zum Gespräch mit ihrem Kind?
- ❑ Frühstück
- ❑ Mittagessen
- ❑ Abendessen
- ❑ keine Gelegenheit am Tag
- ❑ nur am Wochenende

3. Hören Sie Ihrem Kind zu?

- ❑ immer
- ❑ meistens
- ❑ selten
- ❑ keine Gelegenheit am Tag
- ❑ nur am Wochenende

4. Hat Ihr Kind Kontakt zu anderen Kindern?

- ❑ im Kindergarten
- ❑ auf dem Spielplatz oder der Straße
- ❑ in der Nachbarschaft
- ❑ im Bekanntenkreis

5. Wie spricht Ihr Kind?

- ❑ sehr langsam und leise
- ❑ sehr schnell und überhastet
- ❑ ist kaum zu verstehen
- ❑ reagiert nicht, wenn wir es ansprechen
- ❑ stellt Fragen und ist neugierig

6. Lesen Sie Ihrem Kind Märchen vor?

- ❑ Hat Ihr Kind mehrere Märchenbücher?
- ❑ Lesen Sie Ihrem Kind täglich eine Geschichte vor?
- ❑ Hört Ihr Kind aufmerksam zu?
- ❑ Kann Ihr Kind die Geschichte nacherzählen?
- ❑ Stellt Ihr Kind Fragen zur Geschichte?

7. Betrachten Sie mit Ihrem Kind Bilderbücher?

- ❑ Hat Ihr Kind verschiedene Bilderbücher?
- ❑ Schauen Sie sich mit Ihrem Kind Bilderbücher an?
- ❑ Benennt Ihr Kind einzelne Dinge und Personen?
- ❑ Kennt das Kind den Unterschied zwischen Bild und Text?
- ❑ Sucht sich Ihr Kind selbstständig Bilderbücher aus?

8. Lesen und schreiben Sie im Beisein Ihres Kindes?

- ❑ Interessiert sich Ihr Kind für Geschriebenes (Zeitung, Buch oder Illustrierte)?
- ❑ Schreibt das Kind oft seinen Namen und andere Buchstaben?
- ❑ Schreibt Ihr Kind Kritzelbriefe?
- ❑ Tut Ihr Kind so, als ob es lesen würde?

9. Haben Sie den Eindruck, dass Ihr Kind alle Fragen und Anweisungen von Ihnen versteht?

- ❑ Versteht Ihr Kind Handlungsanweisungen und Arbeitsaufträge, die Sie zu Hause erteilen?
- ❑ Kann Ihr Kind mehrere Anweisungen nacheinander durchführen, z.B. »Hol die Jacke, leg sie in die Tasche und komm dann in die Garage«?

7.2.2 Beobachtung

Die Beobachtung ist eine Methode der empirischen Forschung, die auf der Fähigkeit des Menschen zur Wahrnehmung und kognitiven Interpretation des Wahrgenommenen basiert. Doch gerade bei diesen Wahrnehmungsprozessen unterliegen wir Menschen häufig Fehlern, denn unsere Wahrnehmung ist subjektiv und selektiv (vgl. Eberwein 1993, S. 9). Alle gewonnenen Daten und verwertbaren Fakten zur Beantwortung einer bestimmten Fragestellung beim Kind werden durch systematische, planvolle und zielgerichtete Beobachtung gewonnen. Zur Feststellung von Schwierigkeiten können die folgenden Beobachtungsbögen eingesetzt werden:

Zuhören

Allgemeine Beobachtungen während des Unterrichts (bitte ankreuzen):

❑ Eine vom Kind erwartete Antwort bleibt aus.

❑ Das Kind spricht undeutlich, verwaschen und nuschelt.

❑ Eine nicht erwartete Reaktion des Kindes auf bestimmte Geräusche oder sprachliche Aufforderungen wird beobachtet.

❑ Das Kind kann Schallquellen im Klassenraum ohne Blickkontakt nicht lokalisieren.

❑ Eine äußerst angespannte und verkrampfte Aufmerksamkeitshaltung ist im Unterricht zu registrieren.

❑ Das Kind demonstriert die Horchhaltung, d.h. eine seitliche Neigung des Kopfes mit zeitweise leicht geöffnetem Mund und möglicherweise hinter das Ohr gehaltener Hand.

❑ Das Kind sucht mit einem in der Klasse umherirrenden Blick die Stimme und Ansprache des Lehrers.

❑ Es gibt Schwierigkeiten bei der Differenzierung von Lauten und beim Aussprechen ähnlicher Laute oder Lautverbindungen wie /m/ und /n/ oder /g/ und /k/.

❑ Das Kind hat Probleme beim rhythmisierten Sprechen von Kinderreimen und Quatschversen.

❑ Das Kind zeigt ein unpassend lautes und unmelodisches Sprechen beim Vortragen von Gedichten und anderen Texten.

❑ Das Kind kann einfache Kinderlieder weder melodisch noch rhythmisch singen.

❑ Das Kind zeigt eine anhaltende Unaufmerksamkeit und Interesselosigkeit im Unterricht, auch bei interessanten Themen und Inhalten.

❑ Das Kind hat Schwierigkeiten, einer Geräuschquelle zu folgen.

❑ Das Kind hat Probleme, unterschiedliche Klänge und Geräusche bestimmten Signalen und Wörtern zuzuordnen.

❑ Bei einer lauten Geräuschkulisse hält sich das Kind die Ohren zu oder reagiert aggressiv und gereizt.

Metasprachliche Fähigkeiten

Beobachtung von Verhaltensweisen, die darauf hinweisen, dass Kinder in diesen Situationen keine metasprachlichen Fähigkeiten besitzen (vgl. Füssenich 2001, S. 15):

❑ Rückgriff auf Strategien der frühkindlichen Sprachentwicklung: »Was ist das da?«

❑ Länger anhaltendes Schweigen nach der Frage »Wie kann die Aufgabe gelöst werden?«

❑ Ausweichendes Verhalten bei einem Rollenspiel, z.B. weigert sich das Kind beim Doktorspiel, den Patienten zu spielen, weil es dann seine Krankheit präzise beschreiben müsste.

> ❑ Ausweichende Antworten: Das Kind weicht offenbar bewusst und gezielt einer möglichen Antwort aus.
> ❑ Globale Antworten, z.B. antwortet das Kind auf die Frage »Was hast du gestern gemacht?« mit »Weiß nicht mehr«.
> ❑ Ersetzung von Wörtern, z.B. »Ich habe das Brötchen leer getrunken.«
> ❑ Länge der Wörter wird auch auf Nachfrage hin nicht erkannt, z.B. »Welches Wort ist länger? Kuh oder Marienkäfer, Zug oder Lokomotive, groß oder klitzeklein?«

Wirkungsmodell der Sprachebenen

Wir unterscheiden beim Gespräch drei Wirkungsebenen: Die Wortebene macht 6 Prozent, die Klangebene 39 Prozent und die Körpersprache 55 Prozent der Wirkung aus. Bei der Beobachtung der Wirkung unserer Sprache im direkten Gegenüber können wir die in Tab. 5 dargestellte Folie als Raster einsetzen. Die zu beobachtenden Auffälligkeiten können angekreuzt werden.

Diese Bögen dienen lediglich als Einstieg in die diagnostische Arbeit des Lehrers und können wichtige Hinweise für die unterrichtliche Arbeit in der Grundschule liefern. Wir müssen uns jedoch immer wieder vor Augen halten, dass eine objektive Beobachtung der Wirklichkeit nicht möglich ist. Jede Beobachtung wirft zwei Probleme auf: Zum einen können wir immer nur kleine Wirklichkeitsausschnitte wahrnehmen, daher ist unsere Wahrnehmung selektiv. Zum anderen sehen wir die Wirklichkeit immer mit unseren Augen, daher ist unsere Wahrnehmung auch immer subjektiv. Die Beobachtung von Schülern im Unterricht ist also immer subjektiv und selektiv. Deshalb müssen wir uns hüten, einzelne Beobachtungen zu verallgemeinern oder gar Persönlichkeitsmerkmale von diesen Beobachtungen ableiten zu wollen (vgl. Günther 2007c, S. 111).

Tab. 5: Wirkungsmodell der Sprachebenen

Wortebene	Klangebene	Körpersprache
Wortwahl	Stimme	Mimik
Satzbau	Geschwindigkeit	Gestik
Satzkonstruktionen	Rhythmus	Blickkontakt
Flickwörter (»hm«, »äh«)	Aussprache	Lächeln
Redewendungen	Dialekt	äußere Erscheinung
	Modulation	Körperhaltung
	Lautstärke	
Zusammenfassung der Auffälligkeiten:		
_____		
_____		
_____		

Bei der Vorbereitung der Beobachtung sollten wir folgende Aspekte berücksichtigen:
- präzise Vorbereitung;
- Definition der Ziele;
- gründliche Beobachtung;
- Trennung von aktuellem Verhalten und Ursachen;
- Dokumentation der Daten.

Grundsätzlich sollte die Verhaltensbeobachtung in offenen Lernsituationen erfolgen, weil wir in diesen Situation eher erfahren, wie Kinder miteinander umgehen, was ihnen wichtig erscheint, wie sie miteinander kommunizieren, wie sie Lernprobleme angehen und auch, wie sie soziale Konflikte untereinander lösen.

Tab. 6: Funktionsorientierte Verhaltensbeobachtung

Aufmerksamkeit
- ❑ Erscheint das Kind aufmerksam?
- ❑ Kann es sich über normale Zeitspannen hinweg auf sprachliche Reize konzentrieren?
- ❑ Lässt sich das Kind durch andere Reize leicht ablenken?

Lokalisation
- ❑ Dreht das Kind seinen Kopf in die richtige Richtung, wenn man es ruft?
- ❑ Kann das Kind die Richtung ausmachen, aus der eine Glocke ertönt oder die Lehrerin spricht?

Figur-Hintergrund
- ❑ Kann sich das Kind in der lärmenden Klasse, auf dem Schulhof oder einer Geburtstagsparty problemlos mit anderen unterhalten und verständigen?
- ❑ Kann das Kind Gesprochenes auch dann noch verstehen, wenn die Wörter und Sätze von Nebengeräuschen überdeckt werden?

Diskrimination
- ❑ Kann das Kind ähnlich klingende Wörter unterscheiden: »Pfand/Pfund«, »Tasse/Kasse« oder »Tanne/Kanne«?
- ❑ Kann das Kind bestimmte Laute heraushören, die am Anfang, in der Mitte oder am Ende eines Wortes stehen?

Sequenzen
- ❑ Kann das Kind eine Reihe von Anweisungen in der vorgegebenen Reihenfolge ausführen?
- ❑ Kann das Kind eine Reihe von Lauten, Zahlen oder Wörtern in der richtigen Reihenfolge wiederholen, z.B. eine Telefon- oder Autonummer?

Analyse
- ❑ Kann das Kind bestimmte Wörter aus einem Text, z.B. einer kleinen Geschichte, heraushören?
- ❑ Kann das Kind Silben in einem Wort und bestimmte Laute am Wortanfang, in der Wortmitte oder am Wortende erkennen und korrekt heraushören?

Synthese
- ❑ Kann das Kind aus Silben ein Wort bilden?
- ❑ Kann das Kind aus einer Reihe von Lauten ein Wort korrekt aussprechen?

Ergänzung
- ❑ Kann das Kind Wortteile, die durch starke Störgeräusche nicht gehört werden, ergänzen?
- ❑ Kann das Kind unvollständige Wörter richtig ergänzen und korrekt aussprechen?

Hinsichtlich der Beobachtung der auditiven Teilfunktionen hat sich die funktionsorientierte Verhaltensbeobachtung bewährt, die in Tab. 6 dargestellt ist (vgl. Günther/Günther 1992, S. 15). Hier kann das Entsprechende angekreuzt werden.

7.2.3   Proben

Bei den bisher genannten Methoden der Diagnostik haben wir uns weitgehend auf natürliche Alltagssituationen gestützt. Proben werden in künstlich hergestellten Beobachtungssituationen eingesetzt, um bestimmte Funktionen und Fähigkeiten bei den Kindern zu überprüfen und gezielt zu beobachten. Durch Proben werden Praktiker in die Lage versetzt, Einsichten, Erkenntnisse und zusätzliche Informationen über das zu fördernde Kind einzuholen. Proben haben den Vorteil, dass sie praktikabel, leicht durchführbar und ökonomisch sind. Meist können diese Proben den Kindern in Form von Rätseln oder Spielen angeboten werden. Damit entsteht kein Testcharakter, und somit entfallen auch Angstzustände, Prüfungssituationen und Stressgefühle. In der Praxis mit auditiv gestörten Kindern haben sich folgende Proben bewährt: die Flüsterprobe, die Fitness-Probe (Günther 2003) und die Differenzierungsprobe von Breuer/Weuffen (vgl. Günther 2007c, S. 113ff.).

Weiterhin können für die Überprüfung der akustischen Differenzierungsfähigkeit und auditiven Merkfähigkeit, der Sprache und der Lese- und Schreiblernvoraussetzungen folgende Proben bzw. Screening-Verfahren eingesetzt werden.

Mottier-Test
- von G. Mottier, seit 1974 im Einsatz
- *Verfahren:* Der Mottier-Test ist als Screening-Instrument einzusetzen und untersucht die Fähigkeiten der auditiven Diskrimination und des auditiven Gedächtnisses. Der Test ist als Untertest im »Zürcher Lesetest« von Maria Linder und Hans Grissemann enthalten. Das Verfahren besteht aus einer Reihe von 30 Unsinnsilben aus je zwei bis sechs in aufsteigender Reihenfolge. Die einzelnen Silben werden dem Kind bei gleichmäßiger Betonung mit verdecktem Mund einzeln vorgesprochen und sollen nachgesprochen werden.
  Für den Eingangsbereich der Grundschule liegen keine Normwerte, sondern nur Erfahrungswerte vor. Ein Testergebnis von zwölf Rohpunkten und weniger muss bei Kindern der 1. Klasse als unterdurchschnittlich betrachtet werden. Die Normwerte für das 2. bis 5. Schuljahr sind im Zürcher Lesetest enthalten. Bei einem unterdurchschnittlichen Testergebnis können entweder die auditive Lautdifferenzierung und/oder die auditive Merkfähigkeit beeinträchtigt sein.
- *Bearbeitungsdauer:* ca. 10 Minuten

Funktionsprobe für Lese- und Schreiblernvoraussetzungen
- von N. Sommer-Stumpenhorst, seit 1991 im Einsatz (vgl. Sommer-Stumpenhorst 1991)
- *Einsatzbereich:* Kinder der 1. Grundschulklasse

- *Verfahren:* Diese Probe kann als Screening-Verfahren eingesetzt werden und überprüft bestimmte Funktionen in den Bereichen Motorik, Visuomotorik, Feinmotorik, Händigkeit, periphere Wahrnehmung (Augen, Ohren) und Sprachanalyse.
- *Bearbeitungsdauer:* ca. 15 bis 20 Minuten

Spontansprachprobe

Die Profilanalyse von Clahsen (1986) hat hohen wissenschaftlichen Wert, ist aber sehr zeit- und arbeitsaufwendig und daher für die praktische Arbeit in der Grundschule nicht geeignet. Aufwendige Diagnoseverfahren können in der Hektik des Alltags nicht eingesetzt werden. Die Spontansprachprobe ist ein probates und vernünftiges Instrument, um die Stärken und Schwächen eines Kindes im Sinne eines Sprachprofils herauszuarbeiten – wie wir auch insgesamt von der Defektorientierung wegkommen sollten.

Wir führen mit dem Kind ein zwangloses Gespräch und nehmen in verschiedenen Unterrichtssituationen Gesprächsausschnitte von ca. zwei bis vier Minuten Länge mit dem Kassettenrekorder oder Diktiergerät auf. Das Kind erzählt aus seiner unmittelbaren Lebenswelt, von Familie, Geschwistern und Großeltern, von Spielsachen und Lieblingsspeise, von seinen Freunden und Bekannten.

Analyse der Stichprobe

Bei der Auswertung und Einschätzung der Spontansprachprobe schlagen wir folgendes Vorgehen vor:

- *Erster Schritt:* Globalhören, d.h. wir hören uns die aufgenommenen Passagen mehrfach an und werden so für die Aussprache, den Wortschatz und die benutzten Satzstrukturen sensibilisiert.
- *Zweiter Schritt:* Detailhören, d.h. wir hören uns die unauffälligen und starken sprachlichen Äußerungen, aber auch gezielt die sprachlichen Schwachstellen und Problemzonen genauer und mehrfach an. Hier wäre ein diagnostisches Gespräch mit einem Kollegen oder interessierten Eltern wichtig und hilfreich.
- *Dritter Schritt:* Transkript, d.h. jetzt wird das Gesprochene in die Schriftsprache übertragen. Es reicht in der Regel aus, das Transkript global, d.h. ohne genaues Auszählen der Wortarten und Satzstrukturen, zu untersuchen und auszuwerten. Dabei können folgende Bereiche genauer untersucht werden: Aussprache, Wortschatz und Grammatik (vgl. Broich 1998, S. 67).

Weiterhin wird die Spontansprache unter folgenden Aspekten beobachtet und analysiert. Weitere Angaben sind erwünscht und können zusätzlich notiert werden.

- *Wie ist die Motivation des Kindes?* Ist es sprechfreudig, spricht es schnell, überhastet, stockend? Ist es scheu, gehemmt, verschlossen usw.?
- *Wie ist der Gesamteindruck?* Zeigen sich Auffälligkeiten in der Feinmotorik (Finger, Hände), in der Sprechmotorik (Zunge, Lippen, Mund) oder Störungen in der Grobmotorik (Koordinationsstörungen, Tollpatschigkeiten)? Wie ist der Blickkontakt, die Mimik und Gestik?

- *Wie spricht* das *Kind?* Spricht es rhythmisch, melodisch, dynamisch oder sind gewisse Auffälligkeiten zu hören wie monotones, unmelodisches und verlangsamtes Sprechen?
- *Wie ist die Stimme und Atmung?* Hat das Kind eine klare, verständliche und ausdrucksstarke Stimme oder spricht es verwaschen und heiser? Atmet das Kind unruhig, hektisch, zeigt es sich beim Sprechen gestresst?
- *Welche* Sprachform *wird vorrangig benutzt?* Spricht das Kind ausschließlich im Dialekt, in der Hochsprache oder in einer dialektgefärbten Umgangssprache? Beobachten wir bei Kindern mit Migrationshintergrund eine teilweise unvollkommene und hörbar auffällige Sprache mit Einlassungen aus anderen Sprachen, z. B. aus dem Polnischen, Russischen oder Türkischen?
- Benutzt das Kind Modebegriffe wie »geil« oder »null Bock« und Anglizismen wie »cool«?
- Gibt es deutlich hörbare Sprachstörungen und Auffälligkeiten wie Aussprachestörungen (falsch gebildete oder ausgelassene Laute), Stottern (Wiederholungen und Hängenbleiben beim Sprechen), Poltern (überhastete Sprechweise) usw.?

Die genannten Proben haben den Vorteil, dass sie leicht zu handhaben und gezielt auf den Bereich zugeschnitten sind, der überprüft werden soll. Sie können gut als Spiele, Rätsel oder Quiz verpackt und eingesetzt werden. Für die Durchführung und Auswertung von Proben als Screening-Verfahren wird wenig Zeit beansprucht. Voraussetzung ist jedoch eine große praktische Erfahrung, und sie haben den Nachteil, dass sie nur grob messen.

7.2.4 Informelle Verfahren

Der informelle Test ist ein selbst entwickeltes Prüfverfahren zur Erfassung von Fähigkeiten, Fertigkeiten, Funktionen und Lernzielen, der sich an den pädagogischen Förderbedürfnissen einer Schülerin oder eines Schülers orientiert. Das informelle Verfahren hebt sich gegenüber der herkömmlichen Klassenarbeit durch ein höheres Maß an Objektivität ab. Grundsätzlich werden an ein informelles Verfahren zwei Forderungen gestellt: Einerseits soll die individuelle Leistung des Kindes ermittelt werden, andererseits soll ein vorsichtiger Vergleich der Individualleistung mit den Leistungen einer bestimmten Gruppe oder Klasse möglich sein.

Das informelle Verfahren bezieht sich auf spezifische Unterrichtsinhalte und kann dadurch bestimmte Lernziele exakter messen. Der informelle Test ist gegenüber dem standardisierten Testverfahren methodisch anspruchsloser konzipiert. Meistens werden Schüler/innen bei informellen Verfahren in eine Art Rangreihe gestellt, indem die Punkte der entsprechenden Aufgaben zusammengezählt werden. Damit wird ein individuelles Profil des Schülers mit seinen Stärken und Schwächen erstellt. Für den Bereich der auditiven Wahrnehmung können folgende informelle Verfahren empfohlen werden:

Vierer-Set der auditiven Wahrnehmung
Die Beeinträchtigung der auditiven Wahrnehmung und Verarbeitung im Sinne einer Störung der Hörverarbeitung ist als Störung der »Software« des gesamten Systems im Sinne einer »Programmierungsstörung« zu verstehen (vgl. Nickisch/Heber/Burger-

Gartner 2001, S. 14). Als Folge dieser Programmstörung werden die aus dem primären Hörzentrum eintreffenden Signale offenbar fehlerhaft in den sekundären und höheren Hörzentren weiterverarbeitet oder aber in nicht ausreichendem Umfang mit den einlaufenden Informationen aus den anderen Sinneszentren verknüpft. So könnten wir diese Störung auch als Integrationsstörung beschreiben.

Günther/Günther (1988) haben in ihrer groß angelegten Studie aus der großen Zahl der auditiven Prüfverfahren durch die Diskriminanzanalyse die Verfahren herausgearbeitet, die am besten geeignet sind, die Gruppen der auditiv auffälligen und nicht auffälligen Kinder voneinander zu trennen und die auditive Wahrnehmung bei Kindern ab dem vierten Lebensjahr zu überprüfen (vgl. Bortz 1979, S. 706 ff.). Dieses Set besteht aus vier auditiven Subtests. Dabei werden folgende auditive Funktionen überprüft, die eine vorbereitende Aufgabe für die sprachliche Entwicklung des Kindes haben:

- *Selektion:* Erkennen von Lauten und Wörtern unter Einwirkung von Störgeräuschen wie Klassenlärm oder Umweltgeräuschen mit dem informellen Verfahren »Figur-Hintergrund-Wahrnehmung« (Günther/Günther 1988);
- *Analyse:* Herauslösen, Ausgliederung und Identifikation einzelner Elemente aus einem akustisch komplexen Gebilde mit dem informellen Verfahren »Fehleranalyse in Wörtern und Sätzen« (Günther/Günther 1988);
- *Synthese:* Zusammenfügen und Gestaltung komplexer Sprachgebilde mit dem Subtest »Laute verbinden« aus dem PET (Angermaier 1977) und dem Subtest »Wörter ergänzen« aus dem HSET (Grimm/Schöler 1978);
- *Differenzierung:* Unterscheidung und Abgrenzung ähnlich klingender Laute und Wörter mit der Bildwortserie zur Lautagnosieprüfung und zur Schulung des phonematischen Gehörs.

Diese Funktionen stellen keine hierarchische Gliederung dar; sie sind nur im horizontalen Diagnoseverbund einsetzbar. Für die praktische Arbeit in der Schule ist es wichtig zu wissen, dass Selektion, Analyse, Synthese und Differenzierung eine wichtige Aufgabe innerhalb der auditiven Wahrnehmung besitzen und von daher beobachtet und überprüft werden sollten.

Informelles Verfahren zur Überprüfung von Sprachverständnisleistungen (IVÜS)

- von Baur/Endres, seit 2000 im Einsatz
- *Verfahren:* Handanweisung (bestehend aus dem Material und der Durchführungsanleitung) und Testformular. In diesem Verfahren wird versucht, die für das Sprachverständnis wesentlichen Leistungen durch systematische und aufeinander aufbauende Präsentation relevanter Satzstrukturen zu erfassen und getrennt voneinander zu untersuchen. Insgesamt werden 14 Subtests angeboten, wobei die Aufgaben nach Schwierigkeitsgrad und Entwicklungsstufen abgestuft sind.
  Mit diesem informellen Verfahren soll zum einen die Einschätzung der Sprachentwicklung und der speziellen Schwierigkeiten gelingen, zum anderen sollen mögliche Förderziele, die in der Zone der nächsten Entwicklung liegen, definiert werden.

7.2.5 *Tests*

Der Test gehört insbesondere in der Differenziellen Psychologie, der Pädagogischen Diagnostik und zunehmend im Bereich der Sonderpädagogik zu den wichtigsten Methoden. Doch nicht alles, was unter dem Begriff »Test« angeboten wird, erfüllt die Anforderungen, die von der Wissenschaft an Tests gestellt werden (z.B. psychologische Tests in Zeitschriften und Illustrierten). »Test« stammt aus dem englischen Sprachgebrauch und bedeutet so viel wie »Probe« oder »Prüfung« (vgl. Bundschuh 1994, S. 287). Lienert (1994) schreibt dem Begriff »Test« im psychologischen Sprachverständnis eine mehrfache Bedeutung zu:

- ein Verfahren zur Untersuchung eines Persönlichkeitsmerkmals,
- der eigentliche Vorgang der Testdurchführung,
- die Gesamtheit der Testmaterialien,
- jede Untersuchung mit Stichprobencharakter,
- statistische Prüfverfahren und
- eine kurze Zettelarbeiten oder Prüfungsarbeiten im Unterricht.

Nach Lienert ist ein Test »ein wissenschaftliches Routineverfahren zur Untersuchung eines oder mehrerer empirisch abgrenzbarer Persönlichkeitsmerkmale mit dem Ziel einer möglichst quantitativen Aussage über den relativen Grad der individuellen Merkmalausprägung« (Lienert 1994, S. 1). Der Test muss die Gütekriterien der Objektivität, Validität und Reliabilität nachweisen. Er ist objektiv, wenn die gemessenen Ergebnisse unabhängig vom Testleiter sind. Tests dürfen nur von Experten wie Psychologen, Phoniatern, Audiologen, Pädaudiologen und Neurologen durchgeführt werden.

Um einen Überblick über die Vielzahl der auf dem Markt befindlichen Testverfahren zu erhalten, gibt es unterschiedliche Einteilungsversuche. Michel/Novak (1995, S. 379) gliedern die Testverfahren nach den Testinhalten (Leistungs- und Fähigkeitstests, Persönlichkeitstests), nach der Art der Durchführung (Einzel- oder Gruppentest, »paper-pencil«-Test) und nach der Art der Auswertung (objektive Auswertung mit Schablonen wie bei Konzentrationstests oder globale Interpretation wie beim Zeichentest). Die Testzentrale Göttingen (2006/2007) hat die mehr als 650 psychodiagnostischen Verfahren für alle Anwendungsbereiche beschrieben und in verschiedene Gruppen untergliedert. Für die diagnostische Arbeit hinsichtlich der Thematik Hören, Sprachverstehen und auditive Wahrnehmung können wir uns auf die folgenden Gruppen konzentrieren:

Entwicklungstests Sprache
Mithilfe der Sprachentwicklungstests können der aktive und passive Wortschatz, die grammatischen und syntaktischen Strukturen, die freie fließende Rede, das freie Erzählen und das Verstehen von Worten und Sätzen überprüft werden.

- *Bremer Lautdiskriminationstest (BLDT)*
  In diesem Verfahren geht es um die Feststellung von Ausfällen und Defiziten in der Lautunterscheidungsfähigkeit. Hier werden Phoneme präsentiert, die jeweils aus

einer paarweisen Darbietung als gleich oder verschieden zu identifizieren sind. Die einzelnen Phoneme stehen dabei im An-, In- oder Auslaut. Dieses Verfahren dauert zehn bis fünfzehn Minuten und kann in den letzten drei Monaten des zweiten Schuljahres eingesetzt werden.

Entwicklungstests Sprachverstehen
- *Anweisungs- und Sprachverständnistest (ASVT)*
  - von Kleber/Fischer, seit 1994 in 2. Auflage im Einsatz
  - *Einsatzbereich:* 1. und 2. Klasse, am Anfang des Schuljahres
  - *Verfahren:* Ungünstige Lernsituationen im Unterricht entstehen oft durch ungenügendes Verstehen sprachlicher Anweisungen. Solche Verständnisschwierigkeiten dürfen gerade zu Schulbeginn nicht unterstützt werden. Voraussetzung für eine gezielte Förderung sind Informationen darüber, welche Defizite im Verständnis von im Unterrichtsgeschehen gegebenen Anweisungen entstehen. Dieser Test erfasst die Bereiche Anweisungsverständnis, Sprachverständnis und Nachschlagen.

Entwicklungstests Auditive Wahrnehmung
- *Münchener Auditiver Screeningtest für Verarbeitungs- und Wahrnehmungsstörungen (MAUS)*
  - von Nickisch/Heuckmann/Burger, seit 2004 im Einsatz
  - *Einsatzbereich:* Einzeltest für Kinder der Klassenstufen 1, 2, 3 und 4
  - *Verfahren:* Ziel ist es, über MAUS die Kinder zu identifizieren, die hinsichtlich einer auditiven Verarbeitungs- und Wahrnehmungsstörung weiter untersucht werden müssen. MAUS setzt sich dabei aus folgenden Subtests zusammen: Sinnlossilbenfolgetest, Wörter im Störgeräusch, Phonemdifferenzierungstest und Phonemidentifikationstest. MAUS wird über Kopfhörer bei einem Schallpegel von 65 dB durchgeführt. Die Items werden entweder über CD-Player oder über PCD bzw. ein Audiometer angeboten.
- *Der Rundgang durch Hörhausen. Erhebungsverfahren zur phonologischen Bewusstheit*
  - von Martschinke/Kirschhock/Frank, seit 2001 im Einsatz
  - *Einsatzbereich:* Vorschulkinder und Schulanfänger
  - *Verfahren:* Das Nürnberger Erhebungsverfahren zur phonologischen Bewusstheit ist ein Einzeltestverfahren, das bei Schulanfängern vom ersten Tag an eingesetzt werden kann. Die zehn Aufgaben des Tests werden den Kindern als Stationen eines Rundgangs vorgestellt. Auf dem Weg durch den Ort Hörhausen sollen die einzelnen Aufgaben gelöst werden: Silben segmentieren, Silben zusammensetzen, Phonemanalyse, Lautsynthese, den eigenen Namen schreiben, weitere Wörter schreiben, Anlaut, Endlaut und Endreim erkennen, Buchstabenkenntnis.
  - *Bearbeitungsdauer:* Der Test dauert in der Regel 30 bis 40 Minuten.

Schultests Früherkennung

- *Bielefelder Screening zur Früherkennung von Lese-Rechtschreibschwierigkeiten (BISC)*
  - von Jansen/Mannhaupt/Marx/Skowronek, seit 2000 im Einsatz
  - *Einsatzbereich:* Vorschulkinder, zu Beginn oder Mitte des letzten Vorschuljahres, Einzeltest
  - *Verfahren:* Mit dem BISC wird die zuverlässige Erkennung von Vorschulkindern ermöglicht, bei denen mit hoher Wahrscheinlichkeit ein Risiko zur Ausbildung von Lese-Rechtschreib-Schwierigkeiten (LRS) in der ersten Klasse angenommen werden kann. Das Verfahren stützt sich auf die Annahme, dass eine unzureichende phonologische Bewusstheit sowie Aufmerksamkeits- und Gedächtnisprobleme für die Ausbildung von LRS verantwortlich sind.
  - *Bearbeitungsdauer:* ca. 20 bis 25 Minuten

Für die weitere spezielle und differenzielle Überprüfung der Sprache, des Hörens und des Verstehens durch Experten eignen sich folgende standardisierten Testverfahren bzw. Subtests aus den genannten Verfahren:

- HAWIK-R: Hamburg-Wechsler Intelligenztest für Kinder. Revision (Tewes 1983)
- HSET: Heidelberger Sprachentwicklungstest (Grimm/Schöler 1978)
- PET: Psycholinguistischer Entwicklungstest (Angermaier 1977)
- LSVT: Logopädischer Sprachverständnistest (Wettstein 1983)
- PSST: Psycholinguistischer Sprachverständnis- und Sprachentwicklungstest (Wettstein 1995/1997)

7.3 Diagnostisches Ablaufschema

Beim Thema Hören und Sprachverstehen geht es schwerpunktmäßig um den engen Zusammenhang zwischen der Entwicklung der kindlichen Sprache und der auditiven Wahrnehmung. Hier gibt es keine Verfahren oder Tests, die beide Entwicklungsbereiche gleichermaßen prüfen. Weiterhin können wir diesen Zusammenhang nicht direkt beobachten, sondern müssen ihn aus dem Verhalten des Kindes in bestimmten Situationen ableiten. Hier gibt es subjektive und objektive Prüfverfahren, die teilweise von Pädagogen und Spezialisten durchgeführt werden und deren Resultate später zusammengeführt werden müssen. Im Folgenden wird das Vorgehen als grob orientierendes Ablaufschema dargestellt. Dabei können die ersten Schritte durch den Pädagogen durchgeführt werden.

- *Erster Schritt: Sprechbeginn*
  Überprüfung des Sprechbeginns durch Befragung der Eltern (Eltern-Check).
- *Zweiter Schritt: Aussprache*
  Überprüfung der Aussprache mit dem Beobachtungsbogen der Fitness-Probe (Günther 2003).
- *Dritter Schritt: Satzbildung*
  Überprüfung der Grammatik und Syntax mit dem Beobachtungsbogen der Fitness-Probe (Günther 2003).

- *Vierter Schritt: Wortschatz*
  Überprüfung des Wortschatzes mit dem Aktiven Wortschatztest für drei- bis sechsjährige Kinder (AWST 3–6).
- *Fünfter Schritt: Aufmerksamkeit*
  Überprüfung der Aufmerksamkeit durch tägliche Beobachtungen in unterschiedlichen Situationen und durch die Aufmerksamkeitsprobe von Petermann (1989).
- *Sechster Schritt: Gedächtnis*
  Überprüfung des Gedächtnisses durch die Subtests »Imitation grammatischer Strukturen« und »Textgedächtnis« aus dem Heidelberger Sprachentwicklungstest (HSET, Grimm/Schöler 1991).

Die weitere notwendige differenzielle Diagnostik sollte durch Experten wie Ärzte (Kinderärzte, HNO-Ärzte, Phoniater), Psychologen (Kinder- oder Schulpsychologen) oder spezialisierte Therapeuten (Logopäden) durchgeführt werden.

- *Erster Schritt:* Untersuchung des peripheren Gehörs durch die Schulärztin, den Kinderarzt oder den HNO-Arzt.
- *Zweiter Schritt:* Überprüfung der Intelligenz durch Fachpsychologen oder spezialisierte Sonderpädagogen/Förderlehrer, die beispielsweise einen sprachfreien Intelligenztest wie den Nonverbalen Intelligenztest (SON-R 5-17) einsetzen.
- *Dritter Schritt:* Untersuchung des Sehvermögens durch den Augenarzt und der visuellen Wahrnehmung durch einen Fachpädagogen, Therapeuten oder Psychologen.
- *Vierter Schritt:* Untersuchung des körperlichen Entwicklungsstandes (Grob- und Feinmotorik) durch den Hausarzt im Rahmen der kindlichen Vorsorgeuntersuchungen. Dadurch soll eine Entwicklungsstörung oder Behinderung ausgeschlossen werden.

Als Abschluss und Überblick kann das in Abb. 26 dargestellte Diagnostikmodell dienen, das sich aus Proben, informellen Verfahren und Subtests bekannter Tests rekrutiert und sich auf bestimmte auditive Teilfunktionen bezieht.

2. *Info-Stufe*

Orientierung

Aufmerksamkeits-
probe (*Petermann*)

Raumlagefixierung

Wörter Ergänzen
(WE aus PET)

Strukturierung

Graichen-Silben

Speicherung

Imitation gramm.
Strukturformen
(IS aus HSET)
Zahlenfolgenged.
(ZFG aus PET)

Analyse

Fehleranalyse i. W.
Fehleranalyse i. S.
(*Petermann*)

Mottier-Test
Wörterfolgenged.
Textgedächtnis
(TG aus HSET)

Synthese

Laute verbinden
(LV aus PET)
Lautsynthese
(*Arnoldy*)

Selektion

Figur-Hintergrund-W.

Differenzierung

Bildwortserie
(*Schäfer*)
Lautdifferenzierung
(*Petermann*)
Kinästhet. Differenz.
(DP *von Breuner*)

1. *Info-Stufe*

Speicherung

Geräuschfolgenged.
Geräuschspeicherung

Analyse

Geräuschidentifikation

Synthese

Rhythmusprobe
Liedprobe
(DP *von Breuner*)

Anmerkungen:
Subtest aus standardisierten Tests: ══════
Informelle Verfahren: ────────
Eigene Verfahren:

Abb. 26: Auditives Diagnostikmodell (Günther/Günther 1991, S. 14)

8. Fallbeispiele

Die schon öfter angesprochene mehrdimensionale Entwicklung und enge Verzahnung von basalen Funktionen wie Motorik, Sensorik (Hören, Verstehen), Lautsprache und Schriftsprache (gesprochene und geschriebene Sprache), Kognition, Emotion und Soziabilität sollen in ihrer augenfälligen Komplexität anhand von Fallbeispielen dargestellt werden. Es handelt sich um authentische Fälle aus der praktischen Arbeit des Verfassers, die jedoch anonymisiert wurden.

8.1 Fallbeispiel Andreas: Probleme mit der Sprache

Im ersten hier vorgestellten Fall liegt der Schwerpunkt auf der engen Verzahnung von basalen Funktionen der Wahrnehmung (auditive Reizaufnahme, -weiterleitung, -speicherung, -verarbeitung und -interpretation) und dem Erwerb der Muttersprache. Zum einen sollen hier für den Grundschullehrer praktikable und ökonomische Möglichkeiten der Feststellung, Erkennung und Überprüfung der Auffälligkeiten aufgezeigt werden, zum anderen auch konkrete Fördermöglichkeiten im Rahmen der täglichen Grundschularbeit vorgestellt werden. Mit dem folgenden vereinfachten Ablaufschema wird die praktische Vorgehensweise des diagnostizierenden Lehrers allgemein dargestellt, wobei je nach Gestaltung des Falles Änderungen und Variationen möglich sind. Für den vorliegenden Fall trifft dieses Ablaufschema zu: Theorien studieren – geeignete Modelle heranziehen – Hypothesen bilden – Diagnose abklären – Diagnose bestimmen – einen Förderplan entwickeln.

- *Stufe 1: Theorien,* d.h. in dem hier vorliegenden Fall sind neuropsychologische und entwicklungspsychologische Kenntnisse notwendig.
- *Stufe 2: Modelle,* d.h. die Darstellung des Falles kann anhand neuropsychologischer und entwicklungspsychologischer Modelle erfolgen.
- *Stufe 3: Hypothesen,* d.h. um in den diagnostischen Teil einsteigen zu können, müssen aufgrund der vorliegenden Erkenntnisse Vermutungen (das können auch Fragen sein) formuliert werden.
- *Stufe 4: Diagnostische Abklärung,* d.h. jetzt werden verschiedene diagnostische Verfahren zur Beobachtung und Überprüfung der Hypothesen eingesetzt.
- *Stufe 5: Diagnose,* d.h. nach der Durchführung und Auswertung der eingesetzten diagnostischen Verfahren wird die Diagnose formuliert.
- *Stufe 6: Förderung,* d.h. erst im Anschluss an die gestellte Diagnose wird nun allgemein für mehrere Fächer, speziell für ein Fach oder für den Förderunterricht ein Förderplan erstellt.

Zunächst kommt es darauf an, neuropsychologisch orientierte Ansätze in Verbindung mit einem mehrdimensionalen Entwicklungsmodell zu bringen, das den bisherigen

Entwicklungsstand als Produkt einer universellen und ökologisch orientierten Entwicklung betrachtet. Außerdem soll hier ausdrücklich betont werden, dass diagnostische Arbeit und Förderung als Einheit gesehen werden. In der Schule wird die Diagnostik oft als ein einmaliger Vorgang angesehen. Sie muss jedoch während der praktischen Förderarbeit nach vier, sechs oder acht Wochen immer wieder als korrigierendes Steuerungsmoment eingesetzt werden, d.h. der Lehrer muss sich nach gewissen Abständen der Förderung immer wieder fragen, ob er sich noch auf dem richtigen Weg befindet.

8.1.1 Ausgangsdaten und Problemlage

Andreas ist sechs Jahre alt und Schüler der ersten Klasse einer Grundschule in einem Dorf mit fünftausend Einwohnern. Der Klassenlehrerin fällt Andreas in den ersten Wochen bereits auf, »weil er Schwierigkeiten mit dem Sprechen hat«. Er hat auch größere Probleme beim Singen sowie beim Aufsagen von kürzeren Reimen. Auffallend ist ebenso die Tatsache, dass er sich keine Hausaufgaben merken kann. Im Gespräch mit der Mutter stellt die Klassenlehrerin Folgendes fest:

- Andreas hat seit dem dritten Lebensjahr den Kindergarten besucht. Er hat einen Bruder von 13 Jahren, der mit durchschnittlicher Intelligenz ein Gymnasium besucht. Sein Vater arbeitet als Bankangestellter, seine Mutter arbeitet vormittags als Sekretärin.
- Schwangerschaft, Geburt, Kindheit und Einschulung verliefen ohne Komplikationen. In der ersten Klasse ist Andreas von den Mitschülern gut aufgenommen worden, er ist sozial integriert. Die Sprachschwierigkeiten sind den Eltern bekannt, werden aber nicht besonders bewertet. »Der Kinderarzt hat mir immer wieder gesagt, dass diese Probleme von allein verschwinden. Bei meinem ältesten Sohn gab es auch leichte Schwierigkeiten, und die sind von allein weggegangen«, so äußert sich die Mutter in dem Beratungsgespräch mit der Klassenlehrerin. Dieser fallen bei genauer Beobachtung jedoch weitere Dinge auf:
- Andreas spricht einige Laute undeutlich und verwaschen aus; manchmal ist er kaum zu verstehen. Auch hat er Probleme damit, Wörter und Sätze richtig zu bilden.
- Er hat auch Schwierigkeiten beim Singen und Klatschen.
- Andreas wird bei längerem Reden immer lauter.
- Andreas fällt es schwer, sich etwas von einem auf den anderen Tag zu merken.
- In der Klasse verhält er sich ruhig, hin und wieder rutscht er etwas ungeduldig auf seinem Stuhl herum. Manchmal kramt er auch in seinem Ranzen; öfter bringt er verschiedene Spielsachen mit. Der in sich gekehrte Schüler fällt im Unterricht nur selten auf.
- Die Beteiligung am Unterricht ist ungenügend. Auch nach Aufforderung braucht Andreas ab und zu noch etwas Zeit zum Überlegen, manchmal muss man auch die Frage ein- oder gar zweimal wiederholen.

8.1.2 Diagnostische Schritte

1. Schritt: Bildung von Hypothesen

Spontan lassen sich nun aus dem beschriebenen Verhalten folgende Hypothesen formulieren:

- Artikulation und Satzbildung sind nicht altersgemäß entwickelt.
- Die rhythmische und melodische Differenzierungsfähigkeit sind nicht ausreichend entwickelt.
- Die periphere Hörfähigkeit ist unterdurchschnittlich ausgeprägt.
- Die Merk- und Speicherfähigkeit fallen im Unterricht als mangelhaft auf. Anhand der geführten Gespräche mit der ehemaligen Erzieherin und den Eltern und der formulierten Hypothesen wird ersichtlich, dass eine ausschließliche Überprüfung der Sprache zu kurz greifen würde. Vermutlich sind weitere Entwicklungsbereiche betroffen. Das bedeutet: Die sprachliche Entwicklung und der momentane Sprachstatus müssen im Rahmen der Gesamtentwicklung betrachtet werden. Sprachauffälligkeiten sind in Relation zur Motorik, zur auditiven Wahrnehmung, zur Intelligenz und zum Sozialverhalten zu sehen.

2. Schritt: Gespräch mit den Eltern

Im Rahmen eines strukturierten Elterngesprächs werden die aus der Sicht des Lehrers gemachten Annahmen diskutiert und weitere anamnetische Hintergrundinformationen eingeholt, um die bisherige Entwicklung des Jungen von der Geburt bis zum heutigen Tag zumindest in groben Zügen nachvollziehen zu können. Ziel dieses Gesprächs ist es, die momentane Situation von Andreas besser erklären und verstehen zu können. Weiterhin ist es auch wichtig, die Einstellungen zum Kind und die Erwartungen der Eltern an die Schule kennenzulernen. Faktoren, die auf eine Lernschwäche, eine Teilleistungsschwäche, eine Wahrnehmungsauffälligkeit oder Introvertiertheit hinweisen, sind ausschließlich beim Schüler zu suchen. Die Diagnose muss jedoch kind- und umfeldbezogen erfolgen, d.h. die Fähigkeiten des Schülers sind vor dem Hintergrund der familiären und schulischen Situation zu betrachten. Dabei können die Bezugspersonen des Kindes – Eltern, Erzieherinnen, Therapeuten – Einblicke in die derzeitige Lebens- und Lernsituation verschaffen.

Hildeschmidt/Sander (1990) haben vor dem Hintergrund des ökosystemischen Ansatzes einen »Leitfaden für die Kind-Umfeld-Diagnose« entwickelt, der als Grundlage für Beratungsgespräche dienen kann. Dabei sollen folgende Fragenkomplexe angegangen werden:

- Wie stellt sich die derzeitige Lebens- und Lernsituation des Kindes dar (Bezugspersonen, Nachbarschaft, Kindergarten, Schule, Freizeitverhalten, familiäre Situation, emotionale Beziehungsstrukturen usw.)?
- Welche Informationen liegen über die bisherige Entwicklung des Kindes vor (Gesamtentwicklung, besondere Vorkommnisse, körperliche und motorische Entwicklung, Wahrnehmungsfähigkeiten usw.)?

- Wie lässt sich eine Förderung für das Kind, die Eltern, die Schule und die Lehrer angemessen didaktisch-methodisch und pädagogisch umsetzen (Förderunterricht, Ressourcen, Schwierigkeiten, Experten, Therapeuten)?

3. Schritt: Überprüfung der Sprache

Bei der Überprüfung der Sprache des betroffenen Kindes sind zwei verschiedene Ebenen zu berücksichtigen:

- Auf der *Ebene der Aussprache* kann die Fitness-Probe von Günther (2003) mit dem Beobachtungsaspekt »Aussprache der Wörter« eingesetzt werden. Der Grundschullehrer verschafft sich hier einen Überblick über den Lautbestand des Kindes und erfährt, ob Andreas alle Laute und Lautverbindungen der deutschen Muttersprache korrekt sprechen kann. Es zeigt sich in diesem Fall, dass der Junge erhebliche Schwierigkeiten mit folgenden Lauten hat: s/sch, fl/pfl, tr/dr und kr/gr.
- Auf der *Ebene der Satzbildung* kann die Fitness-Probe von Günther (2003) mit dem Beobachtungsaspekt »Konstruieren von Sätzen« eingesetzt werden. Hier geht es um die Überprüfung der Fähigkeit, spontane Sätze bilden zu können.

Für die grobe Bestimmung des Sprachstandes durch den Grundschullehrer ist eine Spontansprachprobe (vgl. S. 108) von drei bis fünf Minuten ausreichend. Daher werden kurze Spontansprachausschnitte auf Tonband aufgenommen und anhand der Beobachtungsbögen analysiert. Bei Andreas zeigt sich, dass er Probleme mit den Präpositionen, der Flexion von Verben und der Stellung des Prädikats innerhalb des Satzes hat.

Sprachliche Diagnose

Aufgrund der eingesetzten Prüfverfahren lässt sich das sprachliche Erscheinungsbild von Andreas folgendermaßen beschreiben: Es liegt eine Störung der Aussprache vor, nämlich ein mittelschweres Stammeln; betroffen sind die Laute s, sch und r mit Konsonantenverbindungen. Das Sprachverständnis und das Nachsprechen von Sätzen sind unauffällig. Beim Nacherzählen und Spontansprechen treten kleinere Auffälligkeiten hinsichtlich der Konjugation, Deklination, präpositionalen Ergänzungen, Artikel- und Pluralbildungen auf. Der Wortschatz erscheint altersgemäß entwickelt. Auf der pragmatischen Ebene sind keine Schwierigkeiten zu beobachten.

4. Schritt: Überprüfung der Wahrnehmung

Zur Überprüfung der Wahrnehmung, insbesondere der auditiven Wahrnehmung, bieten sich als Beobachtungsbögen die Fitness-Probe von Günther (2003) mit dem Beobachtungsaspekt »Auditive Wahrnehmung« und die Differenzierungsprobe von Breuer/Weuffen (1993) an.

- *Diagnose zum visuellen Bereich:* Die Beobachtungen und die Überprüfung mit dem Frostig-Test (Frostig 2000) weisen auf keine besonderen Schwierigkeiten im visuellen Bereich hin.
- *Diagnose zum auditiven Bereich:* Die Beobachtungen und Testresultate führen zu dem Ergebnis, dass es sich bei Andreas um eine Differenzierungs- und Merk-

schwäche handelt. Er hat Schwierigkeiten beim Unterscheiden ähnlich klingender Laute und kann sich Buchstaben, Wörter oder Zahlen nicht gut merken. Darüber hinaus sind die rhythmische, melodische und kinästhetische Differenzierungsfähigkeit erheblich beeinträchtigt. Es wird bei Andreas eine ausgeprägte auditive Wahrnehmungsschwäche festgestellt. Im Einzelnen sind die auditive Diskrimination, die Analyse, die Synthese sowie die rhythmische und melodische Differenzierungsfähigkeit beeinträchtigt. Die auditive Merkfähigkeit scheint ebenfalls betroffen zu sein.

5. Schritt: Zusammenfassung der Ergebnisse (Diagnose)

Bei Andreas liegen Auffälligkeiten im Bereich der Sprache und der Wahrnehmung vor. Im sprachlichen Bereich handelt es sich um ein Stammeln und leichten Dysgrammatismus, im sensorischen Bereich liegt eine auditive Wahrnehmungsauffälligkeit vor. Aufgrund von praktischen Erfahrungen und zahlreichen Untersuchungsergebnissen kann die nicht altersgemäß entwickelte Sprache als Folge der auditiven Wahrnehmungsauffälligkeiten gesehen werden. Weiterhin ist zu erwarten, dass die nicht altersgemäß entwickelte Wahrnehmung im auditiven Bereich sowie die Schwierigkeiten in der Sprache negative Auswirkungen auf den Leselernprozess haben könnten.

6. Schritt: Fördermöglichkeiten

Die spezifische Förderung muss nun folgende Aspekte und Ebenen berücksichtigen:

- Intensive Beratung der Eltern hinsichtlich möglicher Zusammenhänge und zu erwartender Schwierigkeiten.
- Kooperation mit den Fachkollegen Musik und Sport in dieser Klasse, da gerade die diagnostizierten Auffälligkeiten fächerübergreifend angegangen werden müssen, z.B. im Rahmen einer umfassenden rhythmischen Erziehung in Sport oder einer spielerischen Hörerziehung in Musik. Besonders im Fach Musik kann auf die melodische und rhythmische Schwäche von Andreas gezielt eingegangen werden.
- Überprüfung des Lehrerverhaltens, z.B. eine deutliche, klare und gezielte Ansprache im Unterricht sowie Blickkontakt mit Andreas beim Sprechen.
- Überprüfung des Sitzplatzes, d.h. im vorliegenden Fall muss Andreas in der Klasse einen Sitzplatz haben, der so eingerichtet ist, dass er während des Unterrichts zu möglichst vielen Mitschüler/innen Blickkontakt hat.
- Andreas muss möglichst rasch am schulinternen Sprachförderunterricht teilnehmen, der einmal wöchentlich durch einen Sprachheillehrer durchgeführt wird. Die Klassenlehrerin sollte diese sprachtherapeutischen Maßnahmen flankierend im Unterricht begleiten und unterstützen.
- Mit den Eltern ist vor allem das häusliche Üben zu besprechen, wobei es insbesondere um einen kritiklosen Umgang mit Andreas in Gesprächssituationen geht.
- Während des Leselernprozesses muss Andreas im Rahmen eines umfassenden Hörtrainings individuell gefördert werden, und zwar im regulären Unterricht sowie speziell im Förderunterricht. Insbesondere sind hier Übungen und Spiele zum auditiven Unterscheiden ähnlich klingender Laute und Wörter, zum bewussten

Hören von Lauten innerhalb einer Wortgestalt (Anlaut, Auslaut, ansatzweise Inlaut), zum rhythmischen Durchgliedern von Wörtern und Sätzen (Silbentrennung), zum Zusammensetzen von Lauten zu Silben und von Silben zu Wörtern und zum Merken von Geräuschen, Klängen, Lauten, Silben und Wörtern anzubieten (vgl. hierzu die Übungen und Materialien in diesem Buch, S. 130 ff.). Darüber hinaus sollte auch das Aufsagen von Kinderreimen und Versen sowie das Singen von Kinderliedern geübt werden.

- In vierteljährlichen Beratungsgesprächen sollten die Klassenlehrerin, der Musiklehrer, der Sportlehrer, der Sprachheillehrer und möglicherweise auch die Eltern miteinander über die Auswirkungen der Fördermaßnahmen sprechen.

8.2 Fallbeispiel Klaus: Probleme mit der Rechtschreibung

Während es im vorherigen Fallbeispiel schwerpunktmäßig um den engen Zusammenhang zwischen der Wahrnehmung und der gesprochenen Sprache geht, stehen im folgenden authentischen Beispiel die Auswirkungen von beeinträchtigter Wahrnehmung in verschiedenen Wahrnehmungsbereichen und dadurch gestörter Lautsprache auf den Erwerb der geschriebenen Sprache im Mittelpunkt. An diesem Beispiel sollen verschiedene Möglichkeiten der Erkennung und Feststellung der Schwierigkeiten beleuchtet werden. Weiterhin sollen die Beratung der Erziehungsberechtigten, die fachliche und organisatorische Kooperation mit den Kollegen sowie die intensive und spezielle Förderung dargestellt werden.

Dieser Fall wurde deshalb ausgesucht, weil er zum einen häufig in der praktischen Arbeit vor Ort vorzufinden ist – leider werden diese Kinder aber nur sehr selten entdeckt – und zudem in hervorragender Weise die Möglichkeiten einer fachbezogenen und fächerübergreifenden Arbeit in der Grundschule zeigt. Der Schwerpunkt der pädagogischen Förderung liegt dabei wie beim ersten Fallbeispiel auf den verschiedenen Fördermöglichkeiten in den zentralen Bereichen der Wahrnehmung, vorzugsweise der auditiven Wahrnehmung. Der Verfasser verfolgt dabei das Ziel, die hohe Bedeutsamkeit der auditiven Wahrnehmung sowohl für den Erwerb der Lautsprache als auch für den Erwerb der Schriftsprache herauszustellen. Lesen und Schreiben basieren wie alle komplexen Leistungen des Kindes auf sich aufbauenden und wieder zerfallenden Funktionssystemen des zentralen Nervensystems (vgl. Thewalt 1997).

8.2.1 Ausgangsdaten und Problemlage

Klaus ist acht Jahre alt und Schüler der zweiten Klasse einer Grundschule in einer Kleinstadt. Er wird von den Mitschüler/innen akzeptiert und ist gut in die Klasse integriert. Der soziale Kontakt im Unterricht und in den Pausen ist jedoch begrenzt, intensive Freundschaften hat er keine in der Klasse. Klaus ist ein agiler Junge, der spontan und schnell Tätigkeiten ausführt. Geduld, Ausdauer und Konzentration liegen ihm nicht so sehr. Bei längeren Aufgabenstellungen (z.B. längeres Abschreiben aus dem Buch oder von der Tafel, knifflige Ausschneide- oder Bastelarbeiten, stilles Lesen über einen längeren Zeitraum) wird er leicht nervös und will die Arbeit möglichst rasch beenden. Am liebsten beschäftigt er sich mit aktiven Tätigkeiten wie Ballspielen (Handball, Volleyball, Fußball) oder auch mit dem Computer oder Gameboy. Er ist ständig in Bewegung und motorisch aktiv, daher ist Sport sein Lieblingsfach.

Klaus verhält sich Fremden gegenüber sehr unruhig und hektisch; dennoch kann er sich in der Klasse zumindest zeitweise recht gut konzentrieren, insbesondere dann, wenn es um sein Lieblingsthema Sport geht. Zum Klassenlehrer hat er ein recht gutes Verhältnis. Er ist gut ansprechbar und lässt sich auch für die Mitarbeit in der Schule motivieren. In manchen Unterrichtsstunden ist er jedoch sehr ruhig, ja zu ruhig, und zeigt dann ein allzu angepasstes Verhalten. In diesen Situationen stellt sich die Frage, ob er träumt, vor sich hindöst oder ob er sich enorm anstrengen muss, um ruhig und still sitzen zu bleiben.

Klaus spricht sehr viel und schnell. Seine dialektgefärbte Umgangssprache ist nicht immer zu verstehen, er spricht im Umgang mit Mitschüler/innen und dem Lehrer manchmal verwaschen und undeutlich.

Bei regem Interesse in manchen Fächern (Sachunterricht und Sport) und guter Lernmotivation ist Klaus ein Schüler mit durchschnittlichen bis unterdurchschnittlichen Leistungen. Der Klassenlehrer hat von Schulbeginn an bemerkt, dass er sich mit dem Lesen und Schreiben schwertut, und so ist es auch bis zum heutigen Tage geblieben. Klaus zeigt immer stärker Lese-Rechtschreib-Schwächen. Auffallend dabei ist, dass Klaus vorwiegend Fehler im Bereich der Wahrnehmung macht: Er verwechselt ähnlich klingende Laute (schreibt »Trachen« statt »Drachen«), die räumlich-zeitliche Zuordnung von Lauten und Buchstaben fällt ihm schwer (schreibt »Darhen« statt »Drachen«), und bei manchen Wörtern lässt er den letzten Buchstaben einfach weg (schreibt »Drache« statt »Drachen«). Auffallend ist für den Lehrer auch, dass Klaus bei vielen Fragen im Unterricht nachfragt und ihn bittet, die Frage zu wiederholen. Darüber hinaus fallen dem Lehrer auch Verständnisschwierigkeiten auf.

8.2.2 Diagnostische Schritte

1. Schritt: Bildung von Hypothesen
Im hier vorliegenden Fall können aufgrund der bisher bekannten Informationen folgende Hypothesen formuliert werden:
- Klaus zeigt eine Lese-Rechtschreib-Schwäche.
- Er hat Schwierigkeiten mit dem Sprechen.
- Der Schüler hat insbesondere beim Lesen und Schreiben Probleme mit der Wahrnehmung.

Zur weiteren Aufhellung der hier vorliegenden Ursachen und Bedingungen für das gezeigte Verhalten müssen nun weitere Informationen über Klaus und seine familiäre Situation eingeholt werden.

2. Schritt: Gespräch mit den Eltern

Klaus ist das jüngste von drei Kindern. Die Familie lebt in einer beengten, kleinen Vierzimmerwohnung am Stadtrand. Die Mutter arbeitet vormittags als Verkäuferin in einer Boutique und der Vater als Karosserieschlosser in einer Autofirma. Der ältere Bruder ist dreizehn Jahre alt und besucht die Realschule, die zehnjährige Schwester besucht die vierte Klasse der Grundschule. Beide sind gute Schüler.

»Klaus war eine Frühgeburt und hat sehr spät gelaufen und gesprochen«, erzählt die Mutter. Er besuchte den Kindergarten und ist ohne größere Schwierigkeiten eingeschult worden. »Allerdings«, so berichtet die Mutter weiter, »war seine Aussprache noch nie so richtig in Ordnung wie bei den anderen beiden Kindern.« Klaus zeigt auch beim Singen oder beim Vorlesen von Geschichten und Märchen nur kurzzeitig Interesse. Anweisungen der Eltern befolgt er meistens nicht.

Im weiteren Gespräch wird deutlich, dass die Eltern sich für die Schule interessieren und die Probleme bei den täglichen Hausaufgaben mit Klaus auch offen ansprechen. Sie fühlen sich jedoch überfordert und wissen auch nicht so recht, wie sie Klaus helfen sollen. Manchmal übt der Vater am Wochenende mehrere Stunden Lesen und Schreiben mit ihm. Oft endet dieses Üben jedoch mit Schreien und Weinen. Weiterhin zeigt sich, dass der Vater sehr viel spricht, allerdings extrem dialektgefärbt. Die Mutter dagegen ist sehr still und spricht wenig, dann jedoch auffallend hastig und in dialektgefärbter Umgangssprache.

Klaus spielt in seiner Freizeit aktive Spiele wie Fangen oder Fußball, er spielt gern am Computer und sieht täglich mehrere Stunden ohne Aufsicht fern. Bei den täglichen Hausaufgaben sind alle drei Kinder in der Küche und sollen sich auch gegenseitig helfen. Meist hat die Mutter dabei alle Hände voll zu tun und Streitereien zwischen den Kindern zu schlichten.

Zusammenfassend ist festzuhalten, dass sich die Lese-Rechtschreib-Schwierigkeiten in eklatanter Form auch zu Hause bei den Hausaufgaben zeigen. Weiterhin wird die Sprache von Klaus als Problembereich deutlich angesprochen. Auch das Zuhören über einen längeren Zeitraum bereitet ihm Probleme. Die Eltern sollen möglichst rasch einen Hörtest bei einem Hals-Nasen-Ohren-Arzt durchführen lassen, um abzuklären, ob periphere bzw. organische Schädigungen am Ohr vorliegen.

3. Schritt: Überprüfung der Sprache

Die Überprüfung der Sprache und des Sprechens erfolgt über die Fitness-Probe (Günther 2003) und die dafür erforderliche Analyse von Spontansprachproben. Diese Beobachtungen ergaben, dass die Aussprache verwaschen und überhastet ist; darüber hinaus hat Klaus leichte Probleme mit dem Aussprechen von Zischlauten.

4. Schritt: Überprüfung der Wahrnehmung

Da keine peripheren Schädigungen an den Ohren vorliegen und der Hörtest beim Facharzt ohne Befund ist, muss im Bereich der zentralen Wahrnehmung weitergeforscht werden. Daher wird Klaus nun anhand der Beobachtungsliste von Semel (1981) im Unterricht beobachtet. Der Lehrer führt Beobachtungen nach dem Lehrerbeobachtungsbogen des Hörgeschädigten-Zentrums Würzburg durch (Ebert 1993). Weiterhin wird die Differenzierungsprobe II für sechs- und siebenjährige Kinder von Breuer/Weuffen (1993) angewendet. An Resultaten ist festzuhalten: Klaus zeigt Auffälligkeiten beim auditiven Gedächtnis, bei der Diskrimination von Lauten sowie bei der Analyse und Synthese von Lauten und Buchstaben.

5. Schritt: Zusammenfassung der Ergebnisse

Bei Klaus handelt es sich um eine mittlerweile ausgeprägte Lese-Rechtschreib-Schwäche mit besonderen Schwierigkeiten beim Schreiben nach Diktat. Als Verursachung dieser Probleme sind sprachliche Defizite und Auffälligkeiten in der auditiven Wahrnehmung anzunehmen. Das unzureichende zentrale Hören und die nicht korrekte Aussprache von Lauten, Wörtern und Sätzen führen bei Klaus zu weiteren Schwierigkeiten beim Lesen und Schreiben. Das fehlerfreie Sprechen und das korrekte Hören der gesprochenen Sprache sind wichtige Voraussetzungen für das Lesen und Schreiben. Klaus hat jedoch Schwierigkeiten dabei, komplexe Klanggestalten zu gliedern und zu strukturieren. Das Heraushören von Lauten, das Zusammenziehen von Lauten zu Silben und Wörtern und auch das Merken von sprachlichem Material bereiten ihm viel Mühe und kosten ihn im täglichen Unterricht viel Energie und Kraft.

6. Schritt: Fördermöglichkeiten

Der Schwerpunkt der Förderung bei Klaus erstreckt sich auf zwei zentrale Bereiche: Zunächst geht es um eine gezielte und breit angelegte Förderung im auditiven Wahrnehmungsbereich. Die Übungen sollen dazu dienen, den akustisch-auditiven Kanal stärker zu fördern, wobei verschiedene Aspekte der täglichen Arbeit einbezogen werden:

Auditive Übungen zum Aspekt der Konzentration und Aufmerksamkeit
- grafische bzw. feinmotorische Symbole für akustische Wahrnehmungen setzen (z.B. Schallspiele: Klangfolgen schreiben, klopfen oder klatschen lassen; hoher Ton = dünner Strich bzw. zarter Klopfer, tiefer Ton = dicker Strich bzw. fester Klopfer)
- Wortketten bilden (z.B. das Spiel »Kofferpacken« oder zum Thema »Was wir auf der Straße alles hören«)
- Hörspaziergänge machen in der Klasse, im Flur oder auf dem Schulhof (Aufnahme mit dem Kassettenrekorder/Diktiergerät)

Auditive Übungen zum Aspekt der taktil-kinästhetischen Wahrnehmung
- Gegenstände und Materialien am Klang erkennen, zuordnen und die Reihenfolge angeben (z.B. Geräusche-Tablett-Spiel, Schütteldosentest, Rascheltüten-Spiel und Kramsack)
- Faltübungen mit unterschiedlichem Papier (z.B. Butterbrotpapier, Schreibpapier, Tapete, Tischserviette: vorgegebenes Muster und angesprochene akustische Zeichen)
- Schneideübungen nach abgesprochenen Zeichen (laute Musik = schnelles Ausschneiden, leise Musik = langsames Schneiden)

Auditive Übungen zum Aspekt der Grob- und Feinmotorik

- Laufen und Bewegen nach Musik (bei Stopp mit verabredetem Körperteil den Boden berühren, Muskelspannung: Faust ballen)
- Musikmalen (Musik, Rhythmus und Melodie werden in eine Bewegung übertragen, dabei Änderung der Größe der Übungen)
- Löffelübung (verschiedene Materialien werden von einer Schale in eine andere gelöffelt: Reis, Mehl, Perlen, Salz, Zucker)

Auditive Übungen zum Aspekt der Sprache und des Sprechens

- Wortschatzerweiterung über Kassettenrekorder/Diktiergerät (z.B. Tiere oder Verkehrsteilnehmer erraten und benennen)
- Hörrätsel über Kassettenrekorder/Diktiergerät (z.B. Händewaschen oder Zähneputzvorgang identifizieren, über Pantomime darstellen und versprachlichen)
- Geräuschgeschichten selbst herstellen (Lehrer oder Schüler, z.B. »Wer hat Oles Fußball geklaut?«; nach der Herstellung mit dem Kassettenrekorder – auf der Grundlage eines Textes oder spontan ausgedacht – analysieren, die Handlungsabläufe rekonstruieren und dann in Sätzen versprachlichen)

Auditive Übungen zum Aspekt Lesen und Schreiben

- phonemische Bewusstheit trainieren (z.B. Differenzieren von Sprachlauten aus einer Lautreihe, Heraushören von Sprachlauten aus ein- und auch mehrsilbigen Wörtern, Gliederung von Sätzen in Wörter, Reimpaare bilden, Phonemanalyse und Phonemsynthese)
- Strukturierung von Wörtern und Sätzen durch Sprechsilben (z.B. Aufgliederung mehrsilbiger Wörter in Sprechsilben mithilfe von Silbenschreiten, Silbenklatschen und Silbensprechen)
- Dehnsprechen und Dehnlesen mit Orientierung auf die Lautstruktur und Phonemfolge (z.B. ein Wort ganz langsam und gedehnt sprechen und für jeden Laut ein Farbkärtchen legen)

Auditive Übungen zum Aspekt Kognition/Rechnen

- Textaufgabe auf Kassette/Diktiergerät sprechen und mehrfach hören, dann zum aufgeschriebenen Text hören (dabei sind satzweise Strukturierungsübungen sinnvoll)
- Versprachlichung und Darstellung des Gehörten (z.B. Umsetzung der Textaufgabe in eine Handlung, Rollenspiel, Pantomime und Gestik einsetzen, Kontrolle der Reihenfolge)
- Umsetzungsversuche in die geforderte mathematische Form: Frage, Rechnung und Antwort werden mündlich durchgeführt, wobei unterschiedlich festgelegte akustische Zeichen die geforderten Teilschritte ankündigen (Aufnahme mit dem Kassettenrekorder/Diktiergerät, Analyse und Kontrolle)

9. Auditive Grundbildung

Auftrag der Grundschule ist die Entfaltung der grundlegenden Bildung. Diese ist die Basis für das weiterführende Lernen und für die Aneignung der Kultur. Die Förderung der sprachlichen Kompetenzen ist ein wesentlicher Bestandteil dieses Bildungsauftrages; dazu zählen die Fähigkeit zum differenzierten Hören, zum deutlichen Sprechen, die Aneignung der Lautsprache, die Fähigkeit des aktiven Zuhörens, der Erwerb der Schriftsprache einschließlich des sinnvollen Umgangs mit den neuen Medien (vgl. KMK 2005, S. 6). Die nachfolgenden Ausführungen orientieren sich an den grundlegenden Aussagen zum Leitbild, das sich an

- dem kommunikativ orientierten dynamischen Menschenbild,
- einer demokratischen Gesprächskultur,
- den Ansprüchen der nationalen Bildungsstandards der Kultusministerkonferenz im Fach Deutsch für den Primarbereich und
- den Anforderungen der neuen Lehrpläne bzw. Rahmenpläne

ausrichtet und orientiert. Die Kinder sollen in der Grundschule ihre Sprachhandlungskompetenzen in den Bereichen des Sprechens und Zuhörens erweitern.

9.1 Individuelle Förderung

Die individuelle Förderung des Kindes mit seinen spezifischen Förderbedürfnissen im emotionalen, sprachlichen, sozialen und kognitiven Bereich und seinen sozialemotionalen Bezügen steht im Mittelpunkt. Die Förderkonzeption der auditiven Grundbildung besteht aus der Phase der Förderdiagnostik und der Phase der individuellen Förderung; dabei bilden Diagnostik und Förderung eine untrennbare Klammer und Einheit. Kernstück der Förderdiagnostik ist eine prozessorientierte Kind-Umfeld-Diagnostik, die das Kind auf seinem Weg in die Sprache mit all ihren vielfältigen Dimensionen begleitet. An diese diagnostische Phase schließt sich nahtlos die konkrete Förderung an, die aber immer wieder durch diagnostische »Schleifen« überprüft, evaluiert, korrigiert und modifiziert wird. Allgemeine Aufgaben der Förderung sind:

- *Information:* thematische Elternabende, fachspezifische Seminare, Fortbildungsveranstaltungen für Pädagogen über die Zusammenhänge von Hören, Sprechen, Lesen und Rechtschreiben;
- *Beratung:* konkrete Hinweise zum täglichen Sprechen und Zuhören, Vorbildfunktion und geeignete Korrekturmechanismen wie das korrektive Feedback, Zuhörtechniken oder Modellieren, Tipps der zuständigen Pädagogen hinsichtlich der Arbeit im Unterricht und Experten-Rating (Mediziner, Psychologen, Logopäden);

- *Prävention:* tägliche Sprachhygiene hinsichtlich Atmung, Stimme und Aussprache, notwendige ärztliche Kontrolluntersuchungen, Durchführung der verpflichtenden Vorsorgeuntersuchungen beim Haus- und Kinderarzt, basales Hörtraining mit Tönen, Klängen und Geräuschen;
- *Förderung:* Kind-Umfeld-Diagnostik, individuelle Förderpläne erstellen, Schwerpunkte wie gezielte Hörerziehung, systematisches Zuhörtraining, Übungen zum Hörverstehen und zum Sprechdenken, Verbesserung der metasprachlichen Fähigkeiten wie Sprachbewusstsein und phonologische Bewusstheit, Übungen und Spiele zur Förderung der Sprache und des Sprechens, des Hörens und Zuhörens und der Literacy-Erziehung.

Im Mittelpunkt der Förderung steht das Kind mit seinen Lebenskontexten und sozialen Bezügen. Die Förderung im weiteren Sinne umfasst eine breite Palette an Möglichkeiten, die sich von der spezifischen Fortbildung der Pädagogen über die gezielte Aufklärung und Öffentlichkeitsarbeit bis hin zur Elternarbeit erstreckt. Förderung im engeren Sinne beschäftigt sich mit der konkreten didaktisch-methodischen Unterrichtsarbeit, z.B. mit geeigneten Unterrichtsformen und Prinzipien und mit der Auswahl der geeigneten Entwicklungsanreize im akustisch-auditiven Bereich und sinnvoller Lernangebote. Die Förderung sollte dabei folgende Fragen stellen und geeignete Antworten finden:

- Welche *individuellen Förderbedürfnisse* ergeben sich aus der durchgeführten Förderdiagnostik? Hier ist das Ziel die individuelle Förderung.
- Welche *Entwicklungsanreize und -schritte* müssen in der Zone der nächsten Entwicklung unbedingt angegangen werden? Hier ist das Ziel die Zone der nächsten Entwicklung.
- Welche komplexen *Anforderungen* sind mit welchen Variationen der Aufgabenstellungen an das Kind heranzutragen? Hier ist das Ziel der zugrunde gelegte Lehrplan bzw. Rahmenplan.

Diese drei Kriterien (individuelle Förderbedürfnisse, persönliche Entwicklungsanreize und notwendige Anforderungen) sollten stets abgefragt werden. Was die konkrete Förderstrategie im Hinblick auf Hören und Sprachverstehen in den Schulen angeht, so brauchen wir ein individuell abgestuftes Förderprogramm, bei dem der Pädagoge je nach Einzelfall aus einem Pool an Ideen, Übungen, Spielen und Förderkonzepten auswählen kann.

9.2 Auditives Modulsystem

Die Schulung und das Training der auditiven Wahrnehmung ist eine grundlegende Aufgabe für den gesamten Sprachsektor (Erwerb der Lautsprache und der Schriftsprache) und insbesondere für den Erwerb der Muttersprache als Erstsprache, der Zweitsprache Deutsch, für das Erlernen von Fremdsprachen und das Lesen und Rechtschreiben (vgl. Abb. 27).

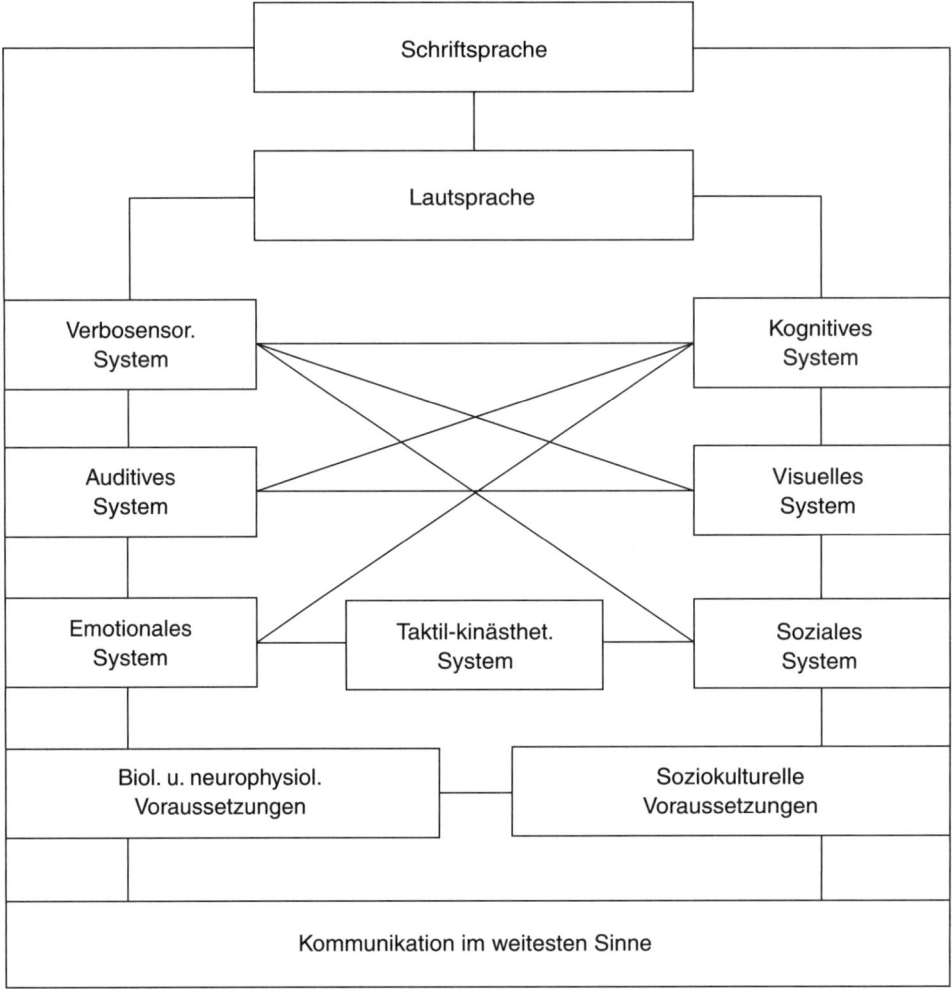

Abb. 27: Auditive Wahrnehmung beim Erwerb der Lautsprache und Schriftsprache
        (Günther 1994, S. 359)

Die zentralen Funktionen der auditiven Wahrnehmung sind nicht nur für die Entwicklung, das Verstehen und den korrekten Gebrauch der Sprache bedeutsam, sondern ebenso für den Erwerb der Schriftsprache und das frühe Fremdsprachenlernen. Die beiden letztgenannten Aspekte und Bereiche werden jedoch kaum in der Diagnostik und Förderung berücksichtigt. Dabei ist die auditive Wahrnehmung als funktionelles System mit verschiedenen Teilfunktionen zu betrachten (vgl. Abb. 28).

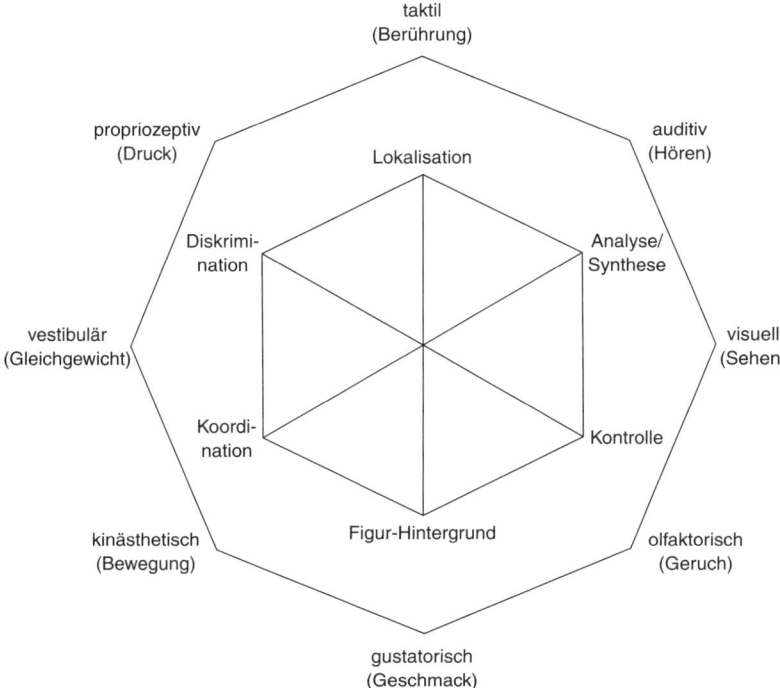

Abb. 28: Auditive Wahrnehmung

- *Lokalisation,* d.h. Angabe der Richtung und Entfernung einer Geräuschquelle, z.B. die Angabe eines heranbrausenden Krankenwagens. Im Unterricht können Hörübungen mit Geräuschen, Tönen und Klängen zur Angabe der Richtung der Geräuschquelle benutzt werden.
- *Diskrimination,* d.h. Geräusche und sprachliche Signale können nach den Kategorien lauter/leiser, kürzer/länger, höher/tiefer, schneller/langsamer sowie gleich/verschieden unterschieden werden, z.B. beim Einhalten der Regel, dass nach kurz gesprochenem Vokal Konsonantenverdopplung erfolgt.
- *Lautanalyse und Lautsynthese,* d.h. die Position eines Lautes in einem Wort (Anlaut, Inlaut oder Auslaut) kann herausgehört werden, z.B. das /o/ in »Oma«. Diese und ähnliche Aufgaben müssen bereits auf den ersten Seiten der meisten Fibeln gelöst werden. Hier wird oft mit Minimalpaaren gearbeitet, um die bedeutungsunterscheidende Funktion und Aufgabe der Phoneme zu verdeutlichen.
- *Auditive Kontrolle,* d.h. die Sprache wird gesteuert, überwacht und wenn nötig korrigiert, z.B. erfolgt bei Versprechern oder einer misslungenen Satzkonstruktion umgehend die Verbesserung mit den Worten »Entschuldigung«. Die Kinder erwerben nach und nach einen sogenannten Kontrollmonitor, der die sprachlichen Äußerungen mit der erworbenen Grammatik, Syntax, Lexik und Pragmatik abgleicht. Hier sind die Kinder auf den intra- und interindividuellen Hörkreislauf angewiesen.

- *Figur-Hintergrund-Wahrnehmung,* d.h. wichtige auditive Informationen können von Störgeräuschen getrennt und die wichtigen Informationen als Nutzschall aus einer Geräuschkulisse herausgefiltert werden, z.B. die Fähigkeit des Menschen, sich auf einer Party oder in einem vollen Fußballstadion trotz des Störlärms mit einem anderen unterhalten zu können.
- *Auditiv-visuelle Koordination,* d.h. einem Bild kann ein Geräusch, einem Buchstaben ein Laut und umgekehrt zugeordnet werden, z.B. provoziert das Bild von einem Bach das Geräusch des Plätscherns (vgl. Breitenbach 2003, S. 155). Hier spielen alle Sinnessysteme und die entsprechenden Leistungen eine Rolle, aber auch der Kontext ist für das Entstehen eines Gesamtbildes im auditiven und/oder visuellen Bereich wichtig.
- *Codierung und Decodierung,* d.h. es werden Beziehungen zwischen Lauten und Buchstaben und zwischen Klangbild und Bedeutung hergestellt. Beim Schreiben kommt es zu Codierungen und beim Lesen zu Decodierungen. Allerdings ist die Zuordnung nicht eindeutig, und wir müssen gerade am Schulanfang auf die Unterscheidung von lauttreuen, weniger und nicht lauttreuen Schreibungen hinweisen. Die Zuordnung von Buchstaben und Lauten bereitet bei nicht lauttreuer Schreibung Probleme und muss speziell und intensiv geübt werden.

In dem folgenden Modulsystem werden vier Module dargestellt, die für die Thematik Hören und Sprachverstehen von grundlegender Bedeutung sind.

9.2.1 Modul »Hörschulung«

Hören und Sprechen hängen ontogenetisch, entwicklungspsychologisch und anatomisch-biologisch eng zusammen; damit wird die Hörschulung unter anderem entwicklungspsychologisch und neurophysiologisch begründet. Sprechen ist ohne die Fähigkeit des Hörens nicht möglich. »Hör doch genau zu!«, »Pass doch endlich mal auf!«, »Du musst eben genau hinhören!« – solche Äußerungen führen bei Kindern im Idealfall dazu, dass sie sich anstrengen und konzentrieren. Es gibt aber in den Anfangsklassen der Grundschule Kinder, die immer noch Probleme damit haben, genau hinzuhören. Daher scheint es dringend notwendig, die in den Lehrplänen vieler Bundesländer geforderte Hörschulung zu intensivieren, denn wir müssen davon ausgehen, dass die Schulung des Gehörs dem eigentlichen Sprechen vorausgeht.

Einführung in die Hörschulung
Hier nun einige Hinweise und kleinere Übungen, die zu Hause, am Nachmittag, in der Freizeit und in jeder Unterrichtsstunde im Sinne von Ritualen eingesetzt oder als stehende Übungen an den Anfang des Unterrichts gestellt werden können:
- Vermeiden wir unnötigen Lärm durch Stühlerücken, Türenknallen, lautes Radiohören oder Fernsehen oder lautes Schreien und Herumtoben.

- Erholen wir uns durch Ruhe, Stille und leise Musik, z.B. harmonische Klänge und leise Töne: Meeresrauschen, Waldesstille, Vogelgezwitscher, klassische Musik von Mozart, Haydn oder anderen.
- Vor dem Schlafen vermeiden wir eine laute Geräuschkulisse, z.B. lautes Musikhören oder Fernsehen, denn das Gehör arbeitet im Schlaf weiter.
- Klangstab (Stimmgabel, Triangel) gefühlvoll anschlagen – Ton verklingen lassen – Augen schließen – und lauschen.

Übungen zum bewussten Hören

Diese Übungen konzentrieren sich zum einen auf die Hörkreisläufe und zum anderen auf die Leitungsbahnen (vgl. Bergmann 2003).

Schulung der Hörkreisläufe
- Intrapersoneller Hörkreislauf: Ich höre mich beim Sprechen selbst. Dies wird als Eigenhören bezeichnet im Sinne der Eigenwahrnehmung, der sprachlich-auditiven Selbstkontrolle und des selbst gesteuerten Feedbacks. Dieses Hören erfolgt über die Knochenleitung des Sprechers.
- Interpersoneller Hörkreislauf: Ich höre auf das Sprechen und die Stimme der anderen Gesprächspartner. Dies bezeichnen wir als Fremdhören. Hier geht es ausschließlich um die Fremdwahrnehmung. Dieser Vorgang vollzieht sich über die Luftleitung. Wir hören Geräusche, Töne, Klänge und sprachliche Äußerungen.

Schulung der Luftleitung
- Luftleitung: Die akustischen Reize gelangen als mechanische Schallwellen von der Ohrmuschel über das Trommelfell und die Gehörknöchelchen Hammer, Amboss und Steigbügel zur weiteren Verarbeitung ins Innenohr zur Schnecke.
- Übung: Wir halten uns das linke Ohr zu. So hören wir die Sprache der anderen Gesprächspartner, Geräusche, Töne und Musik vornehmlich über das rechte Ohr.
- Übung: Wir nehmen unsere eigene Stimme beim spontanen Sprechen mit dem Diktiergerät oder dem Kassettenrekorder auf. Beim Abhören der eigenen Sprache stellen wir fest, dass unsere Stimme für uns persönlich etwas fremdartig und anders klingt.

Schulung der Knochenleitung
- Knochenleitung: Die Aufnahme der Schallwellen erfolgt ausnahmslos über den Schädelknochen; sie gelangen ohne Beteiligung von Ohrmuschel und Mittelohr direkt ins Innenohr zur weiteren Verarbeitung.
- Übung: Wir halten das rechte Ohr zu. Jetzt hören wir unser eigenes Sprechen weitgehend über das rechte Ohr.
- Übung: Wir halten zwei dickere Bücher (z.B. Lexika) an den Kopf und vor die Ohren. Jetzt können wir Geräusche, Töne, Klänge, Musik und Sprache über die Luftleitung wahrnehmen.

- Übung: Wir stülpen beim Sprechen einen Plastikeimer locker über den Kopf. Jetzt kann sich der Schall nicht mehr verflüchtigen. Er wird von der Wand des Plastikeimers zurückgeworfen, mehrfach reflektiert und ermöglicht so ein faszinierendes Klangerlebnis. Dies können wir auch in geeigneten engen und schmalen Räumen erfahren.

Zum Abschluss dieser ersten Übungsreihe bietet sich folgende »Hör-Sprech-Probe« bei normaler Lautstärke an (50–60 dB):

»Du schreist mich an.
Was tu ich dann?
Dann halt ich mir die Ohren zu.
Und habe Ruh …«

Dann eine Hör-Sprech-Probe im Flüsterton:

»… Aber wenn du leise fragst,
und auch einmal zu flüstern wagst,
dann öffne ich die Ohren,
und kein Wort geht verloren.«
(Josef Reding)

Die Kinder sollten sich weiterhin mit nicht sprachlichem Material aus der unmittelbaren Umwelt beschäftigen, d.h. sprachunspezifische bzw. nonverbale Übungen stehen zu Beginn der Förderung im Vordergrund.

Nicht sprachspezifische Übungen

Darunter verstehen wir Geräusche (Umweltgeräusche, Straßenlärm usw.), Töne von Instrumenten (Flöte, Gitarre, Klavier, Trompete usw.) und Klänge (Singen bestimmter Vogelarten, Klingeln einer Kasse im Supermarkt, Kirchenglocken des Dorfes, Schreien der Losverkäufer usw.) aus der Lebenswelt der Kinder.

- Geräusche, die mit den Händen, mit dem Mund, mit den Beinen/Füßen und mit der Stimme gemacht werden können (schnalzen, klatschen, stampfen, lachen, weinen, rufen usw.) kennenlernen und wiedererkennen;
- Geräusche, die mit Gegenständen im Klassenraum erzeugt werden können (Licht anknipsen, Wasser laufen lassen, Stühle rücken usw.), kennenlernen und wiedererkennen;
- Geräusche mit einfachen mitgebrachten Gegenständen erzeugen, z.B. verschiedene Papiersorten (Pergament-, Seiden-, Zeitungs-, Butterbrotpapier), Plastikbecher, Steine, Nägel, Dosen, Deckel, Gläser …;
- Klänge mit selbst hergestellten Instrumenten wie Rasselbüchsen, Klanghölzern, Schellen, Gummiringen, Trommeln etc. erzeugen;
- Übungen und Experimente mit Orff-Instrumenten;
- Erlebnis der Stille und bewusstes Lauschen und Hören auf Geräusche (Zimmer, Wald, Spielplatz, Straße, Geschäft);
- Gegenstände fallen lassen und erraten lassen;

- grafische Zeichen akustischen Signalen zuordnen, z.B. ein dicker Punkt für laute Töne und ein kleiner Punkt für leise Töne oder Strich für lange und Punkt für kurze Töne;
- Geräusche im Klassenzimmer, in der Pause, auf dem Spielplatz oder im Wald mit dem Kassettenrekorder/Diktiergerät aufnehmen. Anschließend sollen die anderen Kinder der Klasse die Geräusche erkennen, benennen und dem jeweiligen Bereich (Pausenhof, Spielplatz, Wald, Straße) zuordnen.
- Alltagsgeräusche erkennen, indem die Kinder mit dem Kassettenrekorder/Diktiergerät Geräusche aus dem Alltag aufnehmen, den Mitschülern vorspielen und sie erraten lassen. Folgende Situationen bieten sich hierfür an: morgens im Badezimmer, am Frühstückstisch, im Schulbus, in der Pause, im Unterricht, im Kinderzimmer, beim Mittagstisch, bei den Hausaufgaben, beim Spielen, abends im Wohnzimmer, beim Einschlafen. Auch ein einfacher Vorgang, d.h. eine Abfolge weniger Handlungen, kann für ein solches Hörrätsel genutzt werden, z.B. das Zähneputzen (Wasserhahn aufdrehen, Becher füllen, Zahnpasta aus der Tube drücken, Zähne bürsten, gurgeln, ausspucken, Bürste und Becher reinigen). So kann man mit einem Hörrätsel arbeiten:
  - mehrfaches konzentriertes Hören der Geräusche
  - Geräusche erraten und benennen
  - Sätze mündlich formulieren und in der richtigen Reihenfolge aufschreiben
  - stilles und lautes Lesen einer Geschichte
  - Geräusche abspielen und gleichzeitig eine Geschichte vorlesen;
- mit Instrumenten und verschiedenen Lautstärken experimentieren;
- lustige und traurige Melodien unterscheiden und bestimmte Bewegungen dazu erfinden;
- jedes Kind stellt ein Verkehrsmittel dar (Fahrrad, Auto, Lkw), das Kind darf erst dann fahren, wenn sein Geräusch ertönt;
- Anschleichspiele, z.B. »Bello, der Wachhund«;
- Tierstimmen im Spiel erkennen;
- Körpergeräusche nachahmen;
- Gegenstände abklopfen und dem Klang lauschen;
- Spiel »Was reimt sich?«;
- Kim-Spiele mit Tönen und Geräuschen (Reihenfolge oder Vollständigkeit verändern);
- eine Folge von Geräuschen vorgeben und wiederholen lassen;
- Rhythmen vorgeben und nachklatschen lassen.

Im Anschluss an diese mehr motivierenden und zur eigentlichen Hörerziehung hinführenden Spiele können nun verschiedene Übungen im sprachlichen Bereich eingesetzt werden.

Bewusst hören – besser sprechen

Für Übungen im nicht sprachlichen Bereich ist das Konzept »Bewusst hören – besser sprechen« (Günther 2005) mit Geräusche-CD, Anleitungen, Beobachtungsbögen,

Fördervorschlägen und den entsprechenden Kopiervorlagen zu empfehlen. Hier können Grundschulkinder das Hören und Zuhören trainieren und dabei das Sprachverstehen (Anweisungen befolgen, anderen Kindern zuhören) und das Sprechen üben (Geräusche erraten und benennen, Fragen stellen, Sätze bilden). Ausgehend von der Beobachtung des Kindes werden vier Themenblöcke mit unterschiedlich schwierigen Geräuschsequenzen angeboten:.

- Hörblock 1: Körpergeräusche, Instrumente, Tiere auf dem Bauernhof
- Hörblock 2: Im Badezimmer, im Kindergarten, auf dem Spielplatz
- Hörblock 3: Im Wald, Straße und Verkehr, auf dem Bahnhof
- Hörblock 4: In der Küche, Stadtgeräusche, Einkaufen im Supermarkt

Die behandelten Themen wurden der Lebenswelt der Kinder entnommen. Die Übungen können mit Kindern mit deutscher und mit fremder Muttersprache gleichermaßen durchgeführt werden. Außerdem können sie sehr gut im Fremdsprachunterricht der Grundschule eingesetzt werden. Die Geräusche können über einen CD-Player oder Discman vorgespielt werden; ein Kassettenrekorder kann ebenfalls eingesetzt werden, um Sprechaufnahmen zu speichern, abzuhören und zu analysieren.

Sprachspezifische Übungen

An den Anfang der sprachlichen Übungen sollten zunächst Übungen mit der eigenen Stimme gestellt werden. Die Stimme kann dabei als Instrument benutzt und zum Klingen gebracht werden. Hier sollten die Kinder die Gelegenheit zum spontanen Experimentieren erhalten. Dabei spielt der Körper des Kindes eine wichtige Rolle: Steht, sitzt oder liegt das Kind? Ist der Körper angespannt oder erschlafft? Die Kinder können summen, singen und verschiedene Töne erzeugen. Dabei kann nach hoch/tief, laut/leise, freudig/traurig usw. unterschieden werden.

Danach können sich Übungen anschließen, die das Hören der eigenen Stimme bewusst machen, z.B. die oben (S. 131) unter »Schulung der Luftleitung« und »Schulung der Knochenleitung« beschriebenen. Weitere Übungen:

- sprachliche Anweisungen und Aufträge im Klassenraum oder im Schulgebäude in der vorgegebenen Reihenfolge ausführen;
- Nachsprechen ein- und mehrsilbiger Wörter mit Tonbandkontrolle;
- Nachsprechen einer Wortreihe;
- Nachsprechen von Silben in Wörtern;
- Nachsprechen kurzer Sätze;
- Nachsprechen längerer Sätze;
- Wörter umdrehen und erklären, wie z.B. »Milchtüte«, »Türschloss«, »Hundehütte«;
- gleiche und verschiedene Wörter erkennen;
- falsche und richtige Wörter erkennen;
- Bilder mit bestimmten Anfangs-, Aus- und Inlauten aus verschiedenen Bildreihen heraussuchen;
- Bilder von ähnlich klingenden Wörtern zeigen und heraussuchen lassen;
- mit vorgegebenen Wörtern Reime bilden;

- Reime raten: Nüsse knacken – Kuchen …;
- Wortketten bilden, z.B. mit dem Spiel »Kofferpacken« oder »Was wir auf der Straße alles sehen«;
- Artikulationsübungen mit schwierigen Wörtern und Unsinnsilben;
- Heraushören eines Lautes aus einer Anzahl von Lauten verschiedener Lautgruppen;
- Differenzieren von Lauten derselben Lautgruppe, z.B. Zischlaute wie s/sch/x/z;
- Heraushören von Lauten aus einsilbigen Wörtern (Anlaut/Auslaut);
- Heraushören von Lauten aus mehrsilbigen Wörtern (Anlaut/Auslaut);
- Heraushören von Wörtern aus Sätzen;
- Heraushören von Wörtern aus kleinen Geschichten;
- Laute vorgeben und nach bestimmten Gesichtspunkten, z.B. nach dem Alphabet, ordnen;
- Buchstabenkette, d.h. das Kind nennt ein Wort, das nächste muss ein Wort mit dem letzten Buchstaben des gehörten Wortes bilden usw.;
- Zahlenreihen vorgeben und wiederholen lassen;
- Zahlen vorgeben und ordnen lassen;
- Reimwörter vorgeben und eine Geschichte erzählen lassen;
- Märchen vorlesen und anschließend Fragen stellen;
- Unsinnsfragen beantworten lassen: Können Hunde fliegen? Wie schnell rennen Schnecken?;
- Sätze logisch beenden lassen: Zum Werfen braucht man die Hände, zum Laufen die …;
- Sprachspiele aus dem Fernsehen nachahmen, z.B. Montagsmaler, Dalli-Dalli, Beruferaten …

Sprachspiele

Sprachspiele können im Bereich des Hörens, der Wahrnehmung und der Sprache zur Motivation, zur Lernkontrolle und zu gezielten Übungen in Elternhaus, Kindergarten und Grundschule eingesetzt werden (vgl. Petillon 2007).

Die lustige Essgeschichte
- Material: selbst erfundene Essgeschichte
- Vorgehen: Der Lehrer erzählt den Kindern eine lustige Essgeschichte, und die Kinder müssen während des Erzählens unterscheiden, ob das Erzählte der Wahrheit entspricht oder nicht. Bei einem Erzählfehler (z.B. Schuhcreme auf dem Butterbrot) springen die Kinder auf, klatschen in die Hände und setzen sich wieder hin.

Ich packe meinen Koffer
- Material: Wortbildkarten
- Vorgehen: Der Lehrer beginnt das Spiel: »Ich packe in meinen Koffer lauter Dinge, die mit L anfangen.« Er hält eine Bildkarte hoch, die einen Löffel darstellt. »Ich packe in meinen Koffer einen Löffel« (lang gedehntes Sprechen des L). Jetzt zieht das nächste Kind eine Bildkarte, auf der wiederum ein Gegenstand mit dem Anlaut L

abgebildet ist. Das Kind wiederholt den Satz des Lehrers und fügt einen Gegenstand hinzu: »Ich packe in meinen Koffer einen Löffel und eine Laterne.«

Hänschen, piep einmal
- Material: Tuch oder Schal
- Vorgehen: Die Kinder sitzen im Kreis, und ein Kind, das in der Mitte des Kreises mit verbundenen Augen steht, setzt sich auf den Schoß eines anderen. An dessen »Piepen« muss es nun erkennen, um welchen Mitschüler es sich handelt.

Dampfer im Nebel
- Material: Pfeife, Rassel, Triangel u. Ä.
- Vorgehen: Vier bis fünf Kindern werden die Augen verbunden, sie stellen sich zu einem »Dampfer« eng hintereinander. Die anderen Kinder verteilen sich mit ihren Instrumenten in der Klasse. Der Lehrer erzählt nun eine Geschichte von einem Dampfer, der im Nebel verschiedene Häfen ansteuern will und dabei nur nach Geräuschen fahren kann. Der Dampfer fährt z. B. zuerst auf den Hafen zu, der Pfeiftöne von sich gibt, dann dorthin, wo die Rassel ertönt, usw.

Das Telefonfräulein
- Material: Tuch oder Schal
- Vorgehen: Ein Kind steht mit verbundenen Augen in der Mitte eines Kreises, es ist das Telefonfräulein. Das Telefonfräulein wird nun mehrere Male um die eigene Achse gedreht, während zur gleichen Zeit alle im Kreis sitzenden Kinder schnell ihre Plätze tauschen. Die im Kreis sitzenden Kinder strecken eine Hand vor, sodass das Telefonfräulein mit ausgestreckter Hand eine andere Hand gut erreichen kann. So stellt das Telefonfräulein, indem es eine Hand erwischt, eine Telefonverbindung her. Es beginnt ein kurzes Gespräch, stellt Fragen aus dem Schulalltag und soll nun an der Stimme erkennen, mit wem es verbunden ist. Wenn es falsch rät, rufen alle Kinder »Falsch verbunden«, und das Telefonfräulein muss eine neue Telefonverbindung herstellen. Wenn es richtig rät, wird das erkannte Kind Telefonfräulein.

Beim Ohrenarzt
- Material: ähnlich klingende Wörter wir Bären/Beeren, Drachen/krachen, Herd/ Pferd
- Vorgehen: Zwei Stuhlreihen stehen sich in ca. acht Meter Entfernung gegenüber. Die Kinder sitzen zunächst auf der einen, der Lehrer als »Ohrenarzt« auf der anderen Seite. Er flüstert nun dem ersten Kind ein Wort zu. Hat das Kind das Wort richtig verstanden und nachgesprochen, nimmt es auf der Stuhlreihe neben dem Lehrer Platz. Wird das vorgeflüsterte Wort nicht richtig wiedergegeben, so kommt das Kind jeweils einen Schritt näher und setzt sich auf den Fußboden. Das Spiel ist dann beendet, wenn alle Kinder auf der Stuhlreihe des Lehrers sitzen. Jetzt kann ein Kind die Rolle des Ohrenarztes übernehmen.

Stille Post
- Vorgehen: Die Kinder stehen oder sitzen im Kreis; ein Kind denkt sich einen Satz aus und flüstert ihn dem Nachbarn ins Ohr. Dieser wendet sich dem nächsten

Nachbarn zu und flüstert ihm ins Ohr, was er gehört hat. Am Schluss gibt das erste Kind bekannt, was es zu Beginn geflüstert hat. Wichtig ist hierbei zu erklären, warum es manchmal zu Hörfehlern kommt.

Förderung der auditiven Teilfunktionen

Sind die auditiven Auffälligkeiten begrenzt, überschaubar und diagnostisch exakt abgeklärt, kann auch im Sinne einer funktionsorientierten Kurzzeitfördermaßnahme – z.B. im Rahmen des wöchentlichen Förderunterrichts – auf bestimmte Bereiche intensiver eingegangen werden. Hierzu einige systematisch nach spezifischen Ausfällen geordnete Übungsvorschläge:

Übungen zur auditiven Aufmerksamkeit
- Selbst gemachte Geräusche ohne Hilfsmittel (z.B. mit den Händen, mit dem Mund, mit der Stimme) sollen von den Kindern bewusst gehört, beobachtet und nachgemacht werden.
- Selbst gemachte Geräusche mit Hilfsmitteln (z.B. verschiedene Papiersorten, Steine) sollen von den Kindern bewusst wahrgenommen und identifiziert werden.
- »Hörspaziergänge« werden von den Kindern in der Klasse, auf dem Schulhof oder auf der Straße durchgeführt (Aufnahme mit dem Kassettenrekorder/Diktiergerät). Die Geräusche werden nun in der Klasse abgehört und identifiziert.

Übungen zur auditiven Lokalisation
- Geräusche (Körpergeräusche, Raumgeräusche, Instrumentengeräusche) werden erzeugt, und die Kinder versuchen blind, die Richtung der Geräuschquelle zu lokalisieren.
- Die Kinder bewegen sich innerhalb der Klasse mit verbundenen Augen auf verschiedene Geräuschquellen zu (z.B. Radio, Trommelschlag, Lehrerstimme).
- Die Geräuschquelle bewegt sich im Raum (z.B. Lehrer, Blechdose mit Erbsen gefüllt), und die Kinder bewegen sich in die gleiche Richtung.

Übungen zur auditiven Figur-Grund-Unterscheidung
- Die Kinder lärmen bewusst und laut in der Klasse, und ein Kind soll ein bestimmtes Geräusch heraushören, nachahmen und lokalisieren.
- Die Kinder sind auf dem Schulhof und sollen während des Spielens auf Interjektionen, Namen und kurze Fragen reagieren.
- Beim Spaziergang durch eine belebte und verkehrsreiche Straße sollen die Kinder bestimmte Geräusche heraushören und angeben, was bestimmte vorbeigehende Menschen gerade gesagt haben.

Übungen zur auditiven Diskrimination
- Verschiedene Geräusche (Tür schließen, Wasser laufen lassen, mit dem Schlüsselbund rasseln, husten, Papier zerschneiden usw.) sollen mit verbundenen Augen erkannt werden.

- Einfache Rhythmen, Silben und (zwei- bis fünfsilbige) Wörter sollen bewusst wahrgenommen, dann gleichzeitig gesprochen und geklatscht werden.
- Anfangs- und Endlaute vorgesprochener Wörter sollen erkannt werden; Wörter, die mit einem vorgegebenen Laut beginnen, sollen gesucht werden; Reimpaare sollen gebildet und ähnlich klingende Wörter (»Drachen/krachen«) exakt gehört und nachgesprochen werden.

Übungen zur auditiven Sequenz
- Eine vorgemachte Geräuschkette oder gesprochene Lautreihe soll von den Kindern exakt wahrgenommen und in der richtigen Reihenfolge wiederholt werden.
- Klänge und Töne sollen gehört, mitgezählt und anschließend – entsprechend der Anzahl der gehörten Einzelelemente – in Bewegung umgesetzt werden (z.B. in Schritte).
- Anweisungen des Lehrers (»Steh auf, geh zur Tür, mach das Licht aus, geh zum Waschbecken, und komm wieder auf deinen Platz zurück!«) sollen in der richtigen Reihenfolge ausgeführt, Zahlen und Wörter in der gleichen Reihenfolge nachgesprochen werden.

Übungen zum auditiven Gedächtnis
- Drei Geräusche werden vom Lehrer erzeugt (Körper- oder Raumgeräusche), von denen zwei vom Kind benannt werden. Zunächst soll es die beiden Geräusche nachahmen und anschließend angeben, welches Geräusch fehlt (alle Übungen werden quantitativ gesteigert).
- Der Lehrer erzählt eine »Geräuschgeschichte«, danach sucht das Kind aus einer großen Anzahl ihm vorgemachter Geräusche diejenigen heraus, die zur Geschichte passen.
- Der Lehrer fordert das Kind auf, die vorgegebenen Anweisungen in der gleichen Reihenfolge durchzuführen (Anweisungen werden quantitativ gesteigert): »Halte dein Ohrläppchen mit der rechten Hand, hüpf mit dem rechten Fuß dreimal, mit dem linken zweimal, und klatsche anschließend dreimal in die Hände!«

Materialien zum auditiven Bereich
- *Bechertelefon:* Zwei leere Joghurtbecher werden durch ein Loch im Becherboden mit einem Bindfaden verbunden, der mit Zahnstochern befestigt wird – ein Kind hält die Becheröffnung an den Mund und spricht hinein, das andere hört bei straff gespannter Schnur die Nachricht.
- *Flaschenklavier:* Flaschen mit verschiedenem Wasserstand, evtl. Klöppel zum Anschlagen – entweder über oder in die Flaschenöffnung pusten, um verschiedene Töne hervorzubringen, oder Flaschen mit dem Klöppel in Höhe der Wassersäule anschlagen.
- *Glühbirnenrassel:* alte Glühbirne einkleistern und mit Zeitungsschnipseln bekleben (mehrlagig), trocknen lassen, bemalen; Glühbirne kurz und heftig an einen festen Gegenstand schlagen, damit das Innere (Glas) zerbricht – rasseln, Rhythmen erfinden, Geräuschgeschichte erfinden.

- *Heulschlauch:* 60 bis 90 cm langes geripptes Kabelrohr – Rohr an einem Ende festhalten und über dem Kopf schnell kreisen lassen; entstehenden Heulton mit unterschiedlichem Drehtempo variieren.
- *Hörmemory:* leere Filmdöschen werden jeweils paarweise mit den gleichen Materialien gefüllt, die im geschlossenen Gefäß klappern, z.B. Schrauben, Büroklammern, Radiergummistücke, Tintenpatronen, Salz, Geldstücke … – die Dosen werden durch Schütteln zum Klingen gebracht; es sollen die jeweils gleichen Klangqualitäten erkannt und zugeordnet werden; Kontrolle durch Öffnen der Dosen oder durch Farbmarkierung.
- *Kassettenrekorder:* Kassettenrekorder mit eingebautem Mikrofon und Kopfhörer; bespielte Kassetten mit Geräuschen (Natur, Autos, Maschinen …), Musik und Klängen; Leerkassetten zum Besprechen mit Hörspielen (auch elektronische Geräte mit eingebautem Mikrofon sind im Handel erhältlich) – Hören der Kassetten; Besprechen und Bespielen der Kassetten mit Hör- und Musikbeispielen für andere Kinder.
- *Kazoo:* leere Klopapierrolle an einer Öffnung mit Transparentpapier bespannen (mithilfe eines Gummirings), Loch in die Papröhre stechen – Papprolle mit der offenen Seite an den Mund legen und hineinsingen oder -sprechen.
- *Klanginstrumente:* Trommeln, Klanghölzer, Triangeln und andere Rhythmusinstrumente des Orff-Instrumentariums aus unterschiedlichen Materialien – Erzeugen von Klängen durch Anschlagen mit der Hand oder dazugehörigem Material.
- *Kugelrohr:* Isolationsrohr aus Plastik, das flexibel und gerippt ist, Murmel – Murmel durch das gebogene Rohr kullern lassen.
- *Luftsack:* aufgeblasene Plastiksäckchen – Säckchen leicht drücken und so zum Knistern bringen.
- *Muschel mit Meeresrauschen:* Muscheln, in denen das »Meeresrauschen« des eigenen Körpers zu hören ist – Muschel zum Ohr führen und lauschen.
- *Papprollen-Stethoskop:* längere Papröhre – mit der Papröhre am Ohr Geräusche wie Herzschlag, Flüstern oder Uhrenticken einfangen.
- *Zupfbecher:* Joghurtbecher mit Gummiringen bespannen, indem diese seitlich mit Klebeband befestigt werden, damit sie nicht wegrutschen – Gummiringe durch Zupfen zum Schwingen bringen.

9.2.2   Unterrichtsentwürfe zur Hörschulung

Bei dieser Art der Hörschulung sollen die Kinder aus eigener Motivation zum Hören angeregt und hingeführt werden, d.h. sie werden nicht zum Hören »gezwungen« oder künstlich motiviert, sondern durch eine Auswahl interessanter Spiele, Übungen und Lernmaterialien neugierig gemacht. Die Kinder sollen das Hören weitgehend selbstständig und experimentierend erfahren. Die Mehrzahl der Höranlässe bezieht den persönlichen, individuellen und kindlichen Erfahrungsraum mit ein. Exemplarisch werden drei Unterrichtsstunden für den Anfangsunterricht der Grundschule skizziert, die im Rahmen der Hörschulung durchgeführt werden können.

1. Entwurf: Stationenarbeit

Zu ausgewählten Themen der Hörerziehung werden verschiedenartige Stationen aufgebaut, die das Kind im Bereich der akustisch-auditiven Wahrnehmung unterschiedlich anregen und fördern sollen. Jede Station sollte dabei so eingerichtet sein, dass das Kind relativ selbstständig arbeiten kann; dadurch hat der Lehrer mehr Zeit zur gezielten Beobachtung und individuellen Hilfe. Frontalunterricht und Einzelförderung werden bei dieser Hörschulung ersetzt durch ein Lernen an verschiedenen Stationen in Form von Partner- oder Kleingruppenarbeit. Die Anzahl der einzelnen Stationen, deren Umfang und die Dauer der Stationsarbeit werden vom Lehrer zuvor festgelegt. Welche Stationen für alle Kinder verpflichtend sind und welche auf freiwilliger Basis bearbeitet werden, wird vor Beginn der Arbeit durch den Lehrer angegeben. Die Reihenfolge der einzelnen Stationen und das Arbeitstempo legen die Kinder selbst fest. Der Ablauf könnte sich in folgenden Phasen abspielen:

Erste Phase: Anfangsgespräch

In Gesprächen mit den Schülern wird die Thematik erarbeitet und eingegrenzt. Die Kinder werden an die Hörthematik der Stationen wie z.B. Geräusche, Laute, Wörter und Sätze herangeführt.

Zweite Phase: Besprechung der Stationen

Der Lehrer macht gemeinsam mit den Kindern einen Rundgang entlang den Stationen. Dabei werden die Aufgabenstellungen angesprochen und erklärt. Die Kinder müssen danach genau wissen, was sie an den einzelnen Stationen tun sollen.

Dritte Phase: Arbeit an den Stationen

Die Kinder arbeiten an den einzelnen Stationen; der Lehrer beobachtet und unterstützt einzelne Kinder. Mögliche Stationen:

- *Station 1:* Geräusche und Klänge erzeugen, erkennen und unterscheiden
  Ziel: Förderung des Hörens mittels selbst erzeugter Höranlässe, z.B.
    - Geräusche raten (Wahrnehmung typischer Alltagsgeräusche, Körper- und Raumgeräusche)
    - Hörrätsel lösen (charakteristische Tätigkeiten werden ausschließlich über Geräusche präsentiert: Händewaschen, Zähneputzen, Mineralwasser trinken u. Ä.)
    - Instrumentenquiz (Orff-Instrumentarium bzw. selbst hergestellte Instrumente)
- *Station 2:* Aufnahme und Reproduktion von Höreindrücken und -anlässen
  Ziel: Förderung des Hörens mittels Tonkonserven bzw. Tonträger, z.B.
    - Hörspaziergänge (Schulhof, Kinderspielplatz, Straße) aufnehmen und sprachlich wiedergeben
    - Hörkrimi herstellen (Geräuschgeschichte aufnehmen und interpretieren)
    - Geräusche und Klänge mit dem Kassettenrekorder/Diktiergerät aufnehmen und beim Abhören benennen
- *Station 3:* Hör-Sprech-Spiele zu einem selbst gewählten Laut bzw. einer Lautverbindung

Ziel: Förderung des Hörens mittels lautbezogener Hör-Sprech-Anlässe, z.B.
- Lautbilderrätsel lösen (z.B. erkennen, dass verschiedene Begriffe den gleichen Anlaut haben)
- Bekannte Wörter zu einem vorgegebenen Laut finden
- Lautgeschichten analysieren (Einzellaute aus gesprochener Sprache heraushören)

- *Station 4:* Analyse- und Syntheseübungen zu einem bestimmten Laut
Ziel: Förderung des lautbezogenen Hörens im Leserechtschreibprozess, z.B.
  - Gummibandlaute (Identifizieren von Lauten bei gedehntem Sprechen oder Lesen)
  - Gesungenes Lautspiel (gesungene Wörter, z.B. »Hallihallo«, »Fideralala,« »Holahi« u.Ä., in Laute aufgliedern)
  - Lautsätze (Wörter zu einem bestimmten Anlaut finden und diese zu sinnvollen oder Unsinnsätzen verbinden)

Je nach Art der Stationen kann es erforderlich sein, einen weiteren Raum oder den Flur mit einzubeziehen.

Vierte Phase: Präsentation
Die Kinder berichten über ihre Arbeit an den einzelnen Stationen, bewerten die Arbeit, üben positive und negative Kritik und stellen ihre Ergebnisse mit verschiedenen Techniken wie Tafelbild, Collage mit Geräuschen, Flipchart-Präsentation oder Power-Point-Präsentation in der Klasse vor.

2. Entwurf: Hände waschen

In einem ersten Unterrichtsbeispiel soll nun versucht werden, die Förderung der auditiven Sequenz (Reihung) in den Vordergrund der didaktisch-methodischen Überlegungen zu stellen.

- *Einstieg:* Die Kinder hören im Sitzkreis ein Hörrätsel mit den Geräuschen des Händewaschvorgangs. Die Kinder äußern sich spontan dazu, lösen das Rätsel und berichten von eigenen Händewascherfahrungen.
- *Erarbeitung:* Der Lehrer spielt die Aufnahme noch einmal abschnittweise vor. Die Kinder sollen konzentriert zuhören, die einzelnen Geräusche identifizieren und verbalisieren. Am Waschbecken wird der Vorgang nach der gehörten Reihenfolge von einigen Kindern nachvollzogen. Ein Händewaschvorgang wird dabei mit dem Kassettenrekorder/Diktiergerät aufgenommen.
- *Vertiefung:* Der Waschvorgang wird sequenzweise oder vollständig abgespielt, und die Kinder stellen ihn parallel zu den gehörten Geräuschen pantomimisch dar.
- *Festigung:* Die Kinder verbalisieren den gesamten Händewaschvorgang.

Analog zu dieser kurz skizzierten Unterrichtsstunde könnten folgende Themen in ähnlicher Weise unterrichtlich behandelt werden: Zähneputzen, Geschirrspülen, Duschen, Telefonieren, Tischdecken u.Ä.

3. Entwurf: Vorlesen einer Geschichte

Der Ablauf einer Stunde mit dem Thema »Vorlesen einer Geschichte« könnte folgendermaßen aussehen:

- *Persönliche Begrüßung der Kinder:* Alle Kinder werden persönlich mit Handschlag begrüßt und mit ihrem Vornamen angesprochen. Danach spricht die Lehrerin mit jedem Kind je nach Situation und Bedarf über sein Wohlbefinden, seine Tagesform oder über aktuelle Ereignisse auf dem Schulweg oder zu Hause. Dabei sollte sich die Lehrerin ausreichend Zeit lassen.
- *Interaktionsspiel:* Um sich noch besser kennenzulernen und in verschiedenen Situationen besser einschätzen zu können, werden Kennenlernspiele (vgl. Petillon 2007) wie das »Telefonfräulein« (vgl. S. 136), »Hänschen, piep einmal« oder »Mein rechter Platz ist leer« gespielt.
- *Geschichte vorlesen (Globalhören):* Die Klangschale ertönt, und danach beginnt die Lehrerin mit dem Vorlesen. Jetzt wird die Geschichte engagiert und frei erzählt oder vorgelesen. Die Kinder sitzen dabei in einem Erzählkreis auf dem Boden und können die Lehrerin anschauen. Im Anschluss daran können die Kinder sich spontan äußern und erste Gedanken formulieren.
- *Erklärung der Begriffe (Semantisierung):* Neue und unbekannte Begriffe oder Fremdwörter werden im Anschluss daran durch die Kinder oder die Lehrerin erklärt. Die Kinder sollen die Begriffe dann noch einmal vor der ganzen Klasse mit eigenen Worten erklären.
- *Vorlesen einzelner Abschnitte (Detailhören):* Jetzt werden einzelne Sinnabschnitte vorgelesen. Danach werden Fragen gestellt und beantwortet. Dabei unterscheiden wir nach Faktfragen, die sich eindeutig auf den Text beziehen wie Personennamen, Alter, Geschlecht oder Herkunft, und nach Konstruktionsfragen, die die Kreativität und Fantasie der Kinder fördern, wie z.B. »Wie könnte die Geschichte weitergehen?« oder »Wie hätte die Geschichte noch anfangen können?«.
- *Zusammenfassung (Rückmeldung und Hörschulung):* Die Kinder sollen sich hier in kurzen sprachlichen Zusammenfassungen üben, z.B. in der Antwort auf die Frage »Was haben wir heute gemacht?«. Die Kinder sprechen vor der ganzen Klasse, und die sprachlichen Äußerungen werden mit dem Kassettenrekorder/Diktiergerät aufgenommen und wieder mehrfach abgehört. So können sprachliche Eingriffe vorgenommen und den Kindern unmittelbar danach praktische Tipps zur Verbesserung ihrer Sprache und des Sprechens gegeben werden.

Solche Unterrichtsstunden haben einen hohen Aufforderungscharakter und bieten eine zusätzliche Motivation zum konzentrierten Zuhören und aktiven Tun. Für die weitere Arbeit der Hörschulung haben sich folgende Übungen und Materialien in der praktischen Arbeit mit Kindern bewährt:

9.2.3   Modul »Zuhörtraining«

Zuhören gehört zu den modernen Bildungsstandards der heutigen Grundschule. Das Zuhören wird als wichtige Schlüsselqualifikation in den Bildungs- und Erziehungsempfehlungen für Kindertagesstätten (vgl. Bayerisches Staatsministerium für Arbeit und Sozialordnung, Familie und Frauen 2003, S. 157) und in den neuen Lehr- bzw. Rahmenplänen für die Grundschule als zentrale Kompetenz in Verbindung mit dem Sprechen genannt. »Kompetenzen im Sprechen und Zuhören sind aber nicht isoliert ohne Sachinhalte und ohne sozialen Bezug trainierbar, sondern müssen an Inhalt und Bedeutung gekoppelt sein« (Rheinland-Pfalz 2005, S. 11). Damit wird das Zuhören als eine fächerübergreifende Kompetenz betrachtet, die in allen Fächern der Grundschule eine Garantie für den Lernerfolg darstellt.

Das Zuhörenkönnen ist die Voraussetzung, um an Gesprächen aktiv teilzunehmen und die Informationen zu verarbeiten und zu verstehen. Daher müssen die Sprachförderung und das Zuhörtraining enger als bisher miteinander verzahnt werden (vgl. Bernius/Gilles 2004, S. 13). An vielen amerikanischen Schulen ist das Zuhören ein fester Bestandteil des Curriculums. Dabei werden nach Nichols (Nichols/Stevens 1974) drei Ansätze unterschieden: »direct approach«, »integrated approach« und »listening laboratory«. Streng genommen handelt es sich dabei jedoch um zwei voneinander getrennte Zugangsweisen. Zum einen geht es um die integrierte Zuhörerziehung und zum anderen um das eigenständige Zuhörtraining.

Bei der integrierten Zuhörerziehung handelt es sich um ein übergeordnetes Unterrichtsprinzip analog der integrierten Sprachförderung und Sprecherziehung. Das Zuhören wird in allen Fächern bewusst gefördert. Ausgangspunkt sind alltägliche reale Situationen, in denen das Zuhören immer wieder bewusst gemacht wird. Dabei wird eine Verbesserung der Zuhörleistung in folgenden Schritten angestrebt (vgl. Stoffel 1984, S. 63):

1. *Rolle des Zuhörers:* Das Kind soll sich in die Rolle des Zuhörers begeben, indem der Lehrer und die Kinder bewusst und an Beispielen erläuternd über die Funktion des Zuhörens innerhalb der menschlichen Kommunikation sprechen. Dabei sollen die Schüler sich selbst und die anderen beim Gespräch beobachten: Wie verhalte ich mich beim Unterrichtsgespräch? Wie sind eigentlich die Anteile Sprechen und Zuhören im Gespräch verteilt?

2. *Zuhörhaltung:* Im nächsten Schritt geht es darum, sich in eine aktive Zuhörhaltung zu begeben, d.h. der Schüler will bewusst, aktiv und genau zuhören. Der Lehrer sollte die Schüler immer wieder zu dieser Haltung ermuntern und die gesamte Situation mit den Schülern reflektieren. Die Schüler sollen die eigene Zuhörleistung überprüfen.

3. In einem weiteren Schritt soll nach und nach die Zuhörleistung verbessert und gesteigert werden. Hierzu haben Nichols/Stevens (1974) folgende Hinweise gegeben:
   – Take time to listen.
   – Be attentive.
   – Never evaluate what has been said.
   – Never lose faith in the ability of the talker to show his own problems.
   – Never probe for additional facts.

Das eigenständige Zuhörtraining baut zunächst ebenfalls auf den genannten Schritten und Prinzipien auf. Dabei wurden gute Erfahrungen mit der Diskussionstechnik der

»Zwiebelschale« gemacht (vgl. Anton 1973, S. 93). Die Gruppe füllt einen Fragebogen aus (abgewandelt nach Stoffel 1984, S. 65) und die Ergebnisse werden für alle sichtbar an der Tafel oder Flipchart notiert.

Fragebogen
Die folgenden Fragen beschäftigen sich mit dem Zuhören. Bitte beantworte diese Fragen, indem du richtig (r) oder falsch (f) ankreuzt. Die Fragen sollen spontan beantwortet werden.

r f

1. Hören und Zuhören sind zwei Begriffe für die gleiche Sache. ☐ ☐
2. Im Allgemeinen sprechen Menschen mehr, als sie zuhören. ☐ ☐
3. Zuhören ist einfach, man muss sich dabei nicht anstrengen. ☐ ☐
4. Zuhören geschieht automatisch. ☐ ☐
5. Zuhören bedeutet das Verstehen von Wörtern und Sätzen. ☐ ☐
6. Der Erfolg beim Gespräch hängt allein vom Sprecher ab. ☐ ☐
7. Zuhören muss man nicht besonders üben. ☐ ☐
8. Man hört immer gleich, egal ob man Interesse am Gespräch hat oder nicht. ☐ ☐
9. Wenn mehrere gleichzeitig sprechen, kann man sich nicht auf eine Person konzentrieren. ☐ ☐
10. Wenn man zu jemandem spricht, so schaut man ihn doppelt so oft an, als wenn man ihm zuhört. ☐ ☐

Danach wird die Gruppe in eine kleinere Gruppe, die In-group, und eine größere Gruppe, die Out-group, geteilt. Die In-group diskutiert den Fragebogen und die erzielten Befragungsergebnisse und formuliert aufkommende Probleme und Fragen. Die Out-group übernimmt Beobachtungsaufgaben wie z. B. »Wie ist das Sprechen und Zuhören verteilt?«, »Welche Fehler werden beim Zuhören gemacht?«. Das Problem des eigenständigen Zuhörtrainings besteht in der Problematik der Messung der Zuhörleistung. Hier sind wir im schulischen Alltag auf die subjektive Bewertung und Einschätzung angewiesen. Dieser Fragebogen und die sich daran anschließende Technik der Zwiebelschale sollte ab der dritten Klasse in der Grundschule eingesetzt und geübt werden.

Damit das Zuhören besser funktioniert, sollte der Sprecher bewusst und gezielt Rücksicht auf seine Zuhörer nehmen. Er kann durch die Gestaltung seiner Stimme und Sprache die Zuhörbereitschaft verbessern und die Wirkung des Gesprochenen erhöhen. Dabei können folgende Aspekte hinsichtlich Sprechweise und Prosodie eine Hilfe sein (Kent 1992):

Lautstärke
Die Lautstärke als subjektive Empfindung des Schalleindrucks kann die Höreraufmerksamkeit erhöhen; von daher sollten ein zu leises und ein zu lautes Sprechen vermieden werden.

Lautdauer
Wir sprechen kurze und lang gezogene Laute, Lautverbindungen und Silben innerhalb der Wörter. Dadurch wird eine Präsentation des Sprechers ausgelöst. Oft haben

wir das Problem der Vokalverkürzung, wie z.B. bei »Mutter« (/Muta/), »Vater« (/Vata/) usw. Dies kann fatale Folgen für die Rechtschreibung haben.

Sprechtempo

Die Sprechgeschwindigkeit ist ein weiterer wichtiger Parameter für die Gestaltung des Sprechens. Darunter versteht man die Anzahl der Silben innerhalb einer bestimmten Zeitspanne. Normalerweise spricht man vier bis sechs Silben pro Sekunde, das entspricht ungefähr 20 Lauten. Hier haben wir das Problem des überhöhten Sprechtempos, d. h. viele Erwachsene und Kinder sprechen zu schnell und zu hastig. Das Zuhören wird erschwert, weil Laute und Silben verschluckt und Wörter verstümmelt werden.

Intonation

Darunter versteht man die Veränderung der Tonhöhe und Sprechdynamik eines Wortes. Hier haben viele das Problem, dass sie sich eine flache und nivellierte Sprechweise angeeignet haben. Mehr Intonation kann die Zuhörbereitschaft steigern.

Sprechpausen

Pausen sind notwendig, um die notwendige Atemluft zum Sprechen zu holen. Daher sind zwischen 40 und 60 Prozent der Sprechzeit in der Regel Sprechpausen. Wir sollten die Sprechpausen gezielt und bewusst nach Wörtern und Satzteilen einsetzen, um die Wirkung auf die Zuhörer zu erhöhen. Sprechpausen sind Denk-, Atem-, Intonations- und Entspannungspausen zugleich. Sie fördern die Klarheit längerer Worte und Texte und sind eine Hilfe bei der Verarbeitung komplexer Sätze. Pausen steigern die Wirkung des Gesprochenen.

Akzent

Darunter versteht man die Energie, die in einen spezifischen Laut bzw. eine Silbe eingeht. Ein zu geringer Akzent beim Sprechen verursacht beim Zuhörer Langeweile und Monotonie. Hier können sinnvoll eingebrachte Mimik und Gestik ebenso förderlich sein.

Rhythmus

Darunter versteht man die Gliederung des zeitlichen Ablaufs der Sprache und des Sprechens unter Berücksichtigung von Takt, Tempo und Betonung. Das Problem des Sprechrhythmus liegt vor allem in der richtigen und ruhigen Atmung und der Betonung der Wörter in einem Satz; dadurch wird eine gewisse erwartete Sprechflüssigkeit erreicht. Als Hilfen können das Klatschen von Silben, das mitklopfende Sprechen und das Singen genannt werden.

Wir sollten uns immer vor Augen halten, dass gerade an der Nahtstelle zwischen Sprecher und Hörer Störungen der Zuhörbereitschaft möglich sind. Diese Störungen sollten wir uns bewusst machen und uns bemühen, sie zu umgehen. Folgende Störungen verhindern, dass Kinder und Erwachsene zuhören und das Gesprochene auch verstehen können (vgl. Scherer 1995, S. 20):

- Der Inhalt des Gesprochenen ist uninteressant.
- Das Sprechen klingt monoton und unangenehm.
- Das Aussehen und die Körperhaltung des Sprechers stören.
- Der Sprecher ist schwer zu verstehen.

9.2.4 Modul »Förderung des Hörverstehens und des Sprechdenkens«

Beide Bereiche – das Hörverstehen und das Sprechdenken – gehören inhaltlich aufs Engste zusammen und werden daher gemeinsam behandelt. Als Einstieg werden zwei Übungen vorgeschlagen, um persönliche Erlebnisse und Erfahrungen zur Grundlage der weiteren Arbeit zu machen (vgl. Pabst-Weinschenk 2004, S. 78). Diese Übungen sollten jedoch erst ab der 3. Klasse durchgeführt werden.

Übung 1
Die Schüler präsentieren in der Klasse einen schwierigen Text auf unterschiedliche Art und Weise und überprüfen im Anschluss, was die Mitschüler behalten haben. Die Klasse wird in fünf Gruppen aufgeteilt:
- Gruppe A hört einfach nur zu.
- Gruppe B hört zu, erhält den Text aber schriftlich auf einem Blatt und kann mitlesen.
- Gruppe C hört den Text und erhält ein Blatt mit einer anschaulichen Zeichnung zu den wichtigsten Fakten.
- Gruppe D erhält bereits vor dem Hören die Kontrollfragen, darf aber nur zuhören, nichts aufschreiben.
- Gruppe E erhält vor dem Hören die Kontrollfragen und die Zeichnung, auf der sie die wichtigsten Fakten selbst aufschreiben kann.

Beim anschließenden Test schneidet Gruppe E am besten ab, gefolgt von Gruppe C. Die schlechtesten Resultate werden wohl von der Gruppe A erzielt, wobei diese Präsentationsform im schulischen Alltag weitverbreitet ist.

Übung 2
Einatmen, Luft anhalten, die Arme vor dem Körper verschränken und die Schultern hochziehen. Dann sollen die Kinder ohne Gliederung und Stichwortzettel flüssig über einen Inhalt oder Gedanken sprechen. Bei dieser Art des Sprechens gerät man leicht ins Stocken und benutzt etliche störende Füllwörter und Phrasen wie »äh«, »hm«, »ich denke« usw. Weiterhin fällt dem Sprecher nicht so viel ein, d.h. er kann nicht so gut erklären.

Ganz wichtig ist beim Hörverstehen und Sprechdenken der Umgang mit den Fragen. Sie sind entscheidend für die Aufmerksamkeit des Zuhörers und bilden den Rahmen für das Verstehen sprachlicher Inhalte. Der Schüler, der eine wichtige und zentrale Frage hat und formuliert, hört besser und leichter zu und will auch eine Antwort haben. Alle anderen Informationen, die nicht zur Klärung der Frage führen, werden aussortiert und nicht weiter gespeichert und verfolgt. Daher ist es für das

Hörverstehen wichtig, die zentralen Fragen und das Interesse bewusst zu machen. Der Sprecher sollte aber ebenso die möglichen Fragen der Zuhörer in seiner Rede berücksichtigen.

Fragen initiieren und provozieren das Sprechdenken, d.h. es wird eine Antwort gesucht und aus dem vorhandenen Wissen und Erfahrungshintergrund konstruierend entwickelt. Dabei können wir die Fragen in Faktfragen und Konstruktionsfragen unterscheiden (vgl. Günther 2003). Das Beantworten von Fragen sollte man im Unterricht ständig üben. Insbesondere kann man die Strategie des Sich-selbst-Fragen-Stellens dadurch üben, dass man immer wieder aus dem Stegreif zu einem Inhalt, einer Geschichte oder einem Thema Stellung bezieht. Das sich spontan entwickelnde Sprechdenken hat allerdings den Nachteil, dass man Dinge sagt, die zu Missverständnissen führen können oder die man später bereut.

Das *Hörverstehen* kann durch folgende Aspekte und Übungen verbessert werden:

- wohltuendes Gesprächsklima in der Klasse, d.h. keine Störungen, keine lästigen Störgeräusche und keine Ablenkungen;
- mehrkanaliges Lernen, d.h. verschiedene Medien sollten unterschiedliche Sinne ansprechen;
- Erarbeitung von Leitfragen zu einem Text, einem Gespräch oder einer Geschichte und Bewusstmachung der Erwartungshaltung;
- stichwortartiges Aufschreiben von Fakten und wichtigen Gedanken und das Erstellen einer schriftlichen Gliederung des Gehörten
- konzentrierte Sitzhaltung im Unterricht, d.h. eine gewisse muskuläre Anspannung ist notwendig, um aufmerksam zuhören zu können.

Tipps zum Verstehen von Sprache

Die Förderung der Sprache und des Sprechens muss neue Schwerpunkte erhalten. Neben der bisher dominanten spielerischen Sprachförderung auf der Ebene der Sprachproduktion (Aussprache, Wortschatz und Satzbau) sollten wir die kognitive Sprachförderung intensivieren. Insbesondere das aktive und aufmerksame Zuhören sowie das Verstehen sprachlicher Äußerungen, das freie Erzählen und das Geschichtenerzählen müssen stärker in den Mittelpunkt der Sprachförderung gerückt werden. Kinder mit Problemen beim Verstehen von Sprache sind auf einen förderlichen und verständnisvollen Umgang durch die Familie und den Kindergarten angewiesen (vgl. hierzu auch Baur/Endres 1999):

- Blickkontakt mit dem Kind herstellen und es mit seinem Namen persönlich ansprechen.
- Eine angenehme Gesprächsatmosphäre, eine gute Beziehung und Vertrauen unter den anwesenden Gesprächspartnern schaffen.
- Beobachtung der Mund- und Lippenbewegungen erleichtert das Verstehen sprachlicher Äußerungen.
- Eine langsame, der Situation angemessene und verständliche Ansprache durch die pädagogischen Fachkraft führt gerade bei kleineren Kindern zum inneren Mitsprechen. Dieses innere Mitsprechen fördert das Verstehen.

- Handlungen des Kindes unterbrechen, wenn man mit ihm spricht und ihm z.B. Anweisungen gibt. Auf keinen Fall in die Tätigkeiten des Kindes und den momentanen Lärm der Gruppe hineinsprechen.
- Nicht über weite Entfernungen (sechs bis zehn Meter) sprechen oder gar von hinten mit dem Kind sprechen.
- Die Kinder einzeln ansprechen, weil Kinder Aufträge an die gesamte Gruppe nicht auf sich persönlich beziehen.
- Anweisungen an einzelne Kinder oder Arbeitsaufträge an kleinere Gruppen sollten nur dann gegeben werden, wenn der Störlärm in der Gruppe erträglich ist. Ständiges lautes Sprechen oder gar Schreien führt nicht zum besseren Verstehen der sprachlichen Äußerungen.
- Sprachliche Anweisungen in der Reihenfolge geben, die dem Ablauf der Handlung auch entsprechen. Eine große Hilfe für die Kinder ist es, wenn die sprachlichen Inhalte in einfachen und klar artikulierten Sätzen gegeben werden.
- Mimik und Gestik verwenden und über Tonfall und Sprechmelodie die wichtigen Wörter in einem Satz betonen.
- Kurze Pausen zwischen den einzelnen Sinneinheiten und Sätzen lassen.
- Die Frage »Hast du alles verstanden?« oder auch der gut gemeinte Hinweis »Melde dich bitte, wenn du etwas nicht verstanden hast« sind keine Hilfe, sondern eine Überforderung der Kinder.
- Inhalte einer Erzählung nicht einfach wiederholen lassen, sondern gezielte Fragen stellen: wer, wo, warum …
- Die inhaltliche Eindeutigkeit und das Interesse an den sprachlichen Äußerungen erleichtern das Verstehen.

Beim Verstehen ist es wichtig, dass Kinder in einer überschaubaren Situation Sprache aufnehmen können. In solchen Situationen können sie die sprachlichen Anregungen leichter aufnehmen und verstehen, weil sie die Situation interpretieren können. Erst danach sind sie in der Lage, Sprache zu entschlüsseln, um zu verstehen, was andere meinen.

Das *Sprechdenken* kann durch folgende Übungen gefördert werden, die jedoch keine Hierarchie abbilden und auch keinen Anspruch auf Vollständigkeit erheben. Sie dienen lediglich als Anregung und praktische Hilfestellung für den täglichen Unterricht:

- einen interessanten und informativen sprachlichen Impuls geben
- häufiger Pausen einlegen, weil man dann Zeit zum Nachdenken hat;
- die Angst vor »Versprechern« und Füllwörter ablegen;
- eine leichte Erregung und Anspannung als Antrieb zum Nachdenken ist wichtig; allerdings sind Druck, Stress, Versagensängste, krampfhafte Verspannungen, falsche Atmung, Adrenalinausstöße und schlechte Sauerstoffversorgung für das Denken schädlich;
- Fragen der anderen Mitschüler, die selbst zum Nachdenken anregen;
- gute Beherrschung der gesprochenen Sprache (hier sprechen wir von der »griffbereiten« Sprache);

- auditive und visuelle Gliederungshilfen zur besseren Orientierung;
- der gezielte und dosierte Einsatz der Körpersprache: Blickkontakt, Mimik und Gestik;
- entspannte ruhige Atmosphäre erleben lassen; z.B. Stilleübungen und Fantasiereisen (Vogelgezwitscher, Meeresrauschen, Rauschen des Windes, Bachplätschern) – entspannen und fördern das anschließende Sprechen;
- Kettenerzählungen, d.h. der erste Schüler beginnt mit einem kurzen Satz, der zweite wiederholt den ersten und ergänzt einen zweiten Satz usw.;
- reproduzierendes Sprechdenken durch die Wiedergabe einer kleinen Geschichte oder eines Films mit eigenen Worten;
- spontan über eigene Erlebnisse und interessante Erfahrungen z.B. aus dem Freizeitbereich berichten;
- eine Geschichte anhand von wenigen Stichworten erfinden und konstruieren;
- Rätselaufgaben sollen laut denkend in der Klasse besprochen werden;
- kontrollierter Dialog, d.h. beim Sprechen mit einem Mitschüler wird immer erst das zusammengefasst, was der Partner gerade gesagt hat, bevor das Kind selbst weiterspricht;
- Zusammenfassung, d.h. die Schüler sollen am Ende der Unterrichtsstunde mit eigenen Worten das Wesentliche noch einmal zusammenfassen und der Klasse vortragen.

9.2.5 Modul »Förderung der phonologischen Bewusstheit«

In der Fachliteratur werden die Begriffe phonemische oder phonologische Bewusstheit benutzt. Allgemein geht es darum, Kinder auf den Schriftspracherwerb vorzubereiten und die Aufmerksamkeit des Kindes vom Inhalt des Gesprochenen auf die formalen Strukturen und lautlichen Aspekte der Sprache zu lenken. Kinder sind meist noch sehr auf den Inhalt des Gesprochenen fixiert. Bei der Frage »Welches Wort klingt länger: Bär oder Schmetterling?« antworten die Kinder mit »Bär«; bei »klitzeklein« und »groß« antworten die meisten Kinder »groß«. Die fließende Rede und der Sprechstrom sollen analysiert und gegliedert werden. Darunter versteht man die Fähigkeit, die gesprochene Sprache in größere und kleinere Einheiten wie z.B. Satz, Wort, Silbe und Laute (= Phoneme) zu zerlegen. Dabei sind Phoneme in der Isolation abstrakt und ohne jede Bedeutung. Für den Erwerb der Schriftsprache ist es wichtig, dass die Phoneme aus den Wörtern bzw. den Silben herausgefiltert werden (Analyse) und auf der anderen Seite das Verbinden von Phonemen zu Wörtern erfolgreich gelingt (Synthese).

Um die Lautstruktur grafisch darzustellen, müssen die lautlichen Produkte analysiert, segmentiert, identifiziert und klassifiziert werden (vgl. Andresen 1985, S. 137). Die Schüler müssen im Verlauf der Schriftsprachaneignung phonologische Regeln erlernen; dabei werden die Beziehungen zwischen der Lautsprache und der Schriftsprache durch die Erkenntnis der Phonem-Graphem-Zuordnung geklärt. Phoneme sind die kleinsten bedeutungsunterscheidenden Einheiten der gesprochenen Sprache; Grapheme sind die Buchstaben bzw. Buchstabengruppen (‹ch›, ‹sch›). Die Grapheme geben uns jedoch keine vollständige Information über die Laute eines Wortes, sondern lediglich Hinweise auf die Zugehörigkeit zur Lautklasse (Scheerer-Neumann 1996, S. 280). Weiterhin ist die Zuordnung zwischen Phonem und Graphem nicht immer eindeutig.

Im Folgenden werden in Anlehnung an Troßbach-Neuner (1991, S. 20 ff.) Schritte aufgezeigt, die zur phonemischen Bewusstheit (= phonologischen Bewusstheit) führen:

- *Sensibilisierung des Hörens* in spezifischen Fördersituationen aus dem natürlichen Umfeld der Kinder durch spielerische Übungsformen (Begrüßungsspiele, Morgenkreis, Singen und der Einsatz von Instrumenten).

- *Musikmalen* als Förderung der musikalischen, auditiven und rhythmischen Fähigkeiten der Kinder, die unabdingbare Voraussetzung für das Lesen und insbesondere das Rechtschreiben sind. Die Kinder brauchen heutzutage mehr denn je gut trainierte Augen und Ohren, um sich in unserer medienverseuchten und überreizten Umwelt orientieren zu können. Im Übrigen wissen wir, dass Musik eine sprachanregende Wirkung ausübt, das Hormon Dopamin ausschüttet und die Aufmerksamkeit und Konzentration fördert.

- *Kontext aus der Lebenswelt der Kinder* vorgeben, durch den der zu verwendende Wortschatz für alle Kinder deutlich wird, sodass er sicher verfügbar ist und abgerufen werden kann. Das Wortmaterial kann dabei in Form von Bildern oder einer Bildergeschichte angeboten werden. Dabei können auch gute Hörbilder eingesetzt werden, die das Interesse der Kinder wecken und eine Klärung der Begriffe herausfordern.

- *Gliederung von Sätzen in Wörter*, d.h. die Kinder sollen die Wörter als einzelne Bestandteile erkennen, heraushören und ausgliedern. Hier eignen sich besonders Verse, weil durch den Reim und den Rhythmus in Versen und Liedern die Sprache automatisch in die Einheiten Wort und Silbe zerlegt wird.

- *Reimwörter suchen* durch den Einsatz von Memory-Karten und Laufspielen.

- *Gliederung von Wörtern in Silben* durch das Sprechen und Klatschen des eigenen Namens und einfacher Begriffe aus der unmittelbaren Lebenswelt der Kinder. Hier sollten wir uns zunächst in der ersten und zweiten Klasse auf zwei- bis viersilbige Wörter beschränken. Die Arbeit mit der Silbe macht Kindern Spaß und kann durch den gezielten Einsatz von Silbenschreiten, Silbenbögen und Silbenrätseln auch in den Fächern Musik und Sport weiter gefördert werden.

- *Gleiche Teile (Morpheme) erkennen*, d.h. die Kinder sollen durch den Vergleich zweier zusammengesetzter Wörter wie »Hausmann« und »Haustür« oder »Schaukelstuhl« und »Schaukelpferd« die gleichen Teile erkennen und benennen. In einem weiteren Schritt sollen die Kinder zu einem gegebenen Wort wie »Schule« weitere zusammengesetzte Wörter finden: Schultür, Schulhof, Schulbus, Schulgelände, Schulordnung, Schulheft, Schulfest usw.

- *Silbenanalyse und Silbensynthese* als Fortführung der Übungen zur Silbengliederung. Hier sollen die Kinder die vorgegebenen Silben zu neuen Wörtern zusammenfügen. Dabei sind Wortschöpfungen erlaubt, z.B. wird aus »Elefant« und »Taube« »Elebe« oder »Taufant«. Im Anfangsunterricht der Grundschule gibt es nicht wenige Kinder mit deutscher und fremder Muttersprache, die die Lautsprache nicht beherrschen und nicht in der Lage sind, Phoneme in einem Wort zu erkennen. So kann beispielsweise über den gezielten und intensiven Umgang mit Kinderlyrik (Reime, Verse, Reigenspiele, kleine Gedichte und Sprachrätsel) die rhythmische Struktur sprachlicher Äußerungen und die Silbenanalyse vorbereitet werden.

- *Phonemanalyse und Phonemsynthese* sollten zunächst nur an lauttreuem Wortmaterial geübt werden. Hier können wir auf die bei Kindern bekannte »Robotersprache« zurückgreifen, sodass die Kinder anhand von Bildvorlagen den richtigen Wortklang erschließen.

Weitere Anregungen zur konkreten Förderung finden sich in der Konzeption der Sprachförderung von Günther (2003). In den Bausteinen der »Fitness-Probe für einen erfolgreichen Schulanfang« werden folgende Förderleitbilder genannt:

- *Förderleitbild »Symbolfähigkeit und Sprachverstehen«:* Sprachverstehen, Symbolfähigkeit, akustische Signale, Hörrätsel, Lauschen und Hören, Hörvorgang, Geräuschgeschichte, Klanggeschichte;
- *Förderleitbild »Körpersprache und Prosodie«:* Musikmalen, Mimik, Gestik, Pantomime, Stimmübungen, Tipps zur Aussprache, Sprecharten, Lieder und Klatschspiele, Bewegungs- und Tanzlieder;
- *Förderleitbild »Fantasie und Sprachwitz«:* Fantasiereise, Geschichten, Unsinn, verrückte Reime, Verse, Raten und Scherzen, Witze, Zungenbrecher, Zaubern, Märchen;
- *Förderleitbild »Literale Erfahrungen und Literalität«:* Bilderbuch, Sprechen, Malen, Erzählen;
- *Förderleitbild »Sprachbewusstsein und phonologische Bewusstheit«:* Zuhören, Reime, Handklappverse, Wortbewusstsein, Satzbewusstsein, Elfchen, Avenidas, Gedichte, Laute hören, Lautdetektive).

Die »Bausteine zur Sprachförderung« (Günther 2007) enthalten drei Projekte, die zur Förderung des Hörens und Verstehens herangezogen werden können:

- Beim Projekt »Ohren auf – trommeln in Afrika« geht es um die musikalische Grundbildung. Hier werden Körpersprache, Melodie, Rhythmus und das Hören von Geräuschen trainiert.
- Beim Projekt »Musizieren wie im Orient« geht es um die Verbindung von Sprache, Stimme und Musik und um inter- bzw. transkulturelle Aspekte von Musik und Sprache. Auch hier werden das aktive Hören und das aufmerksame Zuhören gefördert.
- Beim Hörspielprojekt »Kinder machen Hör-Spiele« steht das bewusste Hören und artikulierte Sprechen im Zentrum der pädagogischen Bemühungen. Die Kinder erfahren, was ein Hörspiel ist, lernen verschiedene Hörspiele kennen und erfahren, welche Merkmale und Elemente ein Hörspiel auszeichnen. Dabei stehen das freie und spontane Erzählen sowie das aufmerksame Zuhören und Verstehen im Mittelpunkt.

Literaturverzeichnis

Affolter, F. (1968): Probleme der Begriffsentwicklung. In: Heilpädagogische Werkblätter, H. 3, S. 122–137.

Affolter, F. (1985): Zentrale Störungen der Sprache im Zusammenhang mit Störungen der Wahrnehmung. In: dgs-Landesgruppe Baden-Württemberg: Zentral bedingte Kommunikationsstörungen. Ursachen und Therapie von Dysgrammatismus, Aphasie und Dysphasie. Hamburg: Wartenberg, S. 41–45.

Affolter, F. (1987): Wahrnehmung, Wirklichkeit und Sprache. Villingen-Schwenningen: Neckar-Verlag.

Aitchison, J. (1994): Words in the Mind. Oxford Cambridge, Mass.: Blackwell.

Andresen, H. (1985). Schriftspracherwerb und die Entstehung von Sprachbewusstheit. Opladen: Westdeutscher Verlag.

Andresen, H./Funke, R. (2006): Entwicklung sprachlichen Wissens und sprachlicher Bewusstheit. In: Bredel, U./Günther, H./Kotz, P./Ossner, J./Siebert-Ott, G. (Hrsg.). Didaktik der deutschen Sprache, Band 1, Paderborn: Schöningh., S. 438–463.

Angermaier, M.J.W. (1977): Psycholinguistischer Entwicklungstests (PET). 2. Auflage. Weinheim: Beltz.

Anochin, P.K. (1935/1967): Das funktionelle System als Grundlage der physiologischen Architektur des Verhaltensaktes. Jena: Gustav Fischer.

Anochin, P.K. (1978): Beiträge zur allgemeinen Theorie des funktionellen Systems. Jena: Gustav Fischer.

Anton, K. (1973): Praxis der Gruppendynamik. Göttingen.

Arnold, G. (1959): Die Sprache und ihre Störungen. In: Luchsinder, R./Arnold, G. (Hrsg.): Lehrbuch der Stimm- und Sprachheilkunde. Wien: Springer.

ASVT siehe Kleber/Fischer 1994.

Audiva 2006 = AUDIVA Hören und Bewegen (Hrsg.) (2006): Grundlagen/Verfahren der Hörwahrnehmung für Ärzte und Therapeuten. Kandern-Holzen.

AWST-R siehe Kiese-Himmel 2005.

Ayres, A.J. (1979): Lernstörungen. Sensorisch-integrative Dysfunktionen. Berlin/Heidelberg/New York: Springer.

Ayres, A.J. (1998) : Bausteine der kindlichen Entwicklung. Die Bedeutung der Integration der Sinne für die Entwicklung des Kindes. 3. Auflage. Berlin/Heidelberg/New York: Springer.

Baedeker, B. (2007): Von Dyslalie bis Stottern. Sprachauffälligkeiten im pädagogischen Alltag. In: Entdeckungskiste, H. 5, S. 8–11.

Barker, L.L. (1971): Listening Behavior. Englewood Cliffs.

Bauer, H. (1980): Hilfen für behinderte Kinder. Stuttgart/Berlin/Köln/Mainz: Kohlhammer.

Baumgartner, S. (2002): Sprechflüssigkeit. In: Baumgartner, S./Füssenich, I.: Sprachtherapie mit Kindern. München/Basel: Ernst Reinhardt, S. 204–289.

Bares, E. /MacWinney, B. (1987): Language Universals, Individual Variation and the Competition Model. In: B. MacWinney (Hrsg.): Mechanism of Language Acquisition. Hilsdale, NJ, S. 157–194.

Barth, K. (1997): Lernschwächen früh erkennen im Vorschul- und Grundschulalter. München: Reinhardt.

Baur, S./Endres, R. (1999). Kindliche Sprachverständnisstörungen. Der Umgang im Alltag und in spezifischen Situationen. In: Die Sprachheilarbeit, 44. Jg., S. 318–328.

Baur, S./Endres, R. (2000): Informelles Verfahren zur Überprüfung von Sprachverständnisleistungen (IVÜS). Diskussion und Materialien. In: Die Sprachheilarbeit, 45. Jg., S. 64–71.

Bayerisches Staatsministerium für Arbeit und Sozialordnung, Familie und Frauen (1992): Informationen für Eltern. Hört Ihr Kind normal? Spricht Ihr Kind altersgemäß? München.

Bayerisches Staatsministerium für Arbeit und Sozialordnung, Familie und Frauen (2003): Der Bayerische Bildungs- und Erziehungsplan für Kinder in Tageseinrichtungen bis zur Einschulung. Weinheim/Basel: Beltz.

Becker, K.-P./Sovak, M. (1975): Lehrbuch der Logopädie. Köln: Kiepenheuer & Witsch.

Becker, K.-P./Sovak, M. (1983): Lehrbuch der Logopädie. Königstein: Athenäum.

Becker, R. (1967): Die Lese-Rechtschreibschwäche aus logopädischer Sicht. Berlin: Volk und Wissen.

Beitchman, J. (1996): Long-Term Consistency in Speech/Language Profiles. In: Journal of the American Academy of Child and Adolescent Psychiatry, S. 804–825.

Bensel, J./Haug-Schnabel, G. (2006): kindergarten heute spezial. Kinder beobachten und ihre Entwicklung dokumentieren. Freiburg: Herder.

Bergmann, K. (2003): Hör-Gänge. Konzeption einer Hörerziehung für den Deutschunterricht. Oberhausen: Athena.

Bergmann, K. (2004): Hören und Bewegen. In: Bernius, V./Gilles, M. (Hrsg.) (2004): Hörspaß. Über Hörclubs an Grundschulen. Göttingen: Vandenhoeck & Ruprecht, S. 19–26.

Bergmann, R./Pauly, P./Stricker, S. (2005): Einführung in die deutsche Sprachwissenschaft. Heidelberg: Universitätsverlag Winter.

Bernius, V./Gilles, M. (Hrsg.) (2004): Hörspaß. Über Hörclubs an Grundschulen. Göttingen: Vandenhoeck & Ruprecht.

Bernstein, R. (2007): »Ja schau mal, da ein Wauwau!« Wie Erwachsene mit Kleinkindern sprechen. In: Entdeckungskiste, H. 5, S. 56f.

BISC *siehe* Jansen et al. 2000.

BLDT *siehe* Niemeyer 1978.

Bloom, L. (1993): The Transition from Infancy to Language. Cambridge: University Press.

Boenninghaus, H.-G./Lenarz, T. (2000): Hals-Nasen-Ohren-Heilkunde. Für Studierende der Medizin. Berlin: Springer.

Boileau, D.N. (1975): An Investigation of the Effects of a Persuasive Speech. An Application of Piagets Development Theorie. In: ST 24, S. 1–14.

Bortz, J. (1979): Lehrbuch der Statistik. Berlin: Springer.

Brand, I./Breitenbach, E./Maisel, V. (1988): Integrationsstörungen. Würzburg: edition bentheim.

Braun, O. (1999): Sprachstörungen bei Kindern und Jugendlichen. Stuttgart/Berlin/Köln: Kohlhammer.

Brazelton, T./Cramer, B. (1991): Die frühe Bindung. Die erste Beziehung zwischen dem Baby und seinen Eltern. Stuttgart: Kohlhammer.

Breitenbach, E. (1995): Material zur Diagnose und Therapie auditiver Wahrnehmungsstörungen. Würzburg: edition bentheim.

Breitenbach, E. (2003): Förderdiagnostik. Theoretische Grundlagen und Konsequenzen für die Praxis. Würzburg: edition bentheim.

Breuer, H./Weuffen, M. (1993): Lernschwierigkeiten am Schulanfang. Weinheim/Basel: Beltz.

Broadbent, D.E. (1958). Perception and Communication. London.

Broich, R.P. (1998): Das Emotionale in der sonderpädagogischen Förderung von dysgrammatisch sprechenden Kindern. In: Die Sprachheilarbeit, 43. Jg., S. 63–77.

Bronfenbrenner, U. (1981): Die Ökologie der menschlichen Entwicklung. Stuttgart: Cotta.

Bruner, J.S. (1987): Wie das Kind sprechen lernt. Bern: Hans Huber.

Bundschuh, K. (1994): Praxiskonzepte der Förderdiagnostik. Möglichkeiten der Anwendung in der sonder- und heilpädagogischen Praxis. Bad Heilbrunn: Klinkhardt.

Bundschuh, K. (2005): Einführung in die sonderpädagogische Diagnostik. München/Basel: Ernst Reinhardt.

Butzkamm, J. (2004): Sprachlust für Frühstarter und Spätzünder. In: TPS. Theorie und Praxis der Sozialpädagogik, H. 4, S. 4–7.

Butzkamm, W./Butzkamm, J. (1999): Wie Kinder sprechen lernen. Kindliche Entwicklung und die Sprachlichkeit des Menschen. Tübingen.

Bush, J.W./Giles, T.VM. (1982): Psycholinguistischer Sprachunterricht. München/Basel: Ernst Reinhardt.

Chomsky, N. (1984): Lectures on Government and Binding. Dordrecht.

Chomsky, N. (1995). Language and Nature. In: Mind 104 (413), S. 1–61.

Clahsen, H. (1982): Spracherwerb in der Kindheit. Eine Untersuchung der Entwicklung der Syntax bei Kleinkindern. Tübingen.

Clahsen, H. (1986): Die Profilanalyse. Ein linguistisches Verfahren für die Sprachdiagnose im Vorschulalter. Berlin: Marhold.

Clark, E. (1993): The Lexicon in Acquisition. Cambridge: Cambridge University Press.

Crämer, C./Füssenich, I./Schumann, G. (1996): Lese- und Schreibschwierigkeiten im Zusammenhang mit Problemen der gesprochenen Sprache. In: Die Sprachheilarbeit, H. 1, S. 5–21.

Deegener, G./Dietel, B./Kassel, H./Matthaei, R. /Nödl, H. (1992): Neuropsychologische Diagnostik bei Kindern und Jugendlichen. Handbuch zur TÜKI. Tübinger-Luria-Christensen Neuropsychologische Untersuchungsreihe für Kinder. Weinheim/Basel: Psychologie Verlags Union.

Deuse, A. (1996): Zentrale Hör- und Sprachverarbeitung, Teil 1. In: Die Sprachheilarbeit, H. 3, S. 163–172.

Deutsches Institut für Fernstudien an der Universität Tübingen (Hrsg.) (1974): Fernstudienlehrgang Legasthenie. Studienbegleitbrief 4. Weinheim/Basel: Beltz.

Deutsches Institut für Fernstudien an der Universität Tübingen (Hrsg.) (1988): Behinderungen und Schule. Studienbrief 3: Wahrnehmungsstörungen. Tübingen: Pagina.

Dietel, B. (1995): Das Teilleistungskonzept. Versuch einer neuropsychologischen Begründung. In: Die Sprachheilarbeit, H. 2, S. 97–112.

Dijkstra T./Kempen, G. (1993): Einführung in die Psycholinguistik. Bern/Zürich/Wien: Hans Huber.

Diller, G. (1987): Kommunikation, Gehörlosigkeit, Kognition. Frankfurt am Main: Dissertation.

Dittmann, J. (2002): Der Spracherwerb des Kindes. Verlauf und Störungen. München: Beck.

Dornes, M. (1993): Der kompetente Säugling. Frankfurt: Fischer.

Drach, E. (1922/1969): Sprecherziehung. Die Pflege des gesprochenen Wortes in der Schule. Frankfurt am Main: Diesterweg.

Drever, J./Fröhlich, W. (1974): dtv-Wörterbuch zur Psychologie. München: dtv.

Duden 2003 = Deutsches Universalwörterbuch. Mannheim: Dudenverlag 2003.

Eberwein, H. (1993): Systemische und förderungsorientierte Diagnostik in integrativen Grundschulen. In: Grundschule, H. 1, S. 8–12.

Ebert, H. (1993): Pädaudiologische Aspekte der Diagnose zentraler Störungen der auditiven Sprachwahrnehmung. In: Hörgeschädigtenzentrum Würzburg (Hrsg.): Tagungsbericht zur Fachtagung »Erkennen – Verstehen – Fördern. Neurogene Lernstörungen beim Spracherwerb hörgeschädigter Kinder«. Würzburg: Eigenverlag, S. 95–124.

Esser, G. (1994): Zentrale Hör- und Wahrnehmungsstörungen – ein Überblick. In: Plath, P. (Hrsg.): Zentrale Hörstörungen. Materialsammlung zum 7. Multidisziplinären Kolloquium der Geers-Stiftung am 14. und 15. März 1994. Essen.

Esser, G./Anderski, C./Birken, A./Breuer, E./Cramer, E./Eisermann, H./ Kulenkampff, M./Schröer, R./Schunicht, M./Toro La Roche (1987): Auditive Wahrnehmungsstörungen und Fehlhörigkeit bei Kindern im Schulalter. In: Sprache – Stimme – Gehör, H. 11, S. 10–16.

FBIT siehe Hebel/Horn 1976.

Fendrich, B. (2000): Sprachauffälligkeiten im Vorschulalter. Kinder mit Sprach- und Sprechstörungen und Möglichkeiten ihrer pädagogischen Therapie. Weinheim/München: Juventa.

Ferguson, C. (1977): Baby Talk as a Simolified Register. In: Ferguson, C./Snow, C. (Hrsg.): Talking to Children. Language input and acquisition. Cambridge: University Press, S. 209–235.

Ferguson, C./Snow, C. (Hrsg.) (1977): Talking to Children. Language Input and Acquisition. Cambridge: University Press.

FEW siehe Frostig 2000.

Forster, M./Martschinke, S. (2001): Diagnose und Förderung im Schriftspracherwerb, Band 2. Leichter lesen und schreiben lernen mit der Hexe Susi. Übungen und Spiele zur Förderung der phonologischen Bewusstheit. Donauwörth: Auer.

Frith, U.(1985): Beneath the Surface of Development Dyslexia. In: Patterson, K.E./Marshall, J.C./Coltheart, M. (Hrsg.): Surface Dyslexia. Neuropsychological and Cogntive Studies of Phonological Reading. London, S. 301–327.

Fröhlich, A. (1977): Wahrnehmungsstörungen und Wahrnehmungstraining bei Körperbehinderten. Heidelberg: Schindele.

Fröhlich, A. (Hrsg.) (1994): Wahrnehmungsstörungen und Wahrnehmungsförderung. Heidelberg: Schindele.

Frostig, M. (2000): Frostigs Entwicklungstest der visuellen Wahrnehmung (FEW). 9. Auflage. Göttingen: Hogrefe.

Füssenich, I. (2001a): Sprachentwicklungsstörungen. In: Heckt, D.H./Neumann, K. (Hrsg.): Deutschunterricht von A bis Z. Braunschweig: Westermann, S. 330–333.

Füssenich, I. (2001b): Sind Sprachstörungen immer hörbar?. In: Grundschule, H. 5, S. 14–17.

Galperin, P.J. (1966): Die geistige Handlung als Grundlage für die Bildung von Gedanken und Vorstellungen. Berlin: Volk und Wissen.

Galperin, P.J. (1967): Die Entwicklung der Untersuchungen über die Bildung geistiger Operationen. In: Hiebsch, H. (Hrsg.): Ergebnisse der sowjetischen Psychologie. Berlin: Volk und Wissen.

Galperin, P.J. (1972): Zum Problem der Aufmerksamkeit. In: Probleme der Ausbildung geistiger Handlungen. Berlin: Volk und Wissen.

Galperin, P.J. (1974): Probleme der Lerntheorie. Berlin: Volk und Wissen.

Galperin, P.J. (1979): Probleme der Lerntheorie. 5. Auflage. Berlin: Volk und Wissen.

Gebhard, W. (2001): Entwicklungsbedingte Sprachverständnisstörungen bei Kindern im Grundschulalter. Status und Diagnostik im klinischen Kontext. München: Herbert Utz.

Geißner, H. (1984): Über Hörmuster. Gerold Ungeheuer zum Gedenken. In: Gutenberg, N. (Hrsg.): Hören und Beurteilen. Frankfurt am Main: Scriptor, S. 13–56.

Geißner, H. (1986): Rhetorik und politische Bildung. Frankfurt am Main: Scriptor.

Geschwind, N. (1980): Die Großhirnrinde. In: Spektrum der Wissenschaft (Hrsg.): Gehirn und Nervensystem. Weinheim: Beltz, S. 113–122.

Gesell, A. (1940): The First Five Years of Life, Part One. New York.

Gibson, J.J. (1973): Die Sinne und der Prozess der Wahrnehmung. Bern: Hans Huber.

Gleininger, C. (1993): Beschreibung und Erklärung kindlicher Sprachstörungen. Ein systematischer Überblick. In: LOGOS Interdisziplinär 1, S. 6–17.

Glück, C.W. (2000): Kindliche Wortfindungsstörungen. Frankfurt am Main: Peter Lang.

Glück, C.W. (2002): Methodenentwicklung in der Wortschatzdiagnostik bei Kindern im Grundschulalter. In: Die Sprachheilarbeit, H. 1, S. 29–34.

Glück, H. (Hrsg.) (2005): Metzler Lexikon Sprache. Stuttgart/Weimar: J.B. Metzler.

Grimm, H. (1995): Sprachentwicklung – allgemeintheoretisch und differentiell betrachtet. In: Oerter, R./Montada, L. (Hrsg.): Entwicklungspsychologie. Ein Lehrbuch. Weinheim: Psychologie Verlags Union, S. 705–757.

Grimm, H. (1999): Sprachentwicklungsstörungen. Diagnostik, Therapie, Prävention. Göttingen: Hogrefe.

Grimm, H./Schöler, H. (1978): Heidelberger Sprachentwicklungstest (HSET). Braunschweig: Westermann.

Grimm, H./Schöler, H. (1991): Heidelberger Sprachentwicklungstest (HSET). 2. Auflage. Göttingen: Hogrefe.

Günther, B./Günther, H. (2007): Erstsprache Zweitsprache Fremdsprache. Eine Einführung. 2. Auflage. Weinheim/Basel: Beltz.

Günther, H. (1994): Zur Relevanz zentraler Funktionen der auditiven Perzeption hinsichtlich der Sprachwahrnehmung. In: Die Sprachheilarbeit, 39. Jg., S. 352–362.

Günther, H. (1997): Wer gut hört, lernt leichter lesen und schreiben. In: Sache – Wort– Zahl, H. 11, S. 33–42.

Günther, H. (2003): Sprachförderung. Die Fitness-Probe. Bausteine für einen erfolgreichen Schulanfang. Weinheim/Basel: Beltz.

Günther, H. (2005): Bewusst hören – besser sprechen. Geräusche-CD zum Ordner »Sprachförderung. Die Fitness-Probe. Bausteine für einen erfolgreichen Schulanfang«. Weinheim/Basel: Beltz.

Günther, H. (2007a): Bewusst hören und besser sprechen. In: Petillon, H./Lang, W. (Hrsg.): Kind- und sachgerechter Sprachunterricht in der Grundschule. Praxis aus erster Hand. Landau: Verlag Empirische Pädagogik, S. 42–47.

Günther, H. (Hrsg.) (2007b): Bausteine zur Sprachförderung. Schiller, Goethe und die Feuerwehr. Weinheim/Basel: Beltz.

Günther, H. (2007c). Schriftspracherwerb und LRS. Methoden, Förderdiagnostik und praktische Hilfen. Weinheim und Basel: Beltz.

Günther, H./Günther, W. (1987): Auditive Wahrnehmungsdiagnostik und Einsatz von Medien zur Hörerziehung. In: Zeitschrift für Heilpädagogik, H. 7, S. 488–502.

Günther, H./Günther, W. (1988): Dysfunktionen auditiver Wahrnehmung und Störungen der Sprachentwicklung. Eine empirische Untersuchung unter besonderer Berücksichtigung auditiver Funktionen sprachentwicklungsgestörter Kinder. Frankfurt am Main: Dissertation.

Günther, H./Günther, W. (1991): Auditive Dysfunktionen und Sprachentwicklungsstörungen. Theoretische Überlegungen und empirische Daten zu einem verborgenen Problemzusammenhang. In: Sprache – Stimme – Gehör, H. 4, S. 12–18.

Günther, H./Günther, W. (1992): Diagnose auditiver Störungen bei Sprachauffälligkeiten und Lese-Rechtschreibschwierigkeiten im Primarbereich. In: Sprachheilarbeit, H. 1, S. 5–19.

Günther, K.B. (1986): Ein Stufenmodell der Entwicklung kindlicher Lese- und Schreibstrategien. In: Brügelmann, H. (Hrsg.): ABC und Schriftsprache. Rätsel für Kinder, Lehrer und Forscher. Konstanz: Libelle, S. 206–288.

Guski, R. (2006): Wenn Geräusche zur Qual werden. Auswirkungen von Umweltlärm auf Erleben und Verhalten von Menschen. In: Forschung & Lehre, H. 2, S. 70f.

Gutenberg, N. (Hrsg.) (1988): Sprechdenken – Hörverstehen – Leselehre. Überlegungen aus sprechwissenschaftlicher Sicht. In: Informationen Deutsch als Fremdsprache, H. 1, S. 3–24.

Hagen, M. (2006): Förderung des Hörens und des Zuhörens in der Schule. Göttingen: Vandenhoeck & Ruprecht.

Haider, M. (1970): Neuropsychology of Attention. In: Mostofsky, D.J. (Hrsg.): Attention. New York, S. 419–421.

Hansen, B. /Iven, C. (2002): Stottern und Sprechflüssigkeit. Sprach- und Kommunikationstherapie mit unflüssig sprechenden (Vor-)Schulkindern. München: Urban & Fischer.

Hartmann, R./Klinke, R. (1993): Neurophysiologische Grundlagen der Hörerziehung. In: Plath, P. (Hrsg.): Frühkindliche Hör-Spracherziehung. Materialsammlung vom 6. Multidisziplinären Kolloquium der Geers-

Stiftung am 16. und 17. März 1992 im Wissenschaftszentrum Bonn des Stifterverbandes für die Deutsche Wissenschaft in Bonn-Bad Godesberg. Schriftenreihe Band 9, S. 25–33.

HAWIK-III *siehe* Tewes/Rossmann/Schallberger 2000.

Hebel, G./Horn, R. (1976): French-Bilder-Intelligenztest (FBIT). Deutsche Fassung. Weinheim: Beltz.

Heinemann, M. (1996): Zunahme von Sprachentwicklungsstörungen – ein aktuelles Problem. In: Deutsche Gesellschaft für Sprachheilpädagogik (dgs): Interdisziplinäre Zusammenarbeit. Illusion oder Vision? XXII. Arbeits- und Fortbildungstagung, Münster, S. 53–61.

Heisenberg, W. (1973): Der Teil und das Ganze. Gespräche im Umkreis der Atomphysik. Bern: Hans Huber.

Hellbrügg, J. (1993): Hören. Physiologie, Psychologie und Pathologie. Göttingen: Hogrefe.

Hellrung, U. (2002): Sprachentwicklung und Sprachförderung. Ein Leitfaden für die Praxis. Freiburg i. Br.: Herder.

Herrmann, U. (Hrsg.) (2007): Neurodidaktik. Weinheim/Basel: Beltz.

Hildeschmidt, A./Sander, A. (1990): Der ökosystemische Ansatz als Grundlage der Einzelintegration. In: Eberwein, H. (Hrsg.): Behinderte und Nichtbehinderte lernen gemeinsam. Handbuch der Integrationspädagogik. 3. Auflage. Weinheim 1994, S. 269–276.

Holtz, A. (1985): Theorie und Praxis in der Diagnose von Sprachbehinderungen. Hinterdenkental: Kinders-Verlag.

Holtz, A. (1989): Kindersprache. Ein Entwurf ihrer Entwicklung. Hinterdenkental: Kinders-Verlag.

Holtz, A. (1994): Hören und Horchen. Die Bedeutung der auditiven Aufmerksamkeit für die Sprachentwicklung und ihre Förderung. In: Interdisziplinär, H. 1, S. 44–52.

Hörmann, H. (1978): Meinen und Verstehen. Frankfurt am Main: Scriptor.

HSET *siehe* Grimm/Schöler 1978/1991.

Imhof, M. (2003): Zuhören. Psychologische Aspekte auditiver Informationsverarbeitung. Göttingen: Vandenhoeck & Ruprecht.

Ingenkamp, K. (1995): Lehrbuch der Pädagogischen Diagnostik. Weinheim/Basel: Beltz.

Ingenkamp, K. (1999): Pädagogische Diagnostik. In: Jäger, R.S./Petermann, E. (Hrsg.): Psychologische Diagnostik. Weinheim/Basel: Beltz, S. 495–510.

IVÜS *siehe* Baur/Endres 2000.

Jaberg, C. (2007): Riesenlauscher selbst hergestellt. Ohrenforscher gehen dem feinen Gehör auf die Spur. In: Entdeckungskiste, H. 5, S. 26f.

Jäger, R.S. (2006): Pädagogische Diagnostik. In: Günther, H./Petillon, H.: Netzwerk Grundschule. Hilfe suchen – Hilfe finden. Weinheim/Basel: Beltz. S. 124–136.

Jakobson, R. (1972): Kindersprache. Frankfurt: Fischer.

Jakobson, R. (1996): Warum Mama und Papa? In: Hoffmann, L. (Hrsg.): Sprachwissenschaft. Ein Reader. New York, S. 361–370.

Jansen, H./Mannhaupt, G./Marx, H./Skowronek, H. (2000): Bielefelder Screening zur Früherkennung von Lese-Rechtschreibschwierigkeiten (BISC). Göttingen: Hogrefe.

Karmiloff-Smith, A. (1986): Some Fundamental Aspects of Language Development after 5. In: Fletcher, P./Garman, M. (Hrsg.): The Epigenesis of Mind. Essays on Biology and Cognition. Hilsdale NJ, S. 455–474.

Keidel, W.D. (1977): Biokybernetische Aspekte bei Hör-, Sprach- und Sprechstörungen. In: Sprache – Stimme – Gehör, H. 1, S. 6–17.

Keil, T./Willich, S. (2006): Chronischer Lärm erhöht Infarktrisiko. Unterschiede zwischen Frauen und Männern. In: Forschung & Lehre, H. 2, S. 64f.

Keller, H./Meyer H.-J. (1982): Psychologie der frühesten Kindheit. Stuttgart: Kohlhammer.

Kent, R.D. (1992): The Acoustik Analysis of Speech. San Diego.

Kiese-Himmel, C. (2005): Aktiver Wortschatztest für 3- bis 5-jährige Kinder – Revision (AWST-R). Göttingen: Hogrefe.

Kind 2005 = KINDHörgeräte (Hrsg.) (2005): Die KINDhörWelt. Leben mit allen Sinnen – das Wunder des Hörens. Großburgwedel/Hannover: Eigenverlag.

Kindergarten heute spezial (2006): Wahrnehmungsstörungen bei Kindern – Hinweise und Beobachtungshilfen. Freiburg i.Br.: Herder.

Klann-Delius, G. (1999): Spracherwerb. Stuttgart/Weimar: J.B. Metzler.

Kleber, E.W./Fischer, R. (1994): Anweisungs- und Sprachverständnistest (ASVT). 2. Auflage. Göttingen: Hogrefe.

Klinke, R. (1995): Hören und Sprechen. In: Schmidt, R.F./Thews, G. (Hrsg.): Physiologie des Menschen. Berlin: Springer, S. 258–277.

KMK *siehe* Sekretariat der Ständigen Konferenz der Kultusminister der Länder in der Bundesrepublik Deutschland.

Knauf, T./Kormann, P./Umbach, S. (2006): Wahrnehmung, Wahrnehmungsstörungen und Wahrnehmungsförderung im Grundschulalter. Stuttgart: Kohlhammer.

Kühn-Inacker, I. (2002): Diagnosebegleitende Förderung bei Schülerinnen und Schülern mit auditiver Verarbeitungs- und Wahrnehmungsstörung. In: Hörgeschädigte Kinder, H. 2, S. 12–18.

Kurka, E. (1958): Zur Beeinflussung der Stimme durch inneres Sprechen bei maschineller Schreibarbeit. Halle: Dissertation.

Küspert, P./Schneider, W. (1999): Hören Lauschen Lernen. Sprachspiele für Kinder im Vorschulalter. Göttingen: Vandenhoeck & Ruprecht.

Lauer, N. (2001): Zentral-auditive Verarbeitungsstörungen im Kindesalter. Grundlagen, Klinik, Diagnostik, Therapie. Stuttgart: Thieme.

Lehnert, B. (2007): Die Stimme. In: Entdeckungskiste, H. 5, S. 6f.

Lenneberg, E.H. (1972): Biologische Grundlagen der Sprache. Frankfurt am Main: Suhrkamp.

Leontjew, A.A. (1971): Sprache – Sprechen – Sprechtätigkeit. Stuttgart: Klett-Cotta.

Leontjew, A.A. (1980): Probleme der Entwicklung des Psychischen. Berlin: Volk und Wissen.

Lewandowski, T. (1990): Linguistisches Wörterbuch, Bd. 3. Heidelberg/Wiesbaden: Quelle & Meyer.

Lewin, K. (1969): Grundzüge der topologischen Psychologie. Stuttgart: Cotta.

Lienert, H. (1994): Testaufbau und Testanalyse. 5. Auflage. Weinheim/Basel: Beltz.

Linder, M./Grissemann, H. (1974): Die psychologische Untersuchung zur Erfassung des Legasthenikers. Züricher Lesetest. Bern: Hans Huber.

Lindner, G. (1975): Grundlagen der pädagogischen Audiologie. Berlin: Volk und Wissen.

LSVT *siehe* Wettstein 1983.

Luria, A.R. (1967): Die Entwicklung der Sprache und die Entstehung psychischer Prozesse. In: Hiebsch, H. (Hrsg.): Ergebnisse der sowjetischen Psychologie. Berlin: Volk und Wissen, S. 165–316.

Luria, A.R. (1970): Die höheren kortikalen Funktionen des Menschen und ihre Störungen bei örtlichen Hirnschädigungen. Berlin: VEB Deutscher Verlag der Wissenschaften.

Luria, A.R. (1973): The Working Brain. An Introduction to Neuropsychology. New York.

Lyon, R. et al. (1981): Selected Linguistic and Perceptual Abilities of Empirically Deprived Subgroups of Learning Disabled Readers. In: Journal of School Psychology, H. 2, S. 152–166.

Martschinke, S./Kirschhock, E.-M./Frank, A. (2001): Diagnose und Förderung im Schriftspracherwerb. Band 1: Der Rundgang durch Hörhausen. Erhebungsverfahren zur phonologischen Bewusstheit. Donauwörth: Auer.

Mathieu, S. (1998): Entwicklung und Abklärung des Sprachverständnisses. In: Zollinger, B. (Hrsg.): Kinder im Vorschulalter. Bern: Haupt, S. 83–137.

Maturana, H.R./Varela, F.J. (1987): Der Baum der Erkenntnis. Bern/München: Hans Huber.

MAUS *siehe* Nickisch/Heuckmann/Burger 2004.

Meng, K. (1989): Erzählen und Zuhören im Kindergarten. Erste Beobachtungen bei Dreijährigen. In: Ehlich, K./Wagner, K.R. (Hrsg.): Erzählerwerb. Bern/Frankfurt am Main/New York/Paris: Lang, S. 11–30.

Mille, G. (1993): Wörter. Streifzüge durch die Psycholinguistik. Heidelberg/Berlin/New York: Spektrum.

Miller, G.A. (1970): Psychology of Communication. Harmonsworth.

Miller, P.H. (1993): Theorien der Entwicklungspsychologie. Heidelberg: Winter.

Mottier, G. (1974): Akustische Differenzierungs- und Merkfähigkeitsüberprüfung. In: Linder, M./Grissemann, H.: Die psychologische Untersuchung zur Erfassung des Legasthenikers. Züricher Lesetest. Bern: Hans Huber, S. 18–24.

Müller, A. (1967): Kritische, ästhetische und philosophische Schriften, Band 1. Berlin.

Nichols, R.G. /Stevens A.C. (1974): Are You Listening? New York.

Nickisch, A./Heber, D./Burger-Gartner, J. (2001): Auditive Verarbeitungs- und Wahrnehmungsstörungen bei Schulkindern. Diagnostik und Therapie. Dortmund: verlag modernes lernen.

Nickisch, A./Heuckmann, C./Burger, T (2004): Münchener auditiver Screeningtest für Verarbeitungs- und Wahrnehmungsstörungen (MAUS). Göttingen: Hogrefe.

Niemeyer, W. (1978): Bremer Lautdiskriminationstest (BLDT). Bremen: Paul Herbig.

Nitsch, C./Hüther, G. (2004): Kinder gezielt fördern. München: Gräfe & Unzer.

Norman, D.A. (1973): Aufmerksamkeit und Gedächtnis. Eine Einführung in die menschliche Informationsverarbeitung. Weinheim/Basel: Beltz.

Oksaar, E. (1977): Spracherwerb im Vorschulalter. Einführung in die Pädolinguistik. Stuttgart: Klett-Cotta.

Olbrich, I. (2002): Auditive Wahrnehmung und Sprache. Dortmund: verlag modernes lernen.

Pabst-Weinschenk, M. (Hrsg.) (2004): Grundlagen der Sprechwissenschaft und Sprecherziehung. München/Basel: Ernst Reinhardt.

Padrik, M. (2001): Entwicklung und Förderung der Wortbildungsfähigkeit bei sprachauffälligen Schülern. In: Die Sprachheilarbeit, 46. Jg., S. 211–217.

Papusek, H./Papusek, M. (1989): Stimmliche Kommunikation im frühen Säuglingsalter als Wegbereiter der Sprachentwicklung. In: Keller, H. (Hrsg.): Handbuch der Kleinkindforschung. Berlin: Marhold, S. 465–489.

Paulsen, S. (2001): Die Kunst des Erinnerns. In: GEO, H. 12, S. 51–68.

PET siehe Angermaier 1977.

Petermann, G. (1982). Entwicklungsartikulatorisch-auditive Differenzierungs- und Gliederungsfähigkeit von Vorschulkindern. In: Die Sonderschule 27.

Petermann, G. (1989): Vorschulkinder lernen Sprachlaute differenzieren. 2. Auflage. Berlin: Volk und Wissen.

Petersen, O./Corell, I. (2000): Grundlagen der Audiologie. Kopenhagen: Oction.

Peterson, C./McCabe, A. (1983): Development Psycholinguistics. Three Ways of Looking at a Child's Narrative. New York/London.

Petillon, H. (2007): 1000 Spiele für die Grundschule. 3. Auflage. Weinheim/Basel: Beltz.

Pfluger-Jakob, M. (1994): Beobachtungsbögen. Ein Kind fällt auf. Beobachtungen bei Kindern mit sensorischen und motorischen Integrationsstörungen. In: Kindergarten heute, H. 1–2. S. 16ff.

Pfluger-Jakob, M. (2005): Kindergarten heute spezial. Wahrnehmungsstörungen bei Kindern – Hinweise und Beobachtungshilfen. Freiburg: Herder.

Piaget, J. (1937/1975): Das Erwachen der Intelligenz beim Kinde. Stuttgart: Klett-Cotta.

Piaget, J. (1959): La naissance de l'intelligence chez l'enfant. Neuchâtel.

Pinker, S. (1996): Der Sprachinstinkt. Wie der Geist die Sprache bildet. München.

Plath, P. (1969): Das Hörorgan und seine Funktion. Einführung in die Audiometrie. Berlin: Marhold.

Plath, P. (Hrsg.) (1992): Frühkindliche Hör-Spracherziehung. Materialsammlung vom 6. Multidisziplinären Kolloquium der Geers-Stiftung am 16. und 17. März 1992 im Wissenschaftszentrum Bonn des Stifterverbandes für die Deutsche Wissenschaft in Bonn-Bad Godesberg. Schriftenreihe, Band 9. Essen: Geers-Stiftung.

Pöppel, E./Edingshaus, A.-L. (1994): Geheimnisvoller Kosmos Gehirn. München: Bertelsmann.

PSST siehe Wettstein 1995/1997.

Ptok, A./Ptok, M. (1996): Die Entwicklung des Hörens. In: Sprache – Stimme – Gehör, 20. Jg., S. 1–5.

Ptok, M./Berger, R./von Deutser, C./Gross, M./Lamprecht-Dinessen, A./ Nickisch, A./Radü, H.J./Uttenweiler, V. (2000): Auditive Verarbeitungs- und Wahrnehmungsstörungen. Konsensus-Statement. In: HNO, H. 5, S. 357–360.

Quasthoff, U. (2006): Entwicklung mündlicher Fähigkeiten. In: Bredel, U./Günther, H./Klotz, P./Ossner, J./Siebert-Ott, G. (Hrsg.): Didaktik der deutschen Sprache. Paderborn/München/Wien/Zürich: Ferdinand Schöningh, S. 107–120.

Radigk, W. (1991): Kognitive Entwicklung zerebraler Dysfunktion. Dortmund: verlag modernes lernen.

Rankin, P.T. (1939): Listening Ability. Columbus.

Remschmidt, H./Niebergall, G. (1988): Störungen des Sprechens und der Sprache. In: Remschmidt, H./Schmidt, M. (Hrsg.): Kinder- und Jugendpsychiatrie in Klinik und Praxis, Band II. Stuttgart: Thieme.

Renkl, A. (1994): Träges Wissen. Die unerklärliche Kluft zwischen Wissen und Handeln. Universität München: Forschungsbericht Nr. 41.

Rheinland-Pfalz (2005): Weiterentwicklung der Grundschule. Rahmenplan Grundschule. Teilrahmenplan Deutsch. Grünstadt: Sommer.

Rohen, J.W. (1975): Funktionelle Anatomie des Nervensystems. Stuttgart/New York: Schattauer.

Romonath, R. (1991): Phonologische Prozesse an sprachauffälligen Kindern. Berlin: Marhold.

Rosenkötter, H. (2003): Auditive Wahrnehmungsstörungen. Kinder mit Lern- und Sprachschwierigkeiten behandeln. Stuttgart: Klett-Cotta.

Rossman, P. (1999): Einführung in die Entwicklungspsychologie des Kindes- und Jugendalters. Bern/Göttingen/Toronto/Seattle: Hans Huber.

Ruben, R.J. (1992): The Ontogeny of Human Hearing. Acta Otalaryngol 112, S. 192–196.

Sander, R./Spanier, R. (2005): kindergarten heute spezial. Sprachentwicklung und Sprachförderung – Grundlagen für die pädagogische Praxis. Freiburg: Herder.

de Saussure, F. (1967): Grundlagen der allgemeinen Sprachwissenschaft. Berlin: Walter de Gruyter.

Schaefgen, R. (1999): Aufmerksamkeits-Defizit-Syndrom. Eine Form der sensorischen Integrationsstörung. Oldenburg.

Scheerer-Neumann, G. (1996): Lesen und Leseschwierigkeiten. In: Weinert, F.E. (Hrsg.): Psychologie des Unterrichts und der Schule. Göttingen: Hogrefe, S. 83–112.

Scherer, H. (1995): Reden müsste man können. Offenbach: Gabal.

Schiefele, U./Heinen, S. (1998): Wissenserwerb und Motivation. In: Rost, D.H. (Hrsg.): Handwörterbuch Pädagogische Psychologie. Weinheim: Psychologie Verlags Union, S. 571–574.

Schönweiler, R. (2001): Diagnostik auditiver Wahrnehmungsstörungen. In: Minning, S./Minning, U./Rosenkötter, H. (Hrsg.): Auditive Wahrnehmung und Hörtraining. Kandern-Holzen: AUDIVA Institut für Hören und Bewegen, S. 17–27.

Schopenhauer, A. (2006): Über Lärm und Geräusch. Wider den Stumpfsinn und die Gedankenlosigkeit. In: Forschung & Lehre, H. 2, S. 72f.

Schulte-Körne, G. (2002): Legasthenie. Zum aktuellen Stand der Ursachenforschung, der diagnostischen Methoden und der Förderkonzepte. Bochum: Winkler.

Sekretariat der Ständigen Konferenz der Kultusminister der Länder in der Bundesrepublik Deutschland (KMK) (2005): Beschlüsse der Kultusministerkonferenz. Bildungsstandards im Fach Deutsch für den Primarbereich. Beschluss vom 15.10.2004. München: Luchterhand.

Semel, E.M. (1970): Sound, Order, Sense. A Development Program in Auditory Perception. Chicago: Follet Educational Corporation.

Semel, E.M. (1981): Diagnose und Behandlung des gestörten Sprachverständnisses und der Sprechfähigkeit. In: Frostig, M/Müller, H.(Hrsg.).Teilleistungsstörungen. Ihre Erkennung und Behandlung bei Kindern. München/Wien/Baltimore: Urban & Schwarzenberg, S. 127–161.

Sick, B. (2006): Der Dativ ist dem Genitiv sein Tod. Ein Wegweiser durch den Irrgarten der deutschen Sprache. 23. Auflage. Köln: Kiepenheuer & Witsch.

Snyder, L.S. (1984): Cognition and Language Development. Language Science. Naremore: San Diego.

Snijders, J.T./Tellegen, P.J./Laros, J.A. (1997): Nonverbaler Intelligenztest (SON-R 5-17). 2. Auflage. Göttingen: Hogrefe.

Solmecke, G. (1992): Ohne Hören kein Sprechen. In: Fremdsprache Deutsch. Zeitschrift für die Praxis des Deutschunterrichts, H. 7: Hörverstehen, S. 4–11.

Sommer-Stumpenhorst, N. (1991): Lese- und Rechtschreibschwierigkeiten. Vorbeugen und überwinden. Berlin: Cornelsen Scriptor.

SON-R *siehe* Snijders/Tellegen/Laros 1997.

Spitzer, M. (2000): Geist im Netz. Modelle für Lernen, Denken, Handeln. Heidelberg/Berlin: Spektrum.

Spitzer, M. (2002a): Lernen. Gehirnforschung und die Schule des Lebens. Heidelberg/Berlin: Spektrum.

Spitzer, M. (2002b): Musik im Kopf. Hören, Musizieren, Verstehen und Erleben im neuronalen Netzwerk. Heidelberg/Berlin: Spektrum.

Spitzer, M. (2003). Entwicklung Reifung Pädagogik. Welche Möglichkeiten hat ein Kind? Gehirnforschung und die Schule des Lebens. In: Saarland Ministerium für Bildung, Kultur und Wissenschaft (Hrsg.), Frühes Lernen – Bildung im Kindergarten, S. 19–31. Saarbrücken: Saarbrücker Druckerei und Verlag (SDV).

Springer, S.P./Deutsch, G. (1987): Funktionelle Asymmetrien. Heidelberg: Schindele.

Stadtverband Saarbrücken (Hrsg.) (2002): 3. Schulkindergesundheitsbericht: Einschulkinder 2001/2002. Epidemiologische Ergebnisse aus den jugendärztlichen Untersuchungen des Gesundheitsamtes des Stadtverbandes Saarbrücken.

Stern, C./Stern, W. (1928/1981): Die Kindersprache. Eine psychologische und sprachtheoretische Untersuchung. Leipzig: VEB Bibliographisches Institut.

Stern, W. (1930): Psychologie der frühen Kindheit bis zum sechsten Lebensjahre. Mit Benutzung ungedruckter Tagebücher von Clara Stern. Leipzig: Uttenweiler.

Stoffel, R.M. (1984): Hören, Zuhören und Zuhörtraining aus sprechwissenschaftlicher Sicht. In: Lotzmann, G. (Hrsg.): Aspekte auditiver, rhythmischer und sensomotorischer Diagnostik, Erziehung und Therapie. München/Basel: Reinhardt, S. 54–69.

Straßburg, H.M. (1996): Sprachentwicklungsstörungen in der Kleinkindzeit aus neuropädiatrischer Sicht. In: Päd. 2, S. 23–242.

Straßburg, H.M. (2000): Zentrale Sprachentwicklungsstörungen bei Kindern aus Sicht des Neuropädiaters. In: Die Sprachheilarbeit, 45. Jg., S. 100–107.

Szagun, G. (1993): Sprachentwicklung beim Kind. Eine Einführung. München/Weinheim: UTB.

Testzentrale (2006/2007): Testkatalog. Mehr als 750 psychodiagnostische Verfahren für alle Anwendungsbereiche. Göttingen: Hogrefe.

Tewes, U./Rossmann, P./Schallberger, U. (2000): Hamburg-Wechsler Intelligenztest für Kinder III (HAWIK-III). Göttingen: Hogrefe.

Thewalt, B. (1998): Zur Prävention von Lese-Rechtschreib-Schwäche. In: Ministerium für Kultus, Jugend und Sport Baden-Württemberg. Lese- und Rechtschreibprobleme in der Grundschule. Prävention – Diagnose – Förderung – Leistungsmessung. Stuttgart: Schwäbische Druckerei, S. 11–17.

Tomatis, A. (1995): Der Klang des Lebens. Vorgeburtliche Kommunikation – die Anfänge der seelischen Entwicklung. Reinbek: Rowohlt.

Tomatis, A. (2004). Das Ohr – die Pforte zum Schulerfolg. Dortmund: verlag modernes lernen.

Tombin, J.B./Records, N.L./Buckwalter, P./Zhang, X./Smith, E./O'Brien, M. (1997): Prevalence of Specific Language Impairement in Kindergarten Children. In: Journal of Speech, Language and Hearing Research 40, S. 1245-1260.

Troßbach-Neuner, E. (1991): Die Förderung der auditiven Wahrnehmung als Hilfe zum Aufbau phonemischer Bewusstheit im Schriftspracherwerb sprachbehinderter Kinder. In: Die Sprachheilarbeit, 36. Jg., S. 17–23.

Uhle, R. (2004): Kant – oder: Wie zur Freiheit erzogen werden kann. In: Forum E5, S. 6–13.

Uttenweiler, V. (1995): Diagnostik zentraler Hörstörungen. Audiologische Verfahren. In: Plath, P. (Hrsg.): Zentrale Hörstörungen. Schriftenreihe Geers-Stiftung, Nr. 10, S. 52–75.

Uttenweiler, V. (1996): Diagnostik zentraler Hörstörungen, auditiver Wahrnehmungs- und Verarbeitungsstörungen. In: Sprache – Stimme – Gehör, 20. Jg., S. 80–90.

Weber, B. (2005): Auditive Wahrnehmung und Sprachentwicklung. Wien: Praesens.

Weinrebe, H. (2007): Sprache und Sprechen. Freiburg i.Br./Basel/Wien: Herder.

Weischedel, W. (Hrsg.) (1991): Zitate von Immanuel Kant. Werkausgabe in 12 Bänden. Frankfurt am Main: Suhrkamp.

Welte, V. (1981): Der Mottier-Test, ein Prüfmittel für die Lautdifferenzierung und die auditive Merkfähigkeit. In: Sprache – Stimme – Gehör, 5. Jg., S. 121–125.

Wettstein, P. (1983): Logopädischer Sprachverständnistest (LSVT). Uster: BSSI.

Wettstein, P. (1995/1997): Psycholinguistischer Sprachverständnis- und Sprachentwicklungstest (PSST). Uster: BSSI.

Winkler, C. (1954/1969): Deutsche Sprechkunde und Sprecherziehung. Düsseldorf: Schwann.

Wode, H. (1988): Einführung in die Psycholinguistik. Ismaning.

Wolvin A.D./Coakley, C.G. (1996): Listening. Madison.

Wurm-Dinse, U./Esser, G. (1997): Kinder mit zentraler Fehlhörigkeit. In: Logos interdisziplinär 5, S. 28–35.

Wurst, F. (1986): Auditive Perzeptionsstörungen. In: Die Sprachheilarbeit, 31. Jg., S. 74–82.

Wygotski, L.S. (1977): Denken und Sprechen. Frankfurt am Main: Fischer.

Wygotski, L.S. (1978). Mind in Society. The Development in Higher Psychological Processes. Cambridge.

Wygotski, L.S. (1987): Ausgewählte Schriften, Band 2: Arbeiten zur psychischen Entwicklung der Persönlichkeit. Köln: Kiepenheuer & Witsch.

Zimbardo, P.G. (1995): Psychologie. Berlin: Springer.

Zimmer, R. (1996): Handbuch der Sinneswahrnehmung. Grundlagen einer ganzheitlichen Erziehung. Freiburg/Basel/Wien: Herder.

Zinke-Wolter, P. (2000): Spüren – Bewegen – Lernen. Handbuch der mehrdimensionalen Förderung bei kindlichen Entwicklungsstörungen. 4. Auflage. Dortmund: verlag modernes lernen.

Zollinger, B. (1988a): Spracherwerbsstörungen. Bern/Stuttgart/Wien: Haupt.

Zollinger, B. (1988b): Kinder im Vorschulalter. Bern/Stuttgart/Wien: Haupt.

Zollinger, B. (1997): Die Entdeckung der Sprache. Bern/Stuttgart/Wien: Haupt.

Zorowka, P./Höfler, H. (2000): Grundlagen V: Ohr und Gehör. In: Friedrich, G./Bigenzahn, W./Zorowka, P.: Phoniatrie und Pädaudiologie. Bern: Huber. S. 325–339.

Zuhören e.V. (Hrsg) (2002): Ganz Ohr. Interdisziplinäre Aspekte des Zuhörens. Göttingen: Vandenhoeck & Ruprecht.

Links

www.ganzohrsein.de
www.stiftung-zuhoeren.de
www.br-online.de/zuhoeren